本书受国家自然科学基金面上项目（71572083）和青年项目（71702017）资助

要素品牌研究

RESEARCH ON
INGREDIENT
BRAND

李桂华　黄磊　著

经济管理出版社
ECONOMY & MANAGEMENT PUBLISHING HOUSE

图书在版编目（CIP）数据

要素品牌研究/李桂华，黄磊著.—北京：经济管理出版社，2021.5
ISBN 978 - 7 - 5096 - 7827 - 5

Ⅰ.①要… Ⅱ.①李… ②黄… Ⅲ.①品牌—研究 Ⅳ.①F273.2

中国版本图书馆 CIP 数据核字（2021）第 042226 号

组稿编辑：梁植睿
责任编辑：梁植睿
责任印制：黄章平
责任校对：张晓燕

出版发行：经济管理出版社
　　　　　（北京市海淀区北蜂窝 8 号中雅大厦 A 座 11 层　100038）
网　　址：www. E - mp. com. cn
电　　话：（010）51915602
印　　刷：唐山玺诚印务有限公司
经　　销：新华书店
开　　本：720mm×1000mm/16
印　　张：15.75
字　　数：278 千字
版　　次：2021 年 5 月第 1 版　　2021 年 5 月第 1 次印刷
书　　号：ISBN 978 - 7 - 5096 - 7827 - 5
定　　价：78.00 元

推荐词（一）

李桂华教授在国内开创了 B2B 品牌研究方向，多年来发表了一批高质量实证研究成果，《要素品牌研究》的出版更是该领域的一个标志性记录，为推进品牌与品牌化理论的全面发展做出了难能可贵的贡献。无论是学界还是业界，都值得学习和研读。

教授、博士生导师

华东师范大学国家品牌战略研究中心主任

华东师范大学亚欧商学院中方院长

中国高校市场学研究会品牌专业委员会主任

2021 年 4 月 10 日

推荐词（二）

    李桂华教授在国内品牌研究方面极富盛名，《要素品牌研究》一书达到了"要素品牌"在国内品牌传播研究方面的新高度，对"三一"品牌建设有重要指导意义。"要素品牌"理论在装备制造业尤为重要，"三一"在近20年的时间里，通过自主创新和开放式创新，已经在发动机、油缸、回转支承、泵阀马达、控制器等关键零部件上摆脱了"卡脖子"的状态。未来我们将进一步提升零部件的要素品牌化，让中国品牌和产品在全球腾飞。

三一集团高级副总裁

三一泵送事业部董事长

2021 年 4 月 20 日

序

经过改革开放 40 多年的发展，我国已经成长为世界第一工业制造大国。根据国家统计局发布的数据，2020 年我国有 220 多种工业产品产量居世界第一位，中国企业的生产能力、技术水平和研发能力明显提升。然而，与我国企业发展速度和供给能力不匹配的是我国自主品牌影响力仍然比较弱，尤其在加快形成"双循环"的新发展格局、建立适应产业转型多元化供给体系的背景下，产业链各环节的参与者都应当树立起发挥品牌引领作用、促进经济高质量发展的意识。

基于这样的时代要求，《要素品牌研究》的出版具有重要的价值和意义。一方面，要素品牌作为品牌的一种特殊类型，无论是塑造方式、管理模式还是形象呈现都不同于消费者品牌，甚至不同于广义的 B2B 品牌，也正是由于其实践过程中的复杂性，理论界围绕该领域开展的研究相对较少，本书对要素品牌战略实施条件及效用机制展开深入探讨，是对现有品牌管理理论的有益补充。另一方面，本书为要素供应商实施品牌战略的决策过程提供了科学可行的对策建议，特别是分别针对产业市场和消费者市场总结出管理启示，使其应用价值更显难能可贵。

本书是作者及其研究团队长期研究品牌的成果结晶，全书聚焦于要素品牌战略的资源基础、优势转化和提升绩效三大要务，清晰地将要素品牌如何取得成功的关键环节呈现在读者面前。本书不仅体系新颖、视角独特，而且资料丰富、翔实，大量采用本土案例，抽丝剥茧地诠释最新品牌理论，既具有鲜明的时代特色，又具有理论的深度和实践的厚度，是品牌领域的一部力作。

符国群

中国高校市场学研究会会长

2021 年 3 月 26 日于北京大学

前　　言

要素品牌（ingredient brand）是指作为终端产品组成部分的要素产品品牌。国内现有研究对"ingredient brand"一词的翻译不尽相同，有"元素品牌""成分品牌""要素品牌"三个名称，但对其内涵的理解已基本达成一致。随着产业市场竞争日趋同质化、采购商对要素产品定制化要求的提高以及消费者多元化需求的增加，许多企业对要素产品实施品牌化已经成为一种重要的营销战略。例如，英特尔处理器（Intel）、莱卡面料（Lycra）、特氟龙材料（Teflon）、肖特面板（Schott）、利乐包装（Tetra）和"三一重工"等都是实施要素品牌战略的成功案例。

伴随着新一轮技术革命的推进，信息技术、人机互连、人工智能等新技术加快促进产业链和供应链的深度融合，不仅推动传统价值创造体系发生根本性变化，也对产业链中的分工格局带来革命性的影响，改变了产业链中不同企业的竞争优势来源。在产业链重构的新形势下，我国产业供应商面临的竞争已经从原来的在行业和区域层面分化，向行业供应链的各个增加值环节渗透和转变；产业链中纵向参与者之间的竞争与合作，也更多围绕"微笑曲线"两端的高附加值部分展开。其中，加快自主品牌建设、科学实施品牌战略不仅能提升传统产业供应商的质量效益，还能有效实现产业多环节制造与市场多样化需求之间的动态匹配，通过减少消耗、提高品质，抵消劳动力、原材料等要素成本上涨带来的影响。

产业链秩序重塑引发了产业组织和制造方式的重大变革，也为产业链中的上游供应商利用无形资产开拓新的盈利模式提供空间。受制于产业链所处位势，为消费品生产提供构成要素的供应商大多将建立在廉价成本要素投入、产能规模优势基础上的定价作为竞争优势的主要来源，但在产业环境快速变化的背景下，这种以交易为导向的传统竞争优势不断被削弱，取而代之的是精准把握下游跨层级市场需求，打破原有市场层级壁垒进行资源重新分配，赋能要素品牌增值。尽管国外涌现了许多供应商依托要素品牌战略夺取议价权，在产业市场中实现"弯道超车"的典型案例，但在我国现有产业环境中供应商的要素品牌观念还很薄弱，尤其在要素品牌竞争优势的形成机制及其作用尚不明确的前提下，大部分供应商仍基于企业自身要素禀赋结构的差异追求制造效率、强化核心业务能力和降低生产成本，品牌建设仅被视为一种被动支出的营销成本，而非主动建立竞争优势的必要手段，更难以运用要素品牌战略思维开展跨越市场层级的业务布局。我国供应商的要素品牌观念尚且薄弱的主要原因，在于要素品牌竞争优势的形成机制及其作用尚不明显，无法为企业的品牌战略提供理论指导。因此，探讨要素品牌战略竞争优势的形成条件、形成机制以及对企业绩效的影响，成为指导我国供应商实施要素品牌化战略的关键，此举不仅成为我国要素供应商提高其在国内市场竞争力的重要途径，也是积极参与国际竞争的有效手段，同时有助于实现要素产品供应产业的整体升级。

与上述有待回答的问题相对应，本书将探讨和识别驱动供应商实施要素品牌战略所需资源条件作为整体研究思路的起点，进而分别从消费者和制造商两个层面验证要素品牌化战略转化为竞争优势的过程，最后回答供应商要素品牌战略如何转化为供应商绩效的问题。上述研究步骤之间形成相互关联、彼此递进的关系，体现出"战略资源—战略行动—竞争优势—企业绩效"的研究逻辑，从而有助于系统地对供应商要素品牌战略实践和现象进行全面考察与检验。总体来看，本书体现出以下几方面的特色：

第一，为了体现出要素品牌化对供应商突破发展瓶颈以及提高在产业市场中竞争力的重要性，本书基于价值优势观的视角，尝试对要素品牌战略的成因及效果进行解释。价值优势观是战略管理领域的重要构念，这种观点把竞争优势定义为企业之间在创造价值或向顾客传递价值方面的差异，在经济学领域或营销学领域都受到不少学者的重视。本书将价值优势观引入要素品牌战略研究，一方面是对品牌建设纳入国家战略规划的理论响应，另一方面则通过战略视角解读要素品牌化，使研究观点和结论更具全局性、前瞻性和可操作性。

第二，针对产业市场中供应商主动实施要素品牌战略的难点和需求，从供应商视角对要素品牌战略展开研究，为供应商科学合理规划品牌战略提供更直接的指导。现有研究大多从采购商角度出发，探讨要素品牌对采购商终端品牌的作用，这种研究范式在强调采购商应当关注对要素品牌的选择策略的同时，也可能导致供应商认为要素品牌建设效果具有被动性的特征而降低品牌投入的积极性。

本书在研究视角上的转换，是对要素品牌领域研究的有益补充，有助于全面考察要素品牌战略在产业市场与消费者市场转化为竞争优势的内在机制。

第三，充分考虑了要素品牌与广义产业品牌、传统消费者品牌之间的差异，从双层级市场的角度关注要素品牌战略竞争优势的形成机制及其对供应商绩效的影响，更系统和深入地考察要素品牌战略过程及其发挥作用的全貌。由于要素品牌战略同时涉及采购商和消费者两类市场主体，在实践中总结出来的营销工具、品牌联合模式和品牌推广方式等因素对要素品牌效果的影响具有高度模糊性的特征，限制了已有经验在要素供应行业的有效推广。本书分别从产业市场和消费者市场两个情境出发，将要素品牌战略行动与具体市场情境结合起来，实现了要素品牌战略实践的可把握和可推广，同时也将要素品牌战略行动转化为可测量的变量，有利于系统把握战略行动与竞争优势的因果关系。

要素供应商是产业链的重要组成部分，在我国各个产业中都占有较大比重，探究要素品牌战略在供应商适应现代产业竞争环境、实现供应行业整体转型或起到在供给侧改革中的作用具有重要意义。然而，要充分调动供应商要素品牌建设的积极性，一方面要探索供应商要素品牌战略的驱动因素，为推动供应商开展要素品牌战略行动赋能；另一方面要关注要素品牌战略效果的转化规律，增强供应商通过要素品牌战略获取竞争优势的理论指导效力。本书在撰写过程中既深度访谈了我国典型的要素供应商，也采用问卷调研获取大规模供应商、采购商和消费者的数据，通过定性与定量相结合的数据获取和研究设计，为供应商通过要素品牌战略提高企业竞争力提供管理建议，为政府和行业管理机构鼓励供应商发展要素品牌提供理论依据。

本书系国家自然科学基金面上项目（项目编号：71572083）和国家自然科学基金青年项目（项目编号：71702017）的阶段性研究成果。该成果融进了研究团队多名成员的心血，这些成员包括卢宏亮（东北林业大学）、申媛婷（中原工学院）、董言（天津中医药大学）、吴朝彦（重庆理工大学）和张会龙（江西师范大学）等。作为自然科学基金面上项目的阶段性研究成果，总体上看关于要素品牌的研究还不够全面、深入，有许多该领域的问题还有待进一步探讨，现有成果也由于能力、水平所限以及调查局限性等存在许多不足，望学界和业界各领域的专家给予指正。

南开大学商学院　李桂华

重庆理工大学管理学院　黄　磊

2021 年 3 月 10 日

目　录

第一章　要素品牌概述

要素品牌作为一种提升要素供应商与制造商竞争优势的有效手段，在实践领域已得到广泛应用，并受到国外学术界的关注。本章以要素品牌化实施主导方的不同为依据，首先介绍要素品牌的内涵，并以品牌领域已有理论为基础，从要素品牌化的独有特征出发探讨要素品牌建设的理论基础，然后从供应商与制造商两个视角评述国内外要素品牌化的研究现状，最后对要素品牌研究进行总结与展望，为本书系统开展要素品牌研究提供有益的参考和借鉴。

第一节　要素品牌概念与类型

一、要素品牌的概念

要素品牌（ingredient brand）是指作为终端产品组成部分的要素产品品牌。国内现有研究对"ingredient brand"一词的翻译并不相同，分别存在"元素品牌""成分品牌""要素品牌"三种方式的翻译，但对其内涵的理解已基本达成一致。随着产业市场竞争日趋同质化、采购商对要素产品定制化要求提高以及消费者多元化需求的增加，对要素产品实施品牌化已经成为一种重要的营销战略。在实际中，成功的要素品牌包括英特尔处理器（Intel）、莱卡面料（Lycra）、特氟龙材料（Teflon）、肖特面板（Schott）、利乐包装（Tetra）等。尽管要素产品不会被消费者直接购买，但要素品牌化有助于唤起消费者对该产品的品牌意识与品牌联想，并成为传递终端产品质量的信号，从而使供应商与制造商从中获利

（Uggla & Filipsson，2008）。

二、要素品牌的类型

根据实施主体的不同，要素品牌可以划分为由供应商主导的要素品牌化和由制造商主导的要素品牌化（Luczak et al.，2007）。两种类型之间的区别体现在：前一种类型由要素产品供应商主导实施，其进行品牌化的目的在于通过品牌投入，影响制造商与消费者对要素品牌的认知，进而影响制造商采用该要素品牌（Luczak et al.，2007）。莱卡作为服装面料的品牌，通过冠名赞助选秀活动和投放平面广告，有效提高了该品牌的知名度，是否采用了莱卡面料成为消费者购买服装时考虑的因素，同时也影响了服装制造商重复选择莱卡品牌的意愿。后一种类型则由终端产品制造商发起，其目的在于通过强调终端产品中与该要素品牌相关的特定属性，提高消费者对制造商品牌的整体认知和评价（Desai & Keller，2002）。可口可乐在其"零度"可乐宣传中，主动强调纽特无糖甜味剂（Nutra-sweet）的成分，成功地向消费者塑造出一种更健康、更个性的可乐形象。识别两类要素品牌化的差异，是明确要素品牌化内涵界定与理论依据的基础（Kotler & Pfoertsch，2010），片面强调某一方的选择及其结果，都可能导致供应商或制造商关注短期交易绩效，忽略要素品牌建设带来的长期利益，也不利于要素品牌化理论体系的构建（Pfoertsch et al.，2008）。

（一）供应商要素品牌化内涵

供应商要素品牌化的研究以 Norris（1992）为代表，他认为要素品牌化是指为终端产品提供材料、成分、零部件和服务等的供应商所进行的品牌投入。Linder 和 Seidenstricker（2010）对该观点做了进一步的拓展，认为供应商要素品牌化是一种针对制造商实施的 B2B 品牌化战略，供应商通过创造和传递品牌价值增加要素产品的差异化程度，从而提高要素产品的不可替代性，并帮助供应商平衡其与制造商之间的力量对比，降低供应商处于供应链上游所产生的局限性和风险。上述观点尽管从实践层面与战略意义出发，对供应商要素品牌化的内涵进行了概括与总结，但未能将要素品牌化与工业品品牌化或广义 B2B 品牌化区分开来。

与上述观点相比，Luczak 等（2007）对供应商要素品牌化的理解更能反映出其特殊性。他们提出由供应商实施的要素品牌化同时指向两类市场：一方面，与广义 B2B 品牌化相似，供应商以传递价值为目的的要素品牌推广直接针对价值链下一阶段的制造商；另一方面，要素品牌的价值传递也直接针对终端消费者，通过向消费者强调要素品牌的功能利益和情感利益，有效培养和改善消费者对该品牌的价值认知和态度忠诚，推动要素品牌成为消费者购买商品时的判断依据（Kotler & Pfoertsch，2010）。在供应链中跨阶段的品牌价值传递，不仅是供应商要素品牌化与广义 B2B 品牌化的区别，也要求供应商应同时关注制造商的需求与消费者对要素品牌的认知和情感，形成要素品牌的拉动效应。

（二）制造商要素品牌化的内涵

Desai 和 Keller（2002）基于制造商视角，认为要素品牌化是指终端制造商赋予产品关键要素独立的品牌名称，以此提高产品的差异化程度和强调产品的独特性。从该视角出发，制造商要素品牌化通常被视为一种优于线性延伸的品牌延伸策略，不仅可以避免线性延伸带来的蚕食已有产品销量的弊端，也能避免由此产生的多种同类型产品从而稀释品牌价值的后果（Vaidyanathan & Aggarwal，2000），其优点还包括能提高终端品牌的市场占有量，有效实现终端品牌的差异化程度，强化其在消费者心目中的优势地位（Pfoertsch et al.，2008）。从已有研究来看，制造商主导的要素品牌化由于强调制造商品牌与要素品牌在终端产品上的共同呈现的效果，也通常被称为要素联合品牌（ingredient co-branding）（Erevelles et al.，2008）。

实际上，要素品牌化与联合品牌化（co-branding）既有联系也存在区别，明确两者的不同，对界定要素供应商与制造商品牌定位、平衡其权力间关系具有战略上的重要性。根据 McCarthy 与 Norris（1999）的观点，联合品牌化与要素品牌化都属于品牌联盟（brand alliances）的范畴，但其并未就两者的区别做进一步的解释。从不同的角度出发，制造商要素品牌化与联合品牌化的差异主要体现在以下方面（见表 1-1）：从合作的内容来看，要素品牌化是通过在终端产品中呈现特定构成部分的品牌来强调该产品的单一性能；联合品牌化则是在维持两个或更多原有品牌特性的条件下，将这些品牌结合而创造一个新的产品或服务。从合作的形式来看，要素品牌是作为终端产品中的某个部分而存在，大部分要素品牌无法脱离终端产品单独向消费者进行销售；联合品牌化则是由两个可以单独向消费者进行销售的品牌组合而成（Uggla & Filipsson，2008）。从战略方向角度来看，要素供应商与终端制造商分别处于产业链的上下游地位，因此要素品牌化是一种纵向战略；而联合品牌化中的参与方在市场中处于平行地位，属于一种横向战略。

表1-1　制造商要素品牌化与联合品牌化的区别

区别	要素品牌化	联合品牌化
合作内容	强调终端产品的单一性能	结合不同品牌的特性创造一个新的产品或服务
合作形式	大部分要素品牌无法向消费者单独销售	参与合作的品牌能向消费者单独销售
战略方向	纵向战略	横向战略

第二节　供应商要素品牌化及其评述

供应商要素品牌化的文献数量较少，而且多为质性研究。从有限的文献中可以看出，该部分研究主要基于供应商要素品牌化的实践现状，对品牌化过程与品牌化利益两方面问题进行探讨，目的是识别和规划供应商要素品牌化的具体步骤，并对要素供应商品牌化的回报进行分析。

一、供应商要素品牌化过程

关注供应商要素品牌化过程的研究可归纳为两个发展阶段：第一个阶段聚焦于识别品牌化步骤与制定品牌化策略，第二个阶段是对每个步骤的品牌权益进行衡量。

（一）供应商要素品牌化的步骤与策略

Luczak 等（2007）首先提出供应商要素品牌化过程涉及两类关系：供应商为制造商提供生产要素或服务，构成传统意义上的 B2B 关系；制造商将要素品牌加入终端产品后向消费者销售，与消费者形成 B2C 关系。这两类关系并不是相互独立的（见图1-1），其中步骤1到步骤2体现了要素品牌按照产业链的顺序经制造商向消费者传递价值，步骤3是要素供应商面向消费者市场开展营销活动，以提高消费者对要素品牌的重视程度，步骤4是消费者由于希望获得该要素品牌而主动购买制造商的产品。根据这一逻辑，Luczak 等（2007）进一步认为要素品牌化过程包括推动与拉动两种策略，推动策略是指供应商的营销策略直接指向价值链下游的终端制造商，而拉动策略则是供应商向消费者开展品牌宣传活动，唤起消费者对该要素品牌的需求，从而影响制造商的采购决策。

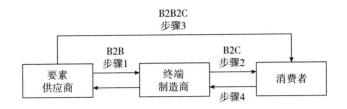

图1-1　供应商要素品牌化路径模型

资料来源：Luczak C A，Pfoertsch W，Beuk F，Chandler J D. In-branding：Development of a conceptual model［J］. Academy of Marketing Studies Journal，2007，11（2）：123-135.

Uggla 和 Filipsson（2008）对上述步骤进行深化，归纳出供应商要素品牌化的规划模型（见图1-2），该模型包括检查、创造、整合和资本化四个阶段，其最终目的是实现要素品牌价值的最大化。Linder（2011）则采用案例研究的方法，从要素供应商与现有制造商的关系、潜在合作伙伴的需求以及如何将现有品牌和技术转移到新关系中等方面，探讨要素供应商品牌战略的形成过程。这部分文献回答了供应商要素品牌化在实践中如何操作的问题，但缺少对要素品牌化效果的量度，无法为供应商创造和维护品牌价值提供有效指导。

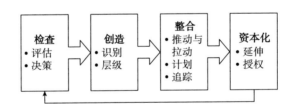

图1-2　供应商要素品牌化规划模型

资料来源：Uggla H，Filipsson D. Ingredient branding：Strategic guidelines［J］. The ICFAI Journal of Brand Management，2008，5（2）：16-30.

（二）供应商要素品牌权益的测量

针对上述研究只关注要素品牌化过程而忽略效果测量的不足，Pfoertsch 等（2008）以要素品牌化实施路径为依据，分别对不同阶段要素品牌权益的形成和测量进行探讨（见图1-3）。具体而言，在要素供应商-制造商的双边关系中，要素品牌权益应采用基于溢价的财务导向方法进行测量，即相较于没有实施品牌化的要素产品，制造商为品牌化要素产品支付的溢出价格；在制造商-消费者阶段，要素品牌权益主要体现在消费者评价的比较上，即相较于无要素品牌的终端产品，消费者对包含要素品牌的终端产品评价的变化，该阶段建议采用 Aaker（1996）的品牌评价模型进行量化比较测量；从供应商-制造商-消费者整体视角出发，要素品牌权益反映为消费者对包含要素品牌的终端产品的溢价支付意愿。

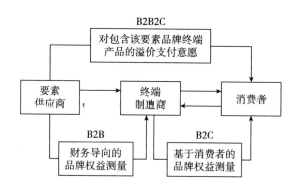

图 1-3 供应商要素品牌化不同阶段的品牌权益测量

资料来源：Pfoertsch W, Linder C, Chandler J D. Measuring the value of ingredient brand equity at multiple stages in the supply chain: A component supplier's perspective [J]. Interdisciplinary Management Research, 2008, 4 (5): 571 – 595.

二、供应商要素品牌化利益

从供应商的视角出发，要素品牌化的利益主要体现在品牌化战略能为供应商提供的回报上。品牌化战略对要素供应商而言是一种周期长、风险高的资源投入，所投入的品牌资源能否转化为企业利益成为供应商进行要素品牌化的前提条件。通过回顾现有文献，大多数研究者认同品牌化能为要素供应商带来正向回报，这些利益可划分为经济利益和非经济利益两类。本章将从这两个方面对供应商要素品牌化所产生的利益进行梳理。

（一）供应商要素品牌化的经济利益

Norris（1992）较早关注实施品牌化能为要素供应商提供的利益，在这些利益中，Norris 重点强调了通过品牌化战略能为供应商收获更高的边际利润。具体来看，供应商通过品牌投入能有效构建制造商和消费者的品牌偏好，缓解由制造商议价所带来的价格压力。例如纽特甜味剂作为软饮料中的一种食品添加剂，进入市场初期并不为制造商与消费者所关注，但通过开展大规模的广告和免费样品赠送等促销活动，纽特不仅树立起消费者对该品牌的意识和偏好，还满足了软饮料制造商提升差异化程度的要求，促使制造商愿意支付溢价购买这种要素产品。Ghosh 和 John（2009）基于 191 家美国技术密集型企业的调查数据研究发现，进行品牌专用性投入的要素供应商更有可能获取制造商所提供的要素品牌合同，意味着要素供应商有机会提高自身的议价能力，增加其在交易过程中的经济回报。Wise 和 Zednickova（2009）以《财富》500 强中的供应商为样本，探讨供应商如何通过品牌管理在产业市场中取得成功，其结论表明品牌化有助于供应商在招投标情境中获得制造商的认可并竞标成功。

尽管该部分研究大都认同要素供应商的品牌化战略能带来经济利益，但 Uggla 和 Filipsson（2008）认为供应商主导的要素品牌化也存在较大的经济风险，一方面要素供应商跨越供应链多个阶段创建品牌意识的成本很高，而投入的成本也可能被下游制造商所消耗；另一方面，制造商品牌可能无法支持要素供应商品牌所做出的承诺，从而稀释要素品牌的价值。

（二）供应商要素品牌化的非经济利益

与质量、价格、交付等因素相比，品牌属于无形的"软"因素（Lienland et al.，2013），因此更多学者认为要素品牌化为供应商带来的是一种非经济利益。通过对相关文献进行梳理，可以将供应商要素品牌化产生的非经济效应分为三种类型：第一类是关系利益，Norris（1992）提出当要素供应商实施品牌化战略时，其要素产品更容易被消费者接受，从而形成稳定和多元化的制造商需求，有利于维系长期的采供关系。Han 和 Sung（2008）通过对 279 家制造商进行实证分析发现，以能力为基础的供应商品牌对包括品牌忠诚、关系承诺和关系质量等变量在内的关系绩效具有直接或间接正向影响。Erevelles 等（2008）对要素品牌联合相关文献进行梳理，将供应商要素品牌化所产生的关系利益归纳为加强相互合作、共享知识和能力、共担风险、相互信任与分享经验等方面。第二类是竞争利益，该类研究主要关注品牌化对要素供应商竞争优势的影响，例如，Bengtsson 和 Servais（2005）对丹麦两家供应商进行案例研究发现，通过实施品牌化并与制造商进行品牌联合，供应商更容易在供应链网络中获取有利位势。Erevelles 等（2008）则通过数理模型推演，证实要素供应商与制造商在品牌层面上的合作能有效提高竞争者的进入壁垒。第三类是成本利益，该类研究主要以扩大规模经济和取消双重边际化为基础，探讨供应商主导的要素品牌化如何有效降低交易成本（Erevelles et al.，2008），这方面的代表性研究包括 Linder 和 Seidenstricker

（2010）、Kotler 和 Pfoertsch（2010）等。

从上述文献中可以看出，尽管供应商要素品牌化利益主题的研究结论还比较分散，但在一定程度上回答了要素供应商所关注的"品牌化能为企业带来何种收益"的问题。通过回顾与梳理，我们将供应商要素品牌化所产生的利益归纳为经济和非经济两类。需要注意的是，虽然非经济利益无法直接提高供应商的财务绩效，但关系利益、竞争优势和成本优势仍是供应商在产业市场中生存和发展的重要条件，意味着要素供应商在进行品牌管理时，也应该考虑品牌化能带来的非经济利益。

第三节 制造商要素品牌化及其评述

制造商要素品牌化的研究较为集中，文献量也较多，已有研究主要聚焦于要素品牌联合效应与制造商对要素品牌的选择两个方面。

一、要素品牌联合效应

在制造商主导的要素品牌化实践中，大部分制造商希望通过在终端产品中加入要素品牌来凸显产品某方面的属性，提升终端品牌资产与市场竞争力（Desai & Keller，2002）。制造商要素品牌联合效果具体表现为主效应和溢出效应，主效应是指终端品牌与要素品牌进行联合后，消费者对该联合品牌的评价（Park et al.，1996）；溢出效应是指终端品牌加入要素品牌后，消费者对终端品牌和要素品牌原有的态度、忠诚度和购买意向所产生的改变（Simonin & Ruth，1998）。通过对文献进行梳理发现，现有研究主要聚焦于对影响主效应和溢出效应的因素进行检验。根据作用方式的不同，这些影响因素可归纳为直接作用因素与调节作用因素。表 1-2 给出了该领域研究的汇总情况。

（一）直接作用因素

就影响要素品牌联合效果的因素而言，现有研究着重从合作品牌层面、联合匹配性层面和要素品牌策略层面对可能的影响因素进行检验。首先，对要素品牌联合效应产生影响的合作品牌层面包括合作品牌原有品牌资产、消费者对终端品牌与要素品牌在合作前的感知质量和已有态度等因素。Washburn 等（2000）的研

表 1-2 要素品牌联合效应研究汇总

影响因素		联合效应		研究者（年份）
		主效应	溢出效应	
直接作用	品牌属性显著性	+	+	Park 等（1996）
	品牌匹配性	+	+	Simonin 和 Ruth（1998）；陆娟和边雅静（2010）
	产品匹配性	+		Park 等（1996）；Simonin 和 Ruth（1998）
	对合作品牌的原有态度	+	+	Simonin 和 Ruth（1998）
	合作品牌资产	+	+	Washburn 等（2000，2004）
	品牌感知质量	+		Rao 等（1999）；Dickinson 和 Heath（2006）
	要素品牌类型（联合要素品牌化/自有要素品牌化）	联合 > 自有		Desai 和 Keller（2002）；王海忠等（2012）
调节作用	品牌特征	品牌熟悉度	+	–	Simonin 和 Ruth（1998）；Baumagarth（2004）
		产品质量可观察性	–		Rao 等（1999）
		品牌知名度	–		Lou 等（2008）
		品牌匹配性	+		Swaminathan 等（2012）
	消费者	消费者忠诚度（忠诚/非忠诚）	忠诚 < 非忠诚		Swaminathan 等（2012）
		消费者试用	+		Washburn 等（2000）
		使用经验（用户/非用户）	用户 < 非用户		Swaminathan 等（2012）

注："＋"表示正向影响（直接作用）或正向调节（调节作用），"－"表示负向调节。

资料来源：根据相关文献整理。

究表明，合作品牌原有品牌资产对要素品牌联合主效应有直接正向影响，并且原有品牌资产较低的合作品牌能通过联合获取更高的溢出效应。消费者对合作品牌的原有感知质量同样对要素品牌联合主效应具有正向影响，Rao 等（1999）的研究证实在产品质量可观察性较低的情境下，合作品牌感知质量越高，消费者对加入要素品牌的终端产品的整体感知质量也越高。Dickinson 和 Heath（2006）的研究结论也支持该观点。Simonin 和 Ruth（1998）则发现消费者对终端品牌和要素品牌的已有态度与联合效应呈正相关。

其次，联合匹配性表现在产品匹配性和品牌匹配性两个方面，其中产品匹配性是指要素品牌与终端品牌在产品类别上的相容性，品牌匹配性是指要素品牌与终端品牌在品牌形象层面的一致性。Park 等（1996）经研究发现当要素品牌与终端品牌在产品属性上高度互补时，消费者对要素品牌联合产品的评价更高。Simonin 和 Ruth（1998）拓展了联合匹配性的概念，同时对产品匹配性和品牌匹配性与联合效应的关系进行研究，证实两者都对要素品牌联合主效应具有正向影响。陆娟和边雅静（2010）以我国普通消费者作为研究对象，对品牌匹配性与要素品牌联合主效应的关系展开研究，也得到了同样的结论。

最后，根据 Desai 和 Keller（2002）的观点，要素品牌策略包括联合要素品牌化和自有要素品牌化两种类型，前者是指终端品牌与某个属于其他企业所有的要素品牌进行联合，后者是指终端品牌与要素品牌归同一家企业所有。在两类要素品牌策略与品牌联合效应关系的研究中，Desai 和 Keller（2002）认为与自有要素品牌化相比，联合要素品牌化能获取不同的品牌资产，因此对要素品牌联合的主效应影响更显著。王海忠等（2012）在对要素联合产品独特性评价的研究中也证实，联合要素品牌化是一种比自有要素品牌化更有效的策略。

（二）调节作用因素

除了对具有直接作用的因素进行研究，部分学者还关注对要素品牌联合效应具有调节作用的因素，即深入探讨要素品牌联合效应的边界条件。其中被研究者们关注较多的因素与参与联合的品牌特征相关，例如，Simonin 和 Ruth（1998）认为消费者对较为熟悉的品牌已经存在一定的经验和联想，相对于不熟悉的品牌，消费者对熟悉品牌的喜好性更高，因此品牌熟悉度会对要素品牌联合效应产生调节效应。Rao 等（1999）则提出要素品牌联合所传递的质量信号可信度受到产品质量可观察性的影响。Lou 等（2008）认为品牌知名度作为产品质量信号的反映，也是受到消费者关注的重要因素，并证实品牌知名度对要素品牌联合的溢出效应具有调节效应。上述研究识别出的调节变量都具有一定程度的相似性和相关性，具体而言，高熟悉度的品牌通常都会被认为具有较高感知质量，也更容易被消费者接受，同时品牌知名度与包括感知质量在内的品牌认知显著相关。与上述关注品牌特征调节作用的研究不同，Swaminathan 等（2012）检验了消费者特征对要素品牌联合溢出效应的调节作用，发现溢出效应在非忠诚消费者以及非用户的群体中更为明显。

（三）联合情形

值得注意的是，上述要素品牌联合效应的研究都是置于特定的联合情形下展开的。根据品牌知名度的高低，终端品牌与要素品牌在联合实践中可划分为四种组合类型（见图1-4）。部分学者考虑了知名要素品牌与不知名终端品牌的联合情形（见象限4），证实知名要素品牌有助于不知名终端品牌获得积极的联合效应（Park et al.，1996）。Simonin 和 Ruth（1998）则关注知名终端品牌与不知名要素品牌的联合情境（见象限2），结果表明消费者对联合品牌做出积极评价，并进一步证实知名终端品牌获得的溢出效应较少，而不知名要素品牌获得的溢出效应更高（Simonin & Ruth，1998）。Baumgarth（2004）对该实验进行复制性研究，检验知名终端品牌联合知名要素品牌（见象限3）与联合不知名要素品牌两种模式的主效应（见象限2），结果表明两种联合模式均有助于提高消费者对联合品牌的态度。McCarthy 和 Norris（1999）的研究则发现，加入知名要素品牌后，中等品质的终端品牌比高品质终端品牌获得的联合效应更积极。

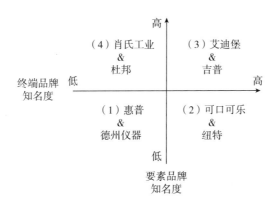

图1-4　要素品牌联合情形类别与实例

资料来源：根据相关文献整理。

从研究成果的数量和质量方面看，要素品牌联合效应在要素品牌化研究领域占有重要地位，已有结论不仅证实了要素品牌战略的有效性，也为制造商结合自身资源和能力实施要素品牌化提供了指导。

二、制造商对要素品牌的选择

除了从消费者层面研究制造商要素品牌化的效果，还有部分学者从企业层面出发，关注制造商选择要素品牌的影响因素。Ghosh 和 John（2009）以交易成本经济学为基础，将制造商的要素品牌化视为供应商关系治理的形式，并证实了当要素品牌能增加终端产品的差异化程度，以及要素供应商进行显著的专用性投资时，制造商更有可能采用要素品牌化。Tiwari 和 Singh（2012）评估了要素品牌化对终端品牌权益的感知作用，通过因子分析法识别出六个影响终端品牌权益的要素品牌因素，分别是感知质量、品牌声望、可靠性、显著性、降低成本和喜好性，该结论为制造商以提高终端品牌权益为目的的要素品牌选择提供了评估工具。Lienland 等（2013）认为早期的产业营销忽视了供应商声望和品牌知名度的作用。针对该观点的不足，他们对供应商声望的作用展开研究，结果表明供应商声望能显著影响消费者对终端品牌整体声望的感知，尤其是当该要素产品对终端产品属性有重要影响时，更容易影响消费者的评价。

综上所述，制造商在对要素供应商进行选择时，应该综合考虑要素品牌所能提供的有形或无形价值，通过科学管理与要素供应商的关系，提高合作效果，扩大终端产品的差异化程度，改善制造商的品牌形象，获取和维持制造商在消费者市场中的竞争优势。

第四节　结论与展望

在为终端产品生产提供构成要素的产业中，要素品牌化已成为采供双方参与竞争的重要方式。然而在理论发展方面，由于要素品牌化是 20 世纪 90 年代才开始引起关注的新生现象，相关研究目前尚处于理论探索阶段，在内涵界定、理论基础、研究范式和研究结论等方面并未形成统一认识。通过对相关文献进行梳理发现，该领域现存争议的根源在于研究者较少或没有对要素品牌化的不同主导方进行区分，这种缺陷不利于要素品牌化理论体系的构建，也影响了这一领域的后续研究。基于此，本章认为应该分别从供应商与制造商两个视角对要素品牌化现象展开研究。

一、供应商视角的要素品牌化研究

供应商要素品牌化的实质是将企业有限的资源分配到品牌中，使供应商从品牌投入中获取回报（Linder & Seidenstricker，2010）。我们通过文献回顾发现，现有文献在研究方法和研究内容上还存在一些不足之处。在研究方法方面，大部分学者基于供应商要素品牌化的实践发展，采用质性的方法展开讨论，导致学术界对该现象理论基础的归纳并不明晰，也制约了相关实证研究的开展。研究内容上的问题，一方面表现在对供应商要素品牌化效果的理解未能达成一致，同时缺少对要素品牌化影响因素的关注，在探索供应商要素品牌化效果形成机理方面存在较大局限性；另一方面，缺少对供应商要素品牌化与企业绩效关系的探讨，没有回答要素供应商品牌资源投入如何转换为企业绩效的问题。规范和完善供应商视角的要素品牌化研究，不仅有助于拓展和深化要素品牌相关理论，对我国要素产业整体升级、要素供应商提高竞争能力也具有重要意义。针对供应商要素品牌化的上述不足与其对我国供应商实践中的指导作用，我们整合 B2B 营销、供应链管理与品牌管理领域的相关观点与理论，尝试从以下方面为该领域的研究提供有价值的参考。

首先，明确供应商要素品牌化效果的测量。通过文献回顾发现，品牌价值能更好地反映出供应商与制造商之间的关系：一方面，品牌价值由供应商特征与采供双方互动效果共同决定；另一方面，品牌价值被视为供应商关系价值的重要影响因素。因此，未来研究可考虑采用以要素品牌价值为起点，理解要素供应商品牌投入与品牌化效果及关系绩效的关系。

其次，对要素品牌价值的影响因素进行探讨。现有研究关注的影响因素比较分散，通过对文献归纳总结发现，这些影响要素品牌价值的因素大多属于要素供应商特征，包括供应商能力、终端市场投入、专用性投资以及内部品牌化等。考虑到要素供应商与制造商之间的联盟形态对双方互动与适应提出较高要求，我们认为要素供应商与制造商的互动效果也是影响要素品牌价值的前置变量。通过系统地识别和探讨要素品牌化效果的影响因素，有助于准确地了解和掌握不同类型的内外部资源对要素品牌化效果的作用。

最后，由于关系绩效比单一的关系指标或财务指标更有助于理解要素品牌价值的绩效结果，因此可以将供应商关系绩效作为结果变量，探讨要素品牌价值对供应商关系绩效的影响。这部分研究还应关注环境因素与情境因素的调节作用，其中环境因素包括技术动荡性、市场动荡性和供应商数量等，情境因素包括要素重要性和要素有形性，通过调节效应检验进一步理解要素品牌价值转化为绩效的边界条件。

二、制造商视角的要素品牌化研究

从该视角出发，尽管学者们对要素品牌化做了较多的实证研究并形成一定体系，但该部分研究仍存在以下三个方面的不足：首先，大部分研究聚焦于特定产业，在实际中，无论制造商还是消费者在不同行业中的购买行为都存在较大差异，因此结论能否推广到其他行业还存在争议。其次，部分要素品牌联合效应的研究采用虚拟品牌或产品作为刺激物，影响了结论的外部效度，同时，大部分研究者以在校大学生作为研究对象，结论的普适性受到较大限制。最后，仅有的几篇制造商如何选择要素品牌的文献都聚焦于企业层面，缺乏对产业环境或消费者感知的关注。

针对上述不足，制造商视角下的要素品牌化研究应在以下领域做进一步的探索：一方面，由于制造商要素品牌化的研究大多基于消费者视角展开，并且受到研究方法和研究对象的限制，无法反映真实情境中制造商实施要素品牌化的效果，未来研究有必要立足于企业层面，采用定性与定量相结合的研究方法，关注要素品牌化过程中涉及的企业复杂性、不同利益群体的多种动机等问题，探讨这些因素对制造商要素品牌化效果的影响。另一方面，制造商对要素供应商的选择涉及复杂的决策过程，而现有研究大多聚焦于企业层面的影响因素，无法从整体上反映制造商的选择机制，未来研究可以尝试从宏观（产业环境）、中观（战略导向、供应能力、竞争优先权）以及微观（消费者品牌认知）等不同层面，对制造商选择要素品牌的影响因素展开探讨，甚至考虑三个层面因素的交互影响，构建制造商要素品牌化的影响因素模型。

三、对供应商与制造商要素品牌化进行整合研究

现有研究都是单独从供应商视角或制造商视角探讨要素品牌化，而没有将两种视角整合起来考虑要素品牌化的效果。实际上，要素品牌化是一个涉及供应商、制造商和消费者等多方利益的过程，将两种视角的研究进行整合，有利于利用要素品牌利益相关者所掌握的资源，避免传统企业间交易中相互博弈的弊端，实现要素品牌价值最大化。从文献梳理中可以看出，要素品牌化效果只有通过消费者购买包含要素品牌的终端产品才能体现出来，因此消费者是整合两类视角研究的联结点。未来研究可考虑借鉴 Luczak 等（2007）提出的 B2B2C 的要素品牌化逻辑，采用跨层级研究的方法，关注要素供应商品牌化战略对消费者要素品牌

评价的影响，这是实现要素品牌拉动效应的关键，在此基础上进一步研究消费者评价与制造商采购决策的关系，实现对要素品牌化战略路径的整合。另外，要素品牌价值的形成既可以直接源于制造商的认知，也可以间接来自于消费者评价，然而企业采购人员与消费者对要素品牌信息的获取与诊断机制存在差异，未来研究应考虑两种视角的异同，将这两种视角视为探究要素品牌价值形成机制的两条路径，在此框架内明确 B2B 市场和 B2C 市场对要素品牌价值的作用，并探究要素品牌价值的构成维度及其前因后果。

第二章　供应商要素品牌价值形成的资源条件及内在机理

作为供应商提升竞争优势的有效手段，要素品牌化在实践领域得到了广泛的应用。从 20 世纪 90 年代起，英特尔、莱卡、康宁玻璃等供应商纷纷加大投入以创建具有市场影响力的要素品牌，最终都取得了较大的成功。消费者虽然不会直接购买要素，但是要素品牌化能够唤起消费者对要素的品牌意识与品牌联想，从而使要素品牌成为传递终端产品质量的信号，并最终使要素供应商从中受益（Uggla & Filipsson，2008）。要素品牌化也因此逐渐成为供应商凸显要素独特性、向制造商传递产品价值以及影响制造商购买行为的重要方法。然而，供应商的要素品牌化并不简单。首先，要素品牌化战略并不适用于所有供应商，例如由于零部件产业的差异化和创新水平较为有限，品牌创建失败经常发生（Worm & Srivastava，2014）。其次，在实践中往往存在这样的现象：不同供应商虽然都实施了要素品牌化战略，但是获得的要素品牌价值与企业绩效却大不相同。已有研究认为，供应商所在行业、产品的特征以及其拥有的资源条件等都会对要素品牌化的效果产生影响，其中资源条件的影响作用更大（Brown et al.，2012；卢宏亮、李桂华，2014；黄磊、吴朝彦，2016）。那么，供应商需要具备哪些资源条件才能更好地提升要素品牌价值？供应商要素品牌价值形成的内在机理又是怎样的？深入探讨这些问题能够为供应商塑造要素品牌提供理论基础。

供应商的要素品牌化战略也逐渐引起学术界的关注。已有文献分别对要素品牌化的内涵（Norris，1992；Kotler & Pfoertsch，2010；Desai & Keller，2002）、影响因素（Park et al.，1996；Washburn et al.，2000；Swaminathan & Reddy，2012）、实施步骤（Uggla & Filipsson，2008；Luczak et al.，2007；Linder，2011）等展开了研究。这些文献为本章更深入地探究供应商要素品牌化战略提供了基

础。然而，现有要素品牌化的文献中，鲜有研究探讨供应商要素品牌价值形成所需的资源条件及其内在机理。理论研究滞后于实践，这不利于正确地指导供应商实施要素品牌化战略。基于此，本章将以资源条件为视角，采用多案例研究方法，通过对供应商要素品牌化案例的分析，深入探究影响供应商要素品牌价值形成的资源条件及其内在机理。从而进一步完善要素品牌化的研究，为供应商提升要素品牌价值提供指导性建议。

第一节　供应商要素品牌化与资源基础理论

一、供应商要素品牌化

要素品牌化是指为终端产品制造商提供原材料、零部件等的供应商所采取的一系列在产业市场和消费者市场塑造品牌的行为（Norris，1992）。现有文献对要素品牌价值的研究较少，学者们主要对供应商品牌价值进行了研究。供应商品牌价值是指在产业市场的情境中，企业顾客从供应商品牌获取的利益（Leek & Christodoulides，2012）。供应商品牌往往能够为企业顾客带来提升关系、传递信息、降低风险、提高感知质量、实现差异化等方面的利益（Brown et al.，2012；Erevelles et al.，2008；Backhaus et al.，2011）。Mudambi 等（1997）认为供应商品牌价值由产品绩效、分销服务、支持性服务和企业表现四个维度构成。Mitchell 等（2001）认为供应商品牌价值的产生受到品牌名称、品牌独特产品化、品牌忠诚、品牌资产等因素的影响。然而，供应商品牌如果只是片面地强调为企业顾客带来的功能价值，很容易被竞争对手模仿和超越（Roper & Davies，2010）。因此，部分学者认为供应商品牌也能为企业顾客带来情感方面的价值。Lynch 和 de Chernatony（2004）认为供应商品牌是功能价值与情感价值的集合，其中情感价值是产业品牌提供附加价值和实现差异化的来源。Leek 和 Christodiulides（2012）也认为功能型和情感型价值才是供应商品牌价值的核心。李桂华和卢宏亮（2010）则将供应商品牌价值划分为财务价值、顾客价值和管理价值三个维度。然而以上研究都以广义供应商品牌为对象，并未识别出要素品牌的特殊性。

同时，部分研究从实践经验与管理现状出发，探讨了供应商要素品牌化的实施步骤和利益获取。Luczak 等（2007）首先提出了供应商要素品牌化的实施步骤（见第一章图 1-1）：步骤 1，供应商为制造商提供生产要素或服务（即 B2B 关系）；步骤 2，制造商将要素品牌加入终端产品后向消费者销售（即 B2C 关系）；步骤 3，要素供应商面向消费者市场开展营销活动，以提高消费者对要素品牌的重视程度；步骤 4，消费者由于希望获得安装或配备了该品牌化要素的终端产品而进行主动的搜索和购买。其中，步骤 1 到步骤 2 体现了要素品牌按照产业链的顺序经制造商向消费者传递价值，即供应商的推动策略，这能够促进 B2B 的交易；步骤 3 到步骤 4 则体现了供应商的拉动策略，通过提升消费者对要素的好感，供应商能够更好地实现 B2C 交易。供应商将推动策略和拉动策略结合起来，能为其要素品牌化带来协同效应。

二、资源基础理论

供应商对要素品牌价值的管理是一个聚焦于能力提升与知识积累的过程。根据 Capron 和 Hulland（1999）的观点，该过程以资源基础理论为依据，可以被视为企业可持续竞争优势的主要来源。因此，本节以资源基础理论为依据，对供应商要素品牌价值形成的资源条件进行分析。

资源基础理论起源于 Penrose（1959）的论著，他指出企业的成长和发展是一个通过知识的积累和沉淀来扩展企业生存空间的过程。资源基础理论探讨的核心问题是企业竞争优势的来源，该理论主张将企业看成各类资源的整合组织形式。现有文献围绕着资源与企业竞争优势的关系，对资源的分类展开了研究。Hooley 等（1998）将企业资源划分为资产和能力两类。Fahy 和 Smithee（1999）则在此基础上进一步将资产划分为有形资产与无形资产。其中，有形资产包括固定资产（厂房、设备等）和流动资产（货币资金、应收票据等）；无形资产包括企业拥有或为企业所控制的无实物形态的资产（产品标识、技术专利、品牌等）。Miller 和 Shamsie（1996）则根据资源的不可模仿性将资源条件划分为产权型资源与知识型资源两类，它们的不可模仿是因为受到了相应的保护。其中，产权型资源是指产权受到明确法律法规保护（例如合同、契约和专利等）的资源；知识型资源具有非实体的特征，通常以技能、经验或知识的形式存在，这类资源的不可模仿性在于其不易被察觉和理解，受知识壁垒的保护。资源基础理论指出企业所拥有的异质性资源是企业竞争优势的来源。Barney（1991）也认为企业应该重视那些价值高、稀缺、不可复制且无法替代的资源，这样才能帮助企业获得可持续的竞争优势。同样地，供应商竞争优势的形成也依赖于企业所拥有的异质性资源，只有拥有其他企业所没有的资源，供应商才能形成真正的要素品牌价值。基于此，本章借鉴 Miller 和 Shamsie（1996）对资源进行划分的方法，将促进供应商要素品牌价值形成的资源条件分为产权型资源与能力型资源两类，但是这两类资源的具体内容尚不明确，本书将在后续研究中对其展开探讨。

综上所述，已有文献对供应商要素品牌化的内涵、实施步骤等进行了研究，然而对供应商要素品牌价值形成资源条件的探讨甚少。探明供应商要素品牌价值形成的资源条件不仅能丰富要素品牌理论，还能为供应商的要素品牌化提供指导。资源基础理论则为供应商通过要素品牌化策略获取可持续竞争优势提供了独特的视角。因此，本章将从资源基础理论的视角展开研究。在对影响供应商要素品牌价值形成的资源条件进行鉴别时，本书采用"难以被模仿"这一标准，借鉴 Miller 和 Shamsie（1996）的观点，将供应商资源条件划分为产权型资源与能力型资源两类。同时，本章还将探讨这些资源条件对要素品牌价值的影响，以及要素品牌价值、制造商购买意愿、消费者购买意愿等之间的关系（Luczak et al.，2007）。

第二节　研究设计

一、研究方法

要素品牌价值的形成过程较复杂，对其展开的探讨也较少。鉴于本书研究的探索性质，本章将以供应商为样本进行案例研究。将在案例分析的基础上，通过深度访谈、二手资料收集等方式获取资料，并对资料进行开放式编码、主轴编码以及选择性编码，进而构建出理论模型。由于多案例研究能够有效提高案例研究结论的说服力、普适性和科学性，本章将采用多案例研究的方法对影响要素品牌价值形成的资源条件展开探讨（Eisenhardt，1989）。

二、案例选择

在案例样本的选择上，本章主要考虑样本的适合性、典型性以及数量等因素。其中，在样本适合性方面，本章采用以下标准进行样本的选择：①企业为要素供应商，其企业顾客为消费品制造商；②企业在实施要素品牌战略方面有一定的经验；③企业所属行业是非寡头垄断行业，确保案例样本均参与市场竞争。在样本典型性方面，本章所选企业应该在行业中具有较高地位，市场绩效良好，发展速度较快，以保证研究结论能够为其他企业提供借鉴。在样本数量方面，Sanders（1982）认为以 3～6 个案例组合进行跨案例研究较为合适。通过对我国各行业中的要素供应商进行甄别、筛选和联系，最后本章将案例的样本数量确定为 4 家企业，样本供应商基本情况如表 2－1 所示。

表 2－1　案例研究访谈情况汇总

样本供应商					样本供应商的企业客户				
供应商品牌	所属行业	访谈对象	访谈地点	访谈时长	客户品牌	购买部件	访谈对象	访谈地点	访谈时长
XX	纺织	每家供应商的 2 名中层领导、2 名普通员工，共计 16 人	成都	中层领导每人 2 次，每次约 50 分钟；普通员工每人一次，每次约 30 分钟；共计 10.7 小时	LN	拉链	每家企业客户采购部的 2 名中层管理者，共计 16 人	北京	每位客户进行了 2 次访谈，每次访谈约 40 分钟，共计 21.3 小时
					YC	拉链		成都	
LK	通信科技		北京		LX	芯片		北京	
					HW	芯片		北京	
SJ	轮胎		威海		DF	轮胎		柳州	
					WL	轮胎		柳州	
TN	能源		湖州		YD	电池		天津	
					OP	电池		天津	

注：由于未能获得授权，本章中的企业名称均用品牌或公司名称的字母表示。

三、数据收集与分析

（一）数据收集

为保证数据的质量，本章使用 Miles 等（2003）提出的三角测量法，即从多个信息来源收集数据，主要包括现场观察、半结构访谈、二手资料收集等。在现场观察和访谈资料收集方面，研究小组对样本供应商的中层领导、内部员工及其两位重要企业顾客进行了深入访谈（具体见表2-1）。其中对中层领导的访谈次数为每人2次，每次访谈平均时间约为50分钟；对内部员工的访谈则是采用随机的方法抽取员工进行提问；两位重要客户则由样本供应商介绍，小组成员对该客户企业采购部的中层管理者进行访谈，每位重要客户进行了2次访谈，每次访谈平均时间约为40分钟。本章根据理论饱和的规则进行访谈，即抽取样本直至新的样本不再产生新的重要观点或看法。访谈结束后共整理出录音文稿约5万字。本章的二手资料来源主要包括：样本供应商的官方网页、企业报刊、公开档案等；网络上与样本供应商有关的新闻、文章或数据；样本供应商的分析报告、评论或是来自其他公司的材料——总计约9万字。在数据收集环节结束后，研究小组将整理好的研究报告提供给样本供应商，邀请对方仔细阅读并给予反馈，从而增加结论的信度与效度。

（二）开放式编码

开放式编码是本章研究数据分析的第一步，主要是针对收集到的资料进行概念化和范畴化，要求对资料进行整理和编号，并依据一定的原则进行归类以形成概念，然后对概念进行重组，形成范畴。本章首先对有意义的访谈资料进行分解并贴上标签，共形成279个标签。接下来，为准确界定每个标签所反映的事件或现象，根据标签所反映问题的同一性，对这些零散的标签进行归纳。最终提炼出90个概念，部分开放式编码示例如表2-2所示。最终，通过对90个概念的比较、筛选、整合与归纳，共提炼出18个子范畴（见表2-3）。

表2-2 开放式编码示例

案例资料	标签	概念
我们在国内率先成立了拉链模具公司，实现了拉链产品的多样化（XX）；每年向客户提供近千款样式新品（XX）；包括石墨烯动力电池在内共有6项产品通过了新产品鉴定（TN）	产品多样化、新品多、新产品通过鉴定	产品样式新颖
公司致力于开发时尚美观的优质拉链产品（XX）；开创了拉链从"实用功能"向"装饰功能"转变的新时代，掀起了拉链界的时尚风潮（XX）；我们会依据客户需求，设计出外观与成衣相搭配的拉链款式（XX）	时尚美观、引领潮流、与成衣搭配	视觉效果

案例资料	标签	概念
我们推出的新款拉链一旦被客户挑中，便成为某款样式的独家享有方（XX）；利用拉链在服饰中的显性特征，从时尚和配饰角度开发出不同类型的拉链产品（XX）；我们选择有助于体现我们产品特色的企业展开合作（LK）	独家享有、显性特征、体现特色	产品显著特征
我们要求手机制造商在手机或者包装上贴上我们产品组件的标签（LK）；为了让消费者记住我们，在拉链上我们会印上品牌的 logo（XX）；作为不直接面向消费者的我们，抓住机会展示品牌非常重要（TN）	贴标签、显示 logo、展示品牌	终端产品显示
……	……	……
公司与小米合作开发手机芯片（LK）；我们与运动、箱包等业内龙头企业已建立长期稳固的合作关系（XX）；公司与中国重汽集团在资本、技术、市场以及海外出口等领域，也有着广泛的合作（SJ）；我们与国内外知名电动车厂家、新能源应用合作商保持密切的合作关系（TN）	合作开发、与业内企业长期合作、与制造商合作、与下游公司合作	与制造商合作
我们与高通、建广、智路等业内优势企业合作发展芯片业务（LK）；公司和固特异轮胎橡胶有限公司建立了长期合作关系（SJ）；公司携手浙江康迪车业有限公司与国家电网所属八达集团公司合作（TN）	与优势企业、知名企业、领先企业合作	与强势企业合作
公司与华侨大学合办 SBS 拉链学院（XX）；与哈尔滨工业大学签订战略合作协议（SJ）；坚持自主创新，以科技兴企同时加强与浙江大学、哈尔滨工业大学、华南师范大学等高校的合作，走产学研结合的发展之路（TN）	与大学合办学院、与高校合作、与多所高校合作	与高校合作
……	……	……
我们的主要竞争对手展讯和联发科技都拥有 2G 和 TD 的技术，公司在 WCDMA 上积累较少，而英特尔在 TDS 上没有任何布局（LK）；我们最大的竞争对手日本 YKK 拉链公司一家独大，而其他的企业规模都较小（XX）；电池行业依然竞争激烈，CW 已经和公司激烈竞争了十几年，最终，公司与 CW 达成共识，双方避免造成恶性竞争（TN）	竞争对手分析、竞争者行业地位分析、明确竞争对手	竞争者信息

续表

案例资料	标签	概念
我们建立了客户档案库，根据客户的购买记录，我们能够掌握客户的喜好、需求量并在恰当的时间与客户沟通进货事宜（XX）；通过分析前一季度的销售情况，我们能够对下一季度的生产做出准确的预算（SJ）；在电商平台购买过我们产品的客户都将进入客户资料库中，我们会将最新的产品信息、促销信息等发送给他们（TN）	客户信息管理、根据销量做出预算、客户数据库	顾客购买记录
消费者希望手机能够具备什么功能？这是我们比较关注的问题，因为这决定了我们新产品的方向，因此市场调查是十分重要的（LK）；市场调查是效率最高的客户沟通方式，因为这样可以很快知道客户的想法（XX）；产品用得怎么样、哪里不满意、哪里要改进等都是我们要了解的问题，这就需要我们主动地去询问客户（SJ）；了解客户的想法是十分重要的，因此我们经常会发起客户市场调查（TN）	消费者调查的重要性、客户调查效率高、主动问询、客户市场调查	客户调研

表 2-3　主轴编码提炼出的子范畴

编号	子范畴	概念
1	产品辨识性	产品样式新颖、视觉效果、产品显著特征、终端产品显示
2	功能优势	独特功能、性能优势、安全系数、产品功能扩展、使用周期
3	独特工艺	新型材料、生产难度、工序、产品结构、技术难模仿、设计周密
4	企业声誉	提升口碑、成为标杆、重视品牌塑造、成为行业领导者、媒体排名、调研机构排名
5	品牌差异化	竞争品牌分析、避免模仿、品牌独特性、卖点不同、差异化定价
6	品牌定位	品牌新意义、改变品牌价值、改变低价定位、向消费者市场延伸、恰当市场
7	技术引进	购买新技术、购买生产设备、技术合作、引进人才、重组兼并
8	研发合作	与制造商合作、与强势企业合作、与高校合作、与供应商合作、人才交流
9	研发投入	建立研发目标、开发专利、研发投入、定比投入资金、研发中心、专利保护
10	广告投入	电视广告、赛事广告、移动平台宣传、刊物广告、电商宣传、终端市场广告、户外广告
11	公关活动	消费者活动、新闻发布会、产品发布会、质量认证、社会赞助
12	市场调研	消费者需求、聚焦终端市场、收集数据、设置相关岗位、获取评价信息
13	客户员工培训	经销商培训、提供示范、制造商员工培训、开设培训班

编号	子范畴	概念
14	物流配送	准时、较少错误、及时交付系统、物流仓储中心、优化配送线路
15	服务专业化	售后服务、服务体系、售后跟踪
16	沟通灵活性	联系频率、信息系统、定期拜访、技术专员指导、举办座谈会
17	生产弹性	多种生产模式、避免派生需求、按需生产、灵活的生产流程
18	信息全面性	行业竞争情况、行业信息、竞争者信息、顾客购买记录、客户调研

（三）主轴编码

主轴编码主要是依据已有访谈材料，对若干个子范畴进行整合并形成一个主范畴，这有助于反映研究问题的内在逻辑，也是对研究问题和现象的进一步总结和深化。本章通过建立范畴之间的联系得到了影响供应商要素品牌价值形成的资源条件的六个主范畴，具体过程如表2-4所示。

表 2-4　主轴编码结果

主轴编码	范畴化	范畴的关系联结
独特产品	产品辨识性 功能优势 独特工艺	供应商可以通过采用独特的生产工艺（新型材料、生产难度、制造技术），使产品具有功能上的优势（独特功能、性能优势、安全系数），提高产品的辨识度（样式新颖、视觉效果、产品特征）等方式赋予要素品牌独特产品
品牌形象	企业声誉 品牌差异化 品牌定位	供应商可以通过进行准确的品牌定位（品牌新意义、定位改变、市场延伸），实施差异化的品牌策略（竞争品牌分析、避免模仿、差异化定价），提高企业在市场中的声誉（口碑、成为标杆、重视品牌部门）来塑造良好的品牌形象
技术优势	技术引进 研发合作 研发投入	供应商通过引进先进技术（购买新技术、购买生产设备、引进人才），加强技术的合作研发（与强势企业合作、与高校合作、人才交流），加大技术研发投入（开发专利、定比投入资金、专利保护）等，可以提高技术上的优势
终端市场影响力	广告投入 公关活动 市场调研	供应商可以从加大广告投入（电视广告、赛事广告、电商宣传），开展公关活动（产品发布会、质量认证、社会赞助），进行市场调研（消费者需求、收集数据、获取评价信息）等方式入手，加大对终端市场的投入
客户服务能力	客户员工培训 物流配送 服务专业化	供应商通过加强对客户员工的培训（提供示范、开设培训班），完善物流配送服务（准时、准确、仓储中心），打造专业、系统化的服务（售后服务、服务系统、售后监控）来提升服务能力
关系适应能力	沟通灵活性 生产弹性 信息全面性	供应商可以通过获取全面的信息（竞争情况、行业信息、竞争者信息），保持灵活的沟通（联系频率、信息系统、定期拜访），进行弹性化的生产（多种生产模式、按需生产）来提升其关系适应能力

（四）选择性编码

选择性编码是一个将能够统领其他范畴的核心范畴识别出来，并将其与其他范畴连接为一个整体的过程。在整个过程中，研究者需要不断地对不同概念和范畴之间的关系进行比较和验证，进而开发出故事线。通过对原始资料和案例研究获取内容的分析和比较，发现可以将"供应商要素品牌价值形成的资源条件"作为核心范畴。最终本章形成了供应商要素品牌价值资源条件的故事线，即供应商要素品牌价值形成的资源条件包括独特产品、品牌形象、技术优势、终端市场影响力、客户服务能力、关系适应能力。根据这些资源的特点，本章将独特产品、品牌形象、技术优势归类为产权型资源，将终端市场影响力、客户服务能力、关系适应能力归类为能力型资源。

结合文献和案例研究，本章形成了供应商要素品牌价值形成的资源条件及内在机理模型，如图2-2所示。

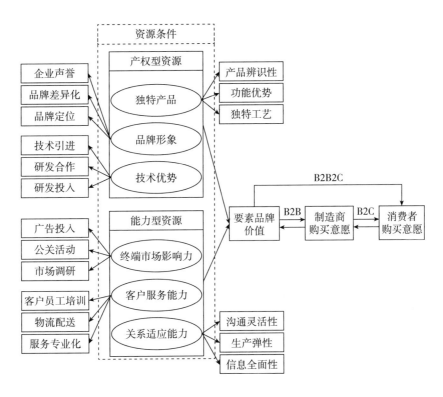

图2-2　供应商要素品牌价值形成的资源条件及内在机理模型

第三节　模型解释与研究发现

根据 Miller 和 Shamsie（1996）对企业资源类型的划分，本章将影响要素品牌价值形成的资源条件归纳为产权型资源和能力型资源。案例分析结果显示，产权型资源包括独特产品、品牌形象、技术优势，能力型资源包括终端市场影响力、客户服务能力、关系适应能力。从供应商要素品牌价值的形成过程来看，除了 XX 公司外，其余三家公司的要素品牌价值形成并未体现出明显的阶段性，因此本章不对资源条件发挥作用的时机进行探讨，仅重点分析不同类型资源条件对企业要素品牌价值的影响。同时，本章还对供应商要素品牌价值形成的内在机理进行探讨。

一、产权型资源促进要素品牌价值的形成

案例研究结论表明，影响要素品牌价值形成的产权型资源包括独特产品、品牌形象、技术优势。其中，独特产品是决定要素品牌价值大小的前提条件，供应商通过采取恰当的行动策略，能够有效提升终端消费者对该品牌的感知和评价，从而构成要素品牌价值的形成条件。品牌形象则是影响制造商采购选择的主要变量，供应商可以通过准确的品牌定位、实施差异化的品牌策略、提高企业在市场中的声誉等方式来塑造良好的品牌形象（Ghosh & John，2009）。供应商通过提高终端产品的感知质量和技术含量，能够帮助企业顾客建立清晰、合理、一致的品牌形象。

（一）独特产品

由于要素的质量和性能是制造商与消费者进行品牌选择的重要判断标准，供应商应该重点提高要素的质量和性能。同时，随着要素品牌意识的觉醒，供应商逐渐认识到可以结合自身的资源特征，通过采用独特的生产工艺、使产品具有功能上的优势、提高产品的辨识度等方式打造差异化的产品，进而提高品牌价值，获得行业竞争优势。例如，XX 公司的主营产品是拉链，在传统消费观念中，拉链是不受消费者重视的服装零部件，但 XX 公司通过适当的营销手段（赞助赛事、电视广告等）强调其品牌拉链的时尚特征，转变了企业客户和消费者关于拉

链只有实用功能的观念，从而成功提升 XX 品牌在服装成品中的可辨别程度，有效构建起实施要素品牌战略和创造要素品牌价值的基础。LK 公司的情况则不同，由于芯片是手机、平板电脑等终端产品的核心零部件，LK 公司通过提高产品的科技含量和复杂程度来提升要素品牌的重要性。LK 公司的案例也表明，当供应商所提供的要素是终端产品中的关键组成部分时，该要素可以被认为是具有实施要素品牌战略的先天资源优势。SJ 公司的产品是汽车轮胎，由于轮胎对汽车性能并不能起到决定性作用，SJ 品牌在创建之初未能引起汽车制造商与消费者的重视，无法获取品牌溢价。SJ 公司通过一系列营销方式（赞助赛事、广告宣传）使消费者和产业市场逐渐意识到轮胎性能对汽车安全的重要性，成功提升了 SJ 品牌的功能性感知，为创造要素品牌价值奠定了资源基础。

（二）品牌形象

在企业的运营与管理过程中，供应商可以通过准确的品牌定位、实施差异化的品牌策略、提高企业在市场中的声誉等方式来塑造良好的品牌形象。这一过程实际上是与企业的创新活动、营销体系和战略导向等实践密切相关的，要素品牌形象主要通过这些管理实践单独或共同作用得以提升。在品牌形象的构建过程中，四家企业体现出了不一致的目标和策略。利润薄弱和成本增加的双重压力使 XX 公司的发展面临重重危机。为摆脱这一困境，XX 公司从品牌战略入手，着手于拉链从"实用功能"向"装饰功能"的品牌定位转变，提升了 XX 品牌在整个产业链中的价值。受市场竞争态势和行业发展现状的影响，LK 公司的利润主要依赖于扩大规模，其客户主要为国内手机制造商，无法获得国外大品牌客户的青睐。为此，LK 公司通过强化自主创新能力，集中资源开发出具有竞争力的芯片产品，同时致力于向高端市场进军，实现品牌形象的转变。SJ 公司则面临着轮胎市场主要被跨国公司占领，国内企业只能走低端路线的困境。为走出这一困境，SJ 公司积极调整营销策略，利用完善且独特的形象推广与宣传策略来调整品牌定位，迅速提高了在行业中的声誉和品牌形象。与前三个案例不同的是，TN 集团很早就拥有较高的企业声誉和品牌知名度，在此基础上，TN 集团仍然时刻关注制造商和终端消费者的需求，通过完善产品线，满足了不同目标客户的需求。

（三）技术优势

产业市场中行业技术规范与标准的不断变化和提升要求供应商随时对企业的技术能力进行升级。同时，激烈的竞争也迫使供应商通过技术的创新获取竞争优势。供应商可以通过引进先进技术、加强技术的合作研发、加大技术研发投入等方式增加其技术上的优势。从案例分析结果来看，供应商往往通过提高其技术优势的方式推动要素品牌战略的实施。例如，XX 企业尽管在一开始没有意识到品牌塑造的重要性，但其在自主产权研发与引进先进技术方面投入了大量资金，抢先占据了在行业中的技术优势地位，有效提高了产品的附加价值。LK 公司从成立之初就制定了较为明确的技术目标，公司通过加大研发投入、引进优秀人才等方式提高了要素的技术含量，进而促进了运营商、终端制造商的技术发展。SJ 公司通过自主研发、技术合作等途径形成了技术优势，SJ 品牌处于低端市场、利润空间小的状况也得到了较大改善，同时还拥有了冲击高端市场的实力。TN 集团较早意识到技术优势的重要性，公司每年投入较多资金（销售收入的 3.5%）用于研发，这些投入主要用于产品性能的创新与升级。也因此，TN 集团持续保持着行业技术的领先定位。

二、能力型资源促进要素品牌价值的形成

在产业市场中，供应商通过已有的经验和知识，或是经过学习和创新来满足制造商的需求并为其创造价值，是供应商能够在企业间的交易中获得主动权的前提。因此，供应商的能力型资源被视为一种为制造商解决问题并满足其需求的技能、知识和经验（Han & Sung, 2008）。本章中的四家样本供应商，均在创造和传递品牌价值的过程中充分运用和培育了包括组织知识与能力在内的能力型资源。

通过对访谈材料的分析，本章归纳出影响要素品牌价值形成的能力型资源，分别是终端市场影响力、客户服务能力、关系适应能力。首先，要素供应商的终端市场影响力的增强能有效提高消费者对该要素品牌的意识，形成对制造商的拉动效应，进而提高供应商的边际利润。其次，供应商客户服务能力的提升不仅能够增强其有形产品的竞争优势，还能够独立创造出品牌价值（Vargo & Lusch, 2004）。供应商可以通过加强对员工的培训，完善物流配送服务，打造专业、系统化的服务等方式来提升服务能力。最后，供应商良好的关系适应能力则是满足企业顾客个性化需求、维系采购商关系的基础（Brennan et al., 2003）。供应商可以通过获取全面的信息、保持灵活的沟通、进行弹性化的生产等方式来提升其关系适应能力。

（一）终端市场影响力

由于供应商处于价值链上游，容易受到产业链派生需求的限制，很难有效进

行价值创造和传递。为了更好地将要素品牌的优异性能传递给终端消费者，供应商还需要通过增加广告投入、开展公关活动、进行市场调研等方式提升对终端市场的影响力。终端市场影响力实际上体现了供应商在要素品牌化过程中的拉式原则，即要素供应越过终端产品制造商直接向消费者进行要素品牌营销，进而提升消费者对该要素品牌的需求，最终说服终端产品制造商采用该要素品牌。例如，XX 拉链公司以莱卡的成功经验为标杆，通过赞助职业篮球队、举办时尚发布会等一系列公关活动，在关注体育和时尚的消费者群体中建立起良好的品牌形象，有效提升了其在终端市场中的影响力。LK 公司终端市场影响力的提升始于其对市场的敏感性，即通过一系列消费者市场调研把握消费者的需求变动情况，这使 LK 公司准确地掌握了移动市场的变化规律，最终实现了下游战略合作的拉动效应。SJ 公司终端市场影响力的增强则主要体现在面向消费者的品牌宣传上。为提升终端用户对其品牌的认可度和忠诚度，SJ 公司采用的策略包括在电视媒体、电商平台投放广告，在 4S 店张贴海报、推广促销或安排专业人员进行讲解等，达到了让下游汽车制造商和终端消费者对 SJ 品牌产生好感的目的。

（二）客户服务能力

随着产品同质化的加剧，客户服务能力逐渐成为产业链上下游交易质量的重要评价指标（Vandermerwe & Rada，1988）。在产业市场中，为了获得竞争优势，供应商在提高产品质量的同时，还要为企业顾客提供更好的服务，"产品 + 服务"的模式是提升企业顾客满意度的重要方法（简兆权、伍卓深，2011）。供应商也逐渐意识到客户服务能力的提高还能增加产品溢价、保持良好的客户关系、增加客户黏性。供应商可以通过加强对员工的培训，完善物流配送服务，打造专业、系统化的服务来提升服务能力。XX 公司较早发挥出了较强的客户服务能力，作为拉链供应商，该公司通过提供完善的配套服务增加了产品的附加值。除了尽力为下游客户提供优质的手机芯片产品外，LK 公司还注重通过服务模式的创新、解决方案的完善来支持运营商和手机制造商的成长与发展。为提高客户服务能力，TN 集团对相关技术人员进行培训并组织他们到全国各地为企业顾客传授电池的科学使用、维护方法等知识，并为配套厂家提出产品选择和改进的建议，使消费者和配套厂家都能享受到更优的服务。

（三）关系适应能力

在产业链中，企业间关系适应是指供应商与制造商之间在运作上所体现出的某种程度的匹配（Hallen et al.，1991）。关系适应能力的提高有助于供应商提升产品设计、售后服务、系统解决方案等方面的能力，使制造商对该要素品牌形成较高的忠诚度。供应商可以通过获取全面的信息，保持灵活的沟通，进行弹性化的生产等方式来提升其关系适应能力。例如，XX 公司提出了"整体解决方案"模式，追求与服装制造商的灵活沟通与协调发展，同时积极了解市场发展情况，针对服装制造商的需求变动及时进行调整，有效地提高了制造商和消费者的满意度。LK 公司非常强调与下游企业顾客的匹配程度。LK 公司在把握市场发展趋势的前提下，主动联系产业链上下游企业，积极参与产品的设计与规划，充分满足制造商和运营商的需求，终于获得了具有高忠诚度的顾客群体，并迅速建立起了强有力的品牌资产。SJ 公司的关系适应能力则体现在其依据现有行业规范标准，在充分了解市场需求的前提下，不断优化和调整产品的全过程。同时，SJ 公司通过建立与汽车制造商之间的信息共享平台，使其产品能与国内外不同车型进行匹配。SJ 公司在满足了多方需求的同时也提升了其品牌在终端市场中的影响力。TN 集团则根据电动车市场的变动以及电动车制造商的具体要求进行产品开发、生产管理以及售后模式等方面的改革和创新。TN 集团努力提升其客户数据的收集和处理能力，最终形成了较为灵活的生产制造流程。

三、要素品牌价值的形成提升制造商的购买意愿

产业市场中的品牌首先应该起到降低企业顾客信息搜索成本和交易感知风险的作用，因此企业顾客对产业品牌价值的评估主要聚焦于该品牌对生产需求和交易利益的满足程度上（Webster & Keller，2004）。基于该观点，要素品牌价值首先体现为供应商围绕要素的功能、效用和属性，将产品的质量、性能、技术创新等传递给制造商（Erevelles et al.，2008）。同时，要素品牌要想获得差异化的竞争优势，还应努力提升顾客对其品牌无形价值的感知，这些无形价值包括营销渠道、战略位势、行业壁垒等，它们能够使制造商对要素品牌产生正面的品牌联想，进而帮助供应商树立良好的品牌形象（Lynch & de Chernatony，2004；Zablah et al.，2010）。在风险较高的采购环境中，制造商往往会与能够带来较高综合利益的要素品牌供应商维持稳定的购买关系（李桂华、黄磊，2014）。因此，制造商感知到的供应商要素品牌价值往往会影响其购买意愿，品牌价值越高的要素制造商的购买意愿则越强。制造商通过加入品牌价值高的要素能够凸显其终端产品某些方面的属性，从而提高消费者对产品的满意程度，进而提升消费者的购买意愿（Desai & Keller，2002）。

四、要素品牌价值的形成提升消费者的购买意愿

当前消费者的需求逐渐呈现出多元化、定制化的特征，他们对终端产品的要求越来越高，对影响产品性能的组成部件也越来越关注（Erevelles et al.，2008）。已有研究表明，消费者往往愿意花费更多的金钱购买包含著名要素品牌的产品（Desai & Keller，2002；Havenstein，2013）。在此背景下，要素供应商逐渐跨过制造商，直接面向消费者市场进行品牌宣传并开展营销活动，其目的是提高消费者对要素品牌的认知程度与重视程度。通过品牌化战略，供应商能够有效构建消费者对要素品牌的偏好，帮助要素供应商溢价销售其产品（Norris，1992）。因此，要素品牌价值的形成有助于提升消费者对使用了该品牌要素的终端产品的购买意愿。供应商的要素品牌化策略在提升消费者购买意愿的同时，会反过来推动制造商对该要素的购买（Luczak et al.，2007）。

第四节　结论与展望

一、研究结论

要素品牌化战略是供应商提升竞争优势的有效手段，市场竞争的加剧迫使供应商纷纷采取要素品牌策略以提升其品牌价值。然而，学术界对供应商形成要素品牌价值的资源条件尚无定论。本章根据已有研究，采用多案例研究法探讨了影响要素品牌价值形成的资源条件，得出以下结论：根据"难以被模仿"这一标准，可以将资源条件划分为产权型资源与能力型资源两种类型。其中，产权型资源主要包括独特产品、品牌形象、技术优势；能力型资源主要包括终端市场影响力、客户服务能力、关系适应能力。产权型资源中的独特产品由产品辨识性、功能优势性、独特工艺三个因子构成；品牌形象由企业声誉、品牌差异化、品牌定位三个因子构成；技术优势由技术引进、研发合作、研发投入三个因子构成。能力型资源中的终端市场影响力由广告投入、公关活动、市场调研三个因子构成；客户服务能力由员工培训、物流配送、服务专业化三个因子构成；关系适应能力由沟通灵活性、生产弹性、信息全面性三个因子构成。而且，这些资源在提升要

素品牌价值的同时会进一步提高制造商对要素的购买意愿。同时，供应商直接面向消费者的要素品牌化战略会提高消费者对该要素的关注和需求，从而推动制造商持续购买该要素品牌产品。

二、理论贡献

在理论贡献方面，首先，本章从资源理论的视角对供应商要素品牌价值形成的资源条件进行探讨，深化了要素品牌理论。已有文献主要对要素品牌化的内涵、影响因素、实施步骤等展开研究。然而，供应商和制造商的要素品牌化战略是不同的，将两者区分开来展开研究很有必要。同时，已有研究较少从资源条件的视角探讨供应商要素品牌价值的形成条件。因此，本章从资源理论的视角对供应商要素品牌价值形成的资源条件及其内在机理进行探讨，对要素品牌理论有一定的深化作用。其次，本章基于多案例研究法探究了要素品牌价值形成的资源条件。采用案例研究法能够更好地展现出要素品牌价值形成的因果关系，这为供应商通过要素品牌战略提升品牌价值提供了理论基础。

三、管理启示

在管理启示方面，本章的结论能够为供应商实施要素品牌策略提供指导，帮助供应商提高要素品牌化的速度和效果。供应商在实施要素品牌策略的过程中要认识到以下几点：

（一）产权型资源是供应商实施要素品牌策略的基本保障

首先，供应商应该意识到要素的差异性会影响终端产品制造商或消费者对要素品牌的认知。在制定要素品牌化战略决策之前，供应商应该基于自身产品的资源特征，对要素品牌化的可行性进行评估。针对先天条件不适合进行品牌化的产品，供应商则应考虑采取其他恰当的行为策略。供应商可以通过使用独特的生产工艺，如使用新型材料、改进生产工序；增加产品功能上的优势，如打造独特功能、提升安全系数；提高产品的辨识度，如采用样式创新、紧跟时尚等方式赋予要素独特性。其次，品牌形象是供应商进一步扩大要素差异化优势、形成要素品牌价值的必备因素。供应商可以实施以下策略来塑造良好的品牌形象：通过赋予品牌新意义、改变定位、市场延伸等进行准确的品牌定位，通过竞争者分析、避免模仿等实施差异化的品牌策略，通过口碑建设、重视品牌部门等来提升企业声誉。最后，供应商还应该重视技术优势的打造。供应商通过加大资金、人才培养等的投入，加强与强势企业、高校等的合作研发，引进先进技术等方式提高其技术上的优势，从而优化终端产品的性能并提高要素品牌价值。

（二）供应商还应在终端市场影响力等能力型资源的获取方面加大投入

首先，供应商应重视在终端市场上的影响力。供应商可以通过增加电视、网络等的广告投入，开展诸如产品发布会、社会赞助等的公关活动，进行全面的市场调研等方式提升对终端市场的影响力，从而帮助消费者树立起对该要素品牌的偏好。其次，客户服务能力的培养也是供应商需要重视的问题，供应商应该将客户服务能力的提升作为独立创造价值的手段。供应商可以通过加强对员工的培训，如提供示范、开设培训班；完善物流配送服务，如准时、准确地送达；打造专业、系统化的服务等方式来提升客户服务能力。最后，供应商还需要提升关系适应能力以应对制造商和消费者的需求变化。供应商可以通过获取全面的信息，如竞争情况、行业信息、竞争者信息；保持灵活的沟通，如定期拜访、保持联系；进行弹性化的生产等方式来提升其关系适应能力。

四、研究局限与展望

尽管本章严格遵循了案例研究的方法和步骤，但仍存在一定的局限性。由于受到个案数目和样本自身条件的限制，本章结论能否适用于其他要素供应商仍需做更进一步的分析和验证。因此，未来的研究还应选择更全面、更具代表性的样本进行分析。同时，由于当前较多供应商在要素品牌化的过程中忽视品牌内化的作用，导致企业的品牌化进程缓慢。因此，未来的研究还可从品牌内化的角度对要素品牌化展开讨论。

第三章 不同联合模式下的要素品牌属性评价效果研究

在组织市场里，越来越多的要素供应商开始将供应于成品制造商的要素产品进行品牌化，并面向消费者市场投入营销宣传，以达到提高消费者对要素品牌重视的目的（Luczak et al.，2007）。例如英特尔通过实施要素品牌化，不仅推动消费者优先选择配置英特尔处理器的计算机，也拉动了计算机制造商对英特尔的需求；莱卡由于具有超强的弹性纤维而受到消费者的喜爱，服装中是否使用了莱卡材料便成为消费者做出购买决策时考虑的因素（Norris，1992）。根据 Kotler 和 Pfoertsch（2010）的观点，按两类品牌在消费者市场中知名度高低的对比，要素品牌与终端品牌的组合可归纳为四种联合模式。联合模式是要素品牌供应商营销战略的重要内容，但现有研究的关注点大多集中在知名要素品牌的作用和影响上，缺少对不知名要素品牌如何提升市场影响力的探讨（Park et al.，1996；Vaidyanathan & Aggarwal，2000）。

在要素品牌评价的研究中，已有文献通常关注消费者对要素品牌整体印象的评价（Simonin & Ruth，1998）。Dillon 等（2001）提出品牌评价应该包含综合品牌印象评价和品牌属性评价，综合品牌印象是指将品牌视为一个整体时做出的概括性评价；品牌属性评价则是与消费者相关的，并与竞争对手区分开来的品牌特征和利益。要素品牌的吸引力就在于其能赋予终端产品某一成分独立的品牌名称，增加终端产品在该属性上的差异化程度，从而强化终端品牌在消费者心目中的位置（Desai & Keller，2002）。因此，关注消费者对要素品牌属性评价的效果，更能反映出其对要素品牌的感知重要性程度。本章将立足于要素供应商的视角，以不知名要素品牌联合不知名终端品牌、不知名要素品牌联合知名终端品牌两种模式为前置变量，就联合模式与消费者对要素品牌属性评价的关系进行探讨。

第一节　文献回顾与假设

一、相关研究评述

在已有研究中，直接探讨消费者如何评价要素品牌的文献较少，研究者一般将消费者对要素品牌的评价视为品牌联合战略的溢出效应（Simonin & Ruth，1998）。这部分研究主要以信号传递理论和信息整合理论为基础。信号传递理论认为与品牌相关的信息体现了产品的内在质量，即具有高可信度的品牌可作为向顾客承诺质量的"担保"（Rao et al.，1999）。因此，品牌联合中包含的高知名度品牌能提高顾客对不知名合伙品牌实用性、享乐性和感知质量的评价。信息整合理论认为，当人们结合已有信念或态度对新刺激物的信息进行接收、理解、评价和整合时，会形成关于该刺激物新的态度或信念。Simonin 和 Ruth（1998）的研究证实，在品牌联合情景中，消费者对单个合伙品牌的评价会受到品牌联合以及其他合伙品牌的影响，因此消费者对联合后合伙品牌的态度会发生改变。Vaidyanathan 和 Aggarwal 等（2000）的研究结果支持上述结论，认为知名终端品牌与不知名要素品牌结合时，由于知名品牌在品牌态度显著性和可获得性方面具有明显优势，消费者受到知名品牌的影响从而提高对不知名要素品牌的评价。

综上所述，现有研究存在两个方面的不足之处：一方面，已有文献主要强调成品制造商对要素品牌的选择及结果，忽视了要素供应商获取消费者评价的重要性；另一方面，信号传递理论的前提是知名品牌能传递高质量的信息，但不能解释联合不知名终端品牌模式对要素品牌属性评价的影响，而信息整合理论强调消费者评价受品牌联合态度和合伙品牌原有态度的双重影响，但大部分要素品牌并不向消费者市场直接供应产品，消费者对要素品牌的认知和评价存在阻碍，因此信号传递理论与信息整合理论都不能适用于解释消费者要素品牌评价的内在机制。本章与已有研究的不同之处在于：首先，由于要素品牌创建和发展的基础在于能为终端品牌提供特有属性，因此本章以消费者的要素品牌属性评价为研究对象，对影响评价结果的因素进行探讨；其次，考虑到大部分要素品牌并不为消费者所熟悉，为使研究结论更具普遍性和指导性，本章仅以不知名要素品牌为研究对象（Pfoertsch et al.，2008）；最后，为弥补信号传递理论与信息整合理论的不足，本章引入多路径锚定–调整模型（Multiple Pathway Anchoring and Adjustment，MPAA），有效解释消费者评价要素品牌属性过程的心理机制。

二、基于 MPAA 模型的要素品牌属性评价

Tversky 和 Kahneman（2008）提出锚定和调整机制（anchoring and adjustment heuristic），为解释消费者对基于慈善事件的品牌联合评价（Lafferty & Goldsmith，2007）、品牌特许经营的效果（Saqib & Manchanda，2008）以及品牌意识的作用（Esch et al.，2009）等品牌领域的现象提供了可靠依据（Tversky & Kahneman，2008）。Cohen 和 Reed（2006）在锚定和调整机制的基础上提出了 MPAA 模型，与原有理论的不同之处在于，首先，MPAA 模型详细阐释了影响个体评价的态度由多条路径组成，个体可以通过调整记忆中存储的已有信息形成态度，也可以在无法提取存储信息的情况下，利用某个节点上的信息构建即时态度（John & Lynch，2006）；其次，该模型细化了诊断性信息的判断标准，提出个体采用两类标准鉴别某条信息的有效性：表征充分性和功效充分性。表征充分性反映了所提取态度的清晰程度，功效充分性反映了提取态度用于判断、选择或指导行为时的适当程度。个体做出评价时采用的锚定点，既可能是已有的态度或观念，也可能是评价过程中获取的新信息，这取决于各类信息的诊断性及其相互作用（Esch et al.，2009）。

根据 Cohen 和 Reed（2006）的观点，由于要素品牌属性体现在终端品牌的性能和质量上，消费者在对要素品牌属性进行评价时，关于终端品牌的态度就成为锚定点，即要素品牌为终端品牌提供与某一属性相关的构成要素，消费者通过终端品牌才能对该要素的属性做出判断。同时，品牌知名度是产品质量和功能表现的保证，这是消费者倾向于认为高知名度品牌优于低知名度品牌的原因（Aaker，1996），因此终端品牌知名度成为消费者评价要素品牌属性时的锚定点。Simonin 和 Ruth（1998）等的研究已表明终端品牌的知名度不同，消费者对要素品牌整体评价也有所差别，但相对于要素品牌整体印象，其属性与终端品牌质量高低和表现优劣之间的联系更直接。所以，终端品牌知名度不仅为要素品牌属性评价提供判断充分性，也会正向影响消费者对要素品牌属性的评价。基于此，本章提出以下假设：

H3 –1：相较于低知名度终端品牌，当要素品牌联合高知名度终端品牌时，消费者对其属性评价更高。

三、要素重要性的调节作用

尽管要素品牌是终端品牌的构成部分，但又相对独立于终端品牌，因此联合模式对要素品牌属性的影响是建立在消费者感性认知的基础上的。依据 Cohen 和 Reed（2006）的观点，我们认为联合模式在要素品牌属性评价过程中的诊断性，会受到要素品牌自身信息的调节。陆娟和边雅静（2010）提出要素品牌依据其在终端产品中的重要性程度，可划分为核心要素品牌和附属要素品牌，其中核心要素是指终端品牌中最重要属性的要素产品，附属要素则指终端品牌各属性中处于次要属性的要素产品。

要素品牌在终端品牌中的地位越重要，其与终端品牌之间联系就越强（陆娟、边雅静，2010），为消费者将联合模式视为判断核心要素品牌的依据提供支持（Desai & Keller，2002），即消费者在评价核心要素品牌属性时，联合模式的有效性得到支持。具体体现为，在高知名度终端品牌联合模式下，消费者首先会提取"知名终端品牌的属性表现较好"的已有观念，并推断高知名度终端品牌中核心要素品牌的属性也更好，进而提高对核心要素品牌属性的评价；在低知名度终端品牌联合模式下，由于低知名度终端品牌在质量和属性表现上的说服力较低，当消费者将其作为评价过程的参照物时，核心要素品牌属性的感知不确定性增加，从而降低其评价结果。因此，核心要素品牌的属性地位强化了联合模式对其属性评价的影响。

附属要素品牌对终端品牌感知质量和功能表现的影响较小，其属性与终端品牌之间的联系距离疏远，弱化了联合模式成为要素品牌属性评价锚定点的作用。当消费者无法通过终端品牌推断要素属性所提供的价值，会转而关注要素品牌其他情境信息，采用感知到的情境信息构建即时态度，以获取具有诊断特征的线索（Cohen & Reed，2006）。因此，消费者在评价附属要素品牌属性时联合模式的有效性降低，无论是联合高知名度终端品牌还是低知名度终端品牌，消费者对附属要素品牌属性评价结果的差异不显著。

基于此，本章提出以下假设：

H3－2：要素重要性调节联合模式对消费者要素品牌属性评价的影响。

H3－2a：对核心要素品牌而言，联合高知名度终端品牌时，消费者对其属性评价显著高于联合低知名度品牌时的评价。

H3－2b：对附属要素品牌而言，在两种联合模式下，消费者对其属性评价无显著差异。

第二节 联合模式与要素重要性交互作用分析

在终端产品类别选择上，我们遵循以下三个标准：消费者对该类产品比较熟悉、该类产品的多个构成要素可以实施品牌化战略、该产品类别中的品牌知名度有高低差异，最终我们选择平板电脑作为测试产品。由于本节关注的问题是联合模式对消费者要素品牌属性评价的影响，为控制要素品牌本身熟悉度对消费者评价的干扰，我们借鉴 Geylani 等 （2008） 的研究方法，在实验中采用虚拟要素品牌。

一、预实验

本节通过三个预实验确定正式实验所用的刺激物。

预实验 1 的目的是选择适合测试的终端品牌，我们根据中关村调研中心（ZOL. COM. CN） 公布的《2012 – 2013 年中国平板电脑市场研究报告》 （公衍勋，2013），从消费者关注的平板电脑中分别选择三个排名靠前和三个排名靠后的品牌作为预测试对象，邀请 30 名消费者对每个品牌的熟悉度进行评分 （陆娟、边雅静，2010）。结果显示，在李克特 7 点量表上，三星的熟悉度得分最高（5. 53），原道的得分最低 （3. 17），因此我们选择三星作为正式实验中的高知名度终端品牌，原道作为低知名度终端品牌，两个品牌在熟悉度得分上差异显著（$t = 8.94$，$p = 0.00$）。

预实验 2 的目的是确定平板电脑的核心要素和附属要素。我们首先将平板电脑中能够进行品牌化的构成部件列出，具体包括屏幕、处理器、网卡、扬声器、摄像头、电池、机身外壳七类部件，然后邀请 29 名消费者依据这些部件在平板电脑中的重要性程度，在 7 点量表上进行评分。结果所示，处理器是被试感知最重要的构成部件 （$M_{处理器} = 6.03$），机身外壳 （$M_{机身外壳} = 3.37$） （$t = 10.64$，$p < 0.001$） 被认为是最不重要的部件。因此我们将处理器确定为平板电脑的核心要素，机身外壳作为平板电脑的附属要素。

在预实验 3 中，依据 Mitchell 和 Olson （1981） 的建议，通过属性显著性来确定正式实验中待评价的要素品牌属性。我们邀请 30 名消费者在 7 点量表上就处理器的运行速度、节能性和散热性，以及机身外壳的抗冲击性、美观性和耐久性进行评价，以上属性均来自中关村网站的产品测试报告。结果所示，对消费者而言运行速度是处理器最显著的属性，抗冲击性是机身外壳最显著的属性，因此在正式试验中，我们将处理器的三个属性和机身外壳的三个属性作为因变量进行测评，其中处理器的运行速度和机身外壳的抗冲击性作为属性进行分析，其他属性作为填充，数据不做分析。

二、实验设计与数据收集

实验的研究目的是检验以上提出的三个假设，即联合模式对要素品牌属性评价的影响，要素重要性的调节作用以及品牌信息类型的调节作用。主实验采用 2（联合模式：联合高知名度终端品牌/联合低知名度终端品牌）×2（要素重要性：核心要素/附属要素）的被试间设计。我们在某高校邀请了 117 名本科生参加本次研究，其中男性 62 人，女性 55 人。

我们首先为正式实验设计带有图片和文字的测试材料。通过预实验 2 确定的核心要素是处理器，我们将其命名为"速胜"，作为附属要素的机身外壳命名为"坚科"。在联合高知名度终端品牌模式，两个虚拟要素品牌分别与三星平板电脑共同呈现在材料中；在联合低知名度终端品牌模式，两个虚拟要素品牌则分别与原道平板电脑共同呈现在材料中。我们为所有组别的测试材料设计了内容相同、200 字左右的文字说明，内容是关于要素品牌的综合概述。

正式实验程序如下：首先要求被试详细阅读测试材料；其次请被试回答检验变量操纵有效性的题项，这部分题项包括对终端品牌的熟悉度进行评价、要素产品在平板电脑中的重要性评价、运行速度（抗冲击性）属性对处理器（机身外壳）的重要性评价以及一个对信息类型进行判断的题项（1 = 公司信息，2 = 产品信息，3 = 不确定）；随后借鉴 Geylani 等（2008）和 Chao（1989）的研究，请被试从该要素品牌的属性表现、该要素品牌属性的可信赖程度和该要素品牌属性的确定性程度三个方面对材料中要素品牌属性在 7 点量表上进行评分；最后请被试回答人口统计学方面的问题。

三、数据分析

（一）操纵检验

三星在品牌熟悉度的得分显著高于原道（M 三星 = 5.59，M 原道 = 3.53，t = 10.78，p < 0.001）；被试对要素重要性的判断呈现显著差异（M 处理器 =

5.95，M 机身外壳 = 3.41，t = 13.29，p < 0.001）；在处理器属性中，被试认为运行速度（5.78）比节能性（3.93）和散热性（4.46）重要，在机身外壳属性中，抗冲击性均值（5.59）比美观性（5.14）和耐久性（3.90）重要；最后，被试对信息类型判断的正确率均高于 90%，以上分析说明本实验的变量操纵是有效的。测量因变量三个问项的 Cronbach's α 为 0.86。

（二）分析结果与讨论

联合模式主效应验证结果表明，M 高知名 = 4.73，M 低知名 = 4.12（t = 3.32，p < 0.01），说明要素品牌联合高知名度终端品牌时，消费者对其属性的评价更高，H3 - 1 得到验证。联合模式与要素属性地位的交互作用达到显著水平（F = 4.82，p < 0.05）。我们对两个变量做进一步的简单效应分析，结果如图 3 - 1 所示。核心要素品牌联合高知名度终端品牌时，消费者对属性的评价（M 高知名 = 5.21）显著高于联合低知名度终端品牌时的评价（M 低知名 = 4.23）（F = 15.10，p = 0.00），H3 - 2a 得到验证；对附属要素品牌而言，两种联合模式下的消费者的属性评价没有显著差异（M 高知名 = 4.24，M 低知名 = 4.02，F = 0.80，p = 0.37 > 0.05），H3 - 2b 没能得到数据支持。

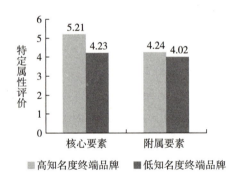

图 3 - 1　联合模式与要素重要性交互作用分析结果

属性在要素品牌中的重要性程度与要素品牌形象感知都会影响消费者评价（Geylani et al.，2008）。实验通过预测排除了前一个因素的干扰，操作变量检验也证实属性的选择是适合的；消费者对要素品牌形象的感知来源于实验材料中的文字描述，实验中采用要素品牌综合信息形成平面广告文案，其中既包括品牌的公司信息，也包括品牌的产品信息。Beihal 和 Daniel（2007）的研究表明，公司信息和产品信息都能影响消费者原有态度或促使其构建新的态度，具体而言，信息类型会影响消费者的品牌评价结果，至于哪一类信息更具诊断性，取决于信息内容与消费者已有观念之间联系的程度。由于实验中设计的平面广告同时涉及两类信息，所以我们无法确定实验结果是仅仅由要素属性地位引起的，还是同时受到消费者对不同类型信息提取的影响。为进一步确定联合模式对消费者要素品牌属性评价的边界条件，我们在实验 2 中加入信息类型变量，分析不同类型的信息对消费者评价的影响。

第三节　联合模式、要素属性和信息类型对消费者评价的交互作用

一、研究假设

公司信息强调的是企业整体形象（Kim et al.，2009），不能充分反映要素品牌的属性，与联合模式中终端品牌的联系程度较低，无法成为消费者对锚定点调整的依据。为结合联合模式评价要素品牌的属性，消费者转而关注具有诊断价值的要素属性地位，将其视为评价过程的判断依据。关注点的转移强化了要素属性地位对联合模式的影响，消费者以此为依据，对联合模式与要素品牌属性的关系进行调整，从而构建起能支持其做出可靠判断的功效充分性。因此，在要素品牌属性评价上，当消费者接触到公司信息时，要素属性地位的调节作用得到加强。

相比公司信息，产品信息直接反映了要素品牌的重要属性。接触到产品信息时，消费者更关注要素品牌属性对终端品牌的影响，产品信息与联合模式的联系得到加强。另外，在消费者对要素品牌属性的评价过程中，产品信息不仅占据了显著位置，也具有比要素属性地位更可靠的诊断性，同时由于消费者选择信息时是典型的目标导向，即只会选择诊断性更强的线索（王海忠等，2009），因此采用产品信息代替要素属性地位作为最终评价的依据。具体来看，消费者将联合模式作为具有表征性的诊断线索，并结合产品信息对要素品牌做出具有功效充分性的评价。由此可知，当要素品牌供应商提供产品信息时，要素属性地位的调节作用不显著。

基于此，本节提出以下假设：

H3 – 3：信息类型和要素属性地位共同调节联合模式对要素品牌属性评价的影响。

H3 – 3a：当提供公司信息时，在核心要素品牌联合高知名度终端品牌模式下，消费者的属性评价高于联合低知名度终端品牌时的评价；消费者对附属要素品牌在两种联合模式下的属性评价无显著差异。

H3 – 3b：当提供产品信息时，无论要素属性地位如何，联合高知名度终端品牌的属性评价均高于联合低知名度终端品牌时的评价。

二、实验设计与数据收集

实验 2 的研究目的是检验本阶段所提出的两个假设，即信息类型和要素属性地位共同调节联合模式对消费者要素品牌属性评价的影响。实验采用 2（联合模式：联合高知名度终端品牌/联合低知名度终端品牌）×2（要素属性地位：核心要素/附属要素）×2（信息类型：公司信息/产品信息）的被试间设计。为检验研究结论的可推广性，实验 2 中没有选择学生样本，我们在百脑汇、新世纪数码广场等大型数码产品卖场，邀请了 237 名普通消费者参加本阶段研究，其中男性 115 人、女性 122 人。

实验 2 中所采用的终端品牌和虚拟要素品牌与实验 1 相同，为了实现对信息类型的操作，我们对测试材料中的文字内容进行修改，具体为：在公司信息方面，处理器和机身外壳的文字内容相似，我们均采用"创新、市场业绩、顾客导向"等关键词构建文字信息（王海忠等，2009）；在产品信息方面，采用"运行速度快、超强处理性能"等关键词及一系列性能参数描述处理器的属性，采用"坚固耐用、防刮花"等关键词描述机身外壳的属性。为便于被试理解和记忆，所有文字信息的字数都控制在 200 字左右。实验 2 的实施程序和因变量测量与实验 1 相同，在操纵变量检验上我们加入对信息类型进行判断的题项（1 = 公司信息，2 = 产品信息，3 = 不确定），以检验被试对文字信息理解的准确性。

三、数据分析

（一）操纵检验

三星在品牌熟悉度（M 三星 = 5.20，M 原道 = 3.51，t = 10.93，p < 0.001）和感知质量（M 三星 = 5.05，M 原道 = 3.04，t = 14.37，p < 0.001）上均显著高

于原道；被试对要素属性地位的判断呈现显著差异（M 处理器 = 6.05，M 机身外壳 = 3.34，t = 19.82，p < 0.001）。在处理器属性中，被试认为运行速度（5.94）比节能性（3.68）和散热性（4.37）重要；在机身外壳属性中，抗冲击性均值（5.66）比美观性（5.19）和耐久性（4.05）重要。被试对信息类型判断的正确率均高于 90%，以上分析说明实验 2 的变量操纵是有效的。测量因变量三个问项的 Cronbach's α 为 0.84。

（二）分析结果与讨论

三因素方差分析结果显示，联合模式、要素属性地位和信息类型对消费者评价存在边际显著的交互作用（F = 3.07，p = 0.081 < 0.1）。进一步进行简单效应分析表明（见图 3 - 2），在消费者接触到公司信息时，核心要素品牌的属性评价在联合高知名度终端品牌模式下获得的评价更高（M 高知名 = 5.29，M 低知名 = 4.36，F = 14.76，p < 0.001），附属要素品牌属性价值在不同联合模式下的结果不显著（M 高知名 = 4.38，M 低知名 = 4.24，F = 0.69，p = 0.41），假设 H3 - 3a 通过检验；在消费者接触到产品信息时，无论是核心要素品牌（M 高知名 = 5.34，M 低知名 = 4.79，F = 5.76，p < 0.05）还是附属要素品牌（M 高知名 = 4.64，M 低知名 = 4.08，F = 5.37，p < 0.05），联合高知名度终端品牌模式下都能获得更高评价，假设 H3 - 3b 通过检验。

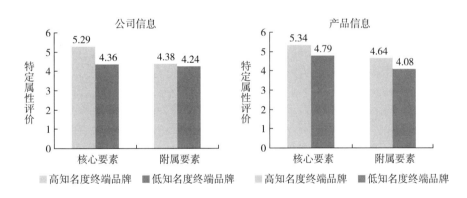

图 3 - 2 三因素交互作用分析结果

在实验 2 中观察到，联合模式对要素品牌属性评价作用的第二个边界条件是信息类型。当消费者接触公司信息时，要素属性地位的调节作用得到加强；当消费者接触产品信息时，要素属性地位的调节作用不显著，即无论要素属性地位如何，高知名度终端品牌联合模式下的要素品牌都能获得更高的属性评价。该结论说明，在消费者评价要素品牌属性的过程中，不同类型品牌信息的可诊断程度并不相同，从而影响消费者对判断线索的选择。公司信息与要素品牌属性联系较弱，不能为要素品牌属性评价提供直接证据，消费者以联合模式为锚定点进行评价，仅会受到要素属性地位的调节；产品信息是对要素品牌属性特征的表述，在消费者评价过程中具有比要素属性地位更强的诊断性，因此产品信息与要素属性地位共同调节联合模式的影响时，要素属性地位作为多余的信息被消费者过滤掉，其原有的调节作用不显著。

第四节　结论与展望

一、研究结论

本章引入 MPAA 模型，考察了不同的联合模式如何影响消费者对要素品牌属性的评价，以及就联合模式的边界效应进行探索，得出联合模式、要素属性地位和信息类型共同影响要素品牌属性评价效果的结论。在联合高知名度终端品牌模式下，消费者对要素品牌属性的评价显著高于联合低知名度终端品牌模式，但这一作用受到两个边界条件的限制：当要素供应商提供公司信息时，相对于附属要素品牌，核心要素品牌的联合模式对属性评价的影响更显著；当要素供应商提供产品信息时，要素品牌属性地位的影响被弱化，无论是核心要素品牌还是附属要素品牌，联合高知名度终端品牌都能获得更高的属性评价。

二、营销启示

与高知名度终端品牌进行联合，不仅会增加要素品牌供应商的营销投入成本，也要承担品牌资产被稀释的风险（郭锐等，2010），因此要素供应商在制定营销战略时，应结合要素重要性和传递的品牌信息类型，综合考虑不同联合模式可能带来的消费者评价效果，使营销投入的收益最大化，而不是盲目联合高知名度终端品牌。

（一）联合模式的选择应考虑要素重要性

当要素产品在终端品牌各种属性中处于核心地位时，相比低知名度终端品牌，联合高知名度终端品牌有助于提高消费者对要素属性的评价，因此核心要素品牌供应商在制定营销战略时，应该尽量联合高知名度终端品牌，通过消费者熟悉的终端品牌提高要素品牌口碑；但是当要素品牌处于附属地位时，联合高知名度终端品牌的作用并不明显。

（二）要素品牌商选择联合模式时还要考虑品牌信息类型

对要素品牌供应商而言，产品信息比公司信息更有利于其从高知名度终端品牌中获得更高的属性评价，这一结论对要素品牌商信息传递策略有重要启示。由于要素产品通常是终端产品中的原材料、成分或零部件，消费者对其体验和感知依赖于终端品牌，通过强调要素产品的属性和功能，使消费者产生关于该要素品牌的具体联想，并依据终端品牌在要素属性上的体验做出评价和判断。

三、研究局限与未来研究方向

首先，由于消费者的认知模式（王骏旸等，2012）、消费经验（Mahajan，1992）都会影响品牌评价的结果，因此在未来研究中，我们将进一步考察在不同个体特征变量影响下，消费者如何对要素品牌属性做出评价。其次，研究结论证实了信息类型对消费者要素品牌评价的影响，但尚未考察提供信息前后消费者评价的变化。在未来研究中，我们将设计组内实验，探讨提供信息与否、提供信息的类型对消费者要素品牌属性评价的影响。最后，本章虽然得出要素品牌通过联合高知名度终端品牌能提高消费者属性评价的结论，但当高知名度终端品牌遭遇品牌危机（例如负面质量报道、企业丑闻）时，知名终端品牌对消费者的要素品牌属性感知又有何影响？相较于联合低知名度终端品牌的要素品牌而言，这种潜在的风险是否值得要素品牌商调整营销战略？该部分研究也将对基于成品制造商的要素品牌战略理论带来创新价值和借鉴意义。

第四章 供应商要素品牌策略、营销能力与品牌绩效关系

作为最终产品的重要组成部分（关键零部件、原材料等），要素产品一直以来在产业市场中备受关注。相应来说，所谓要素供应商，就是指研制、生产要素产品，为下游或终端产品制造商提供要素产品等核心部件的供应商（Kotler & Pfoertsch，2010）。在产业市场中，随着产品同质化程度的提高，价格竞争日趋激烈，这迫使要素供应商不得不将品牌化纳入企业战略的重要位置（Norris，1992）。虽然 Leek 和 Christodoulides（2012）的研究证实供应商品牌能够强化采购方企业的价值感知，提高其重复购买率。但是，要素供应商的产品和品牌价值都转化并融入最终产品中，难以引起大部分消费者的重视，同时还面临被其他供应商替代的威胁（Kotler & Pfoertsch，2010；Rao et al.，1999）。因此，Pfoertsch 等（2008）指出，要素品牌策略是由供应商主导实施的渠道策略，片面地从消费者或制造商视角分析无法完全了解其战略本质。同时，Luczak 等（2007）的研究发现，就要素供应商而言，要素品牌策略包括拉式策略（pull strategy）和推式策略（push strategy）两种。该研究在学术界引起了广泛的关注，很多学者开始从供应商视角探讨两种策略的作用路径，取得了一些有益的成果。例如，Dahlquist 和 Griffith（2014）的研究探讨了要素供应商通过实施拉式策略在终端市场提升其品牌差异化程度，并进一步引导制造商行为。Ghosh 和 John（2005）从契约关系的视角出发，认为推式策略有利于促进要素供应商与制造商之间的协调，并形成新型的关系治理模式。但是，已有研究并没有澄清供应商要素品牌策略的选择机制和作用机制，大部分学者只是基于单一策略进行了分析探索。要素供应商面对两种要素品牌策略应如何进行选择？已有文献并未能给出较为一致性的参考。因此，对于要素供应商品牌策略的选择机制，仍需做进一步

探讨。

当战略规划确立之后，企业需要围绕战略方案合理地支配和利用资源，从而实现绩效目标。针对要素供应商也不例外，实施要素品牌策略的目的同样是提升其品牌绩效。迄今为止，有关品牌问题的研究大多关注消费品市场，相关领域的学者仅从侧面证实了要素品牌策略能够提升消费者的评价，从而有助于提升要素供应商的品牌绩效（张婧、蒋艳新，2016）。但是，很少有研究从要素供应商视角直接关注其要素品牌策略与品牌绩效之间的关系，对要素品牌策略与品牌绩效之间的过程变量关注更少。Vorhies 等（2009）和 Erevelles 等（2008）的研究证实，在产品市场战略中，营销能力是围绕企业的市场战略目标对资源进行配置和组合，在营销战略规划与市场绩效表现之间发挥重要作用。依据 Nyadzayo 等（2016）的观点，品牌策略是要素供应商培育营销能力的重要驱动和手段。Zhang 等（2015）指出，在产业市场中，营销能力是供应商创造和传递价值的关键能力，也是实现品牌绩效的重要前置变量。由此可以看出，营销能力可能是供应商要素品牌策略与品牌绩效之间重要的过程变量。

基于以上背景，本章研究选取产业市场中的要素供应商作为研究对象，在获取一手数据的基础上，拟重点研究三个方面的内容：一是从要素供应商视角将两种品牌策略同时纳入研究模型中，探讨不同品牌策略的作用方式和效果；二是结合营销能力，借鉴 Nyadzayo 等（2016）的产业市场品牌绩效模型，着重探讨要素品牌策略与品牌绩效之间的重要过程变量，即营销能力的中介作用，从而厘清要素品牌策略对品牌绩效的作用机制；三是挖掘什么因素可以促进或削弱供应商要素品牌策略对品牌绩效的影响。除引言外，本章余下部分的结构安排是：第一节是在文献回顾的基础上提出相关假设；第二节是阐明研究方法，包括介绍样本收集、变量测量、同源偏差检验；第三节是研究结果；第四节是结论与展望。

第一节　理论基础与模型构建

一、相关概念界定

（一）要素品牌策略

要素品牌策略是要素供应商围绕品牌化的战略目标，在下游制造商企业市场和终端消费者市场传递价值的品牌策略（Kotler & Pfoertsch，2010）。Luczak 等（2007）基于要素供应商视角，按照行动路径方式的不同，将要素品牌战略的作用过程分为拉式策略和推式策略两种类型。其中，拉式策略是指要素供应商越过中间的成品制造商直接在消费者市场宣传要素品牌的营销策略；推式策略是指要素供应商与下游成品制造商建立品牌合作关系，协同制造商在消费者市场推广要素品牌的营销策略。凭借拉式策略，要素供应商能够跨越产业链阶段，直接在终端市场建立品牌知名度和忠诚度，从而拉动中间的制造商产生或增加对要素品牌的需求（Gerstner & Hess，1995）。Worm 和 Srivastava（2014）认为，拉式策略虽然能够快速作用于消费者市场打开下游渠道，但是成本投入相对较高且风险大。与拉式策略的行动方式不同，利用推式策略，要素供应商能够以制造商为依托，借助制造商品牌、渠道等市场资源，将要素品牌推向消费者市场（Martín－Herrán & Sigué，2017）。

对于要素供应商而言，无论是拉式策略还是推式策略都不仅是单纯的广告或促销策略，更是作用于下游市场的渠道策略（Wuyts et al.，2004）。李桂华和黄磊（2014）认为，要素品牌策略的使用，有助于供应商的品牌价值在下游市场中传递，从而克服以往供应商要素产品隐匿于成品不易于被终端消费者感知的"缺陷"。因此，对要素供应商而言，如何向下游市场传递和表达品牌价值是其品牌战略实现的关键。研究要素供应商的推式策略和拉式策略与其品牌绩效之间的关系，本身就具有重要的意义。

（二）要素供应商营销能力

营销能力是一种整合过程，在这个过程中企业综合运用知识、技能和资源，以创造并传递产品、服务价值，满足顾客需求并体现企业的价值优势（Vorhies，

1998）。Day（1994）认为，营销能力按照营销过程的不同体现为由外而内和由内而外两个主要方面，即市场感知能力和顾客关系能力。吴晓云和张峰（2014）也认为，营销能力是企业适应市场环境变化的能力，同时也是以顾客需求为中心，与顾客建立良好关系的能力。本章借鉴以往成熟的研究，将营销能力划分为市场感知能力和顾客关系能力。其中，市场感知能力是指要素供应商通过对市场环境的观察分析，研发出新的要素产品、改良产品设计等寻找合适的市场机会的能力（Linder & Seidenstricker，2010）。顾客关系能力体现为要素供应商获得、保持维系与制造商企业之间关系的能力（Erevelles et al.，2008）。

二、要素供应商拉式策略与品牌绩效

要素产品作为最终产品的重要组成部分，对于最终产品的质量和使用性能有至关重要的作用。但是，要素产品包含在最终产品中，并不容易引起人们的重视，如电脑芯片、自行车变速器、汽车发动机等（Kotler & Pfoertsch，2010）。拉式策略有助于要素供应商在短时间内、大范围地在终端市场建立要素品牌认知（Norris，1992），使消费者能够了解到要素产品的优越性以及其对最终产品性能的改善效果。由于最终产品的构造往往相对复杂，而普通消费者的购买经验又相对有限，因此，要素品牌便成为了消费者感知最终产品质量好坏的参考依据（Agostini & Nosella，2017）。同时，制造商为了优化其最终产品的整体功能以获得差异化优势，也会优先选购形象良好、具有一定市场知名度的要素供应商品牌（Leuthesser et al.，2003）。由此可知，借助于拉式策略，要素供应商能够实现对下游市场的控制，即在消费者市场建立要素品牌资产，形成"终端拉力"，进而拉动制造商对要素供应商生成采购意向（Kim & Hyun，2011；Ottosson & Kindström，2016）。然而，学术界对于拉式策略的研究仍未达成一致。Dahlquist 和 Griffith（2014）认为，随着拉式策略力度的逐渐增加，要素供应商的议价能力和谈判地位不断提升，这可能导致制造商利润缩水以及主导权利的弱化，引发制造商的抵触情绪和机会主义行为。为了避免风险和损失，制造商将有可能寻求替代供应商或自主研发生产要素零件。由此，要素供应商便失去了与制造商的品牌合作机会，出现绩效下滑的不利后果。因此，只有适度的拉式策略才能够带来品牌绩效的增长，当拉式策略超过一定限度时，反而会引起品牌绩效下降的情况。

基于此，本章提出以下假设：

H4 –1：要素供应商的拉式策略与品牌绩效之间呈倒"U"形关系。

三、要素供应商推式策略与品牌绩效

对于要素供应商来说，单凭自身的资源实力来撬动下游市场，要承受相当的大风险和压力（Rid & Pfoertsch，2013）。如果能搭靠上市场地位较高的制造商品牌作为合作伙伴，则可以有效降低要素品牌化的难度。例如，美国纽特公司在其甜味剂的专利配方到期之前，成为了世界著名饮料巨头可口可乐公司的要素品牌供应商，使企业和品牌的生存发展得到了延续（吴晓云、张峰，2014）。通过使用推式策略，要素供应商的品牌名称和标识能够呈现在制造商生产的最终产品、包装或广告宣传中（Ghosh & John，2009）。基于此，制造商在终端市场进行品牌推广时，要素供应商的品牌价值也能够得到相应的表达和传递。对于制造商而言，展会宣传、货架费用等高昂的营销成本已经占据了其营销预算中相当大的比例，并且在激烈竞争的终端市场中，与同行对手之间的同质性也越来越高（Leek & Christodoulides，2012）。使用推式策略，要素供应商将为制造商设计针对性的营销方案、提供辅助支持和成本分担，并指导制造商如何利用要素品牌在终端市场中获得差异化竞争优势（Erevelles et al.，2008）。因此，与一般的供应商相比，使用推式策略的要素供应商更易于获得制造商的青睐，并与之保持长期的品牌合作关系。所以，推式策略的使用力度越大，要素供应商的品牌绩效越高。

基于此，本章提出以下假设：

H4 –2：要素供应商的推式策略与品牌绩效之间存在正相关关系。

四、营销能力与品牌绩效

营销能力是指企业在满足顾客特定需求的同时，创造和传递产品、企业价值的能力（Day，2002）。在产业市场中，要素供应商应遵循以市场为导向的原则，大量收集外部信息准确感知市场需求，从而才能够有效做出回应和满足顾客需求。与此同时，要素供应商还要与制造商建立良好的合作关系，才能实现其品牌价值在下游市场中的传递（Day，1994；Day，2002）。因此，市场感知能力和顾客关系能力是要素供应商的核心营销能力。一方面，要素供应商不仅要了解顾客群体对要素产品功能要求，如便捷性、高效性等，还要准确感知消费者的价值观念等心理诉求点（Gomes et al.，2016）。这样要素供应商才能够进行合理的品牌

定位，保证其品牌价值内涵与市场诉求相一致，从而在品牌活动开展过程中与消费者形成品牌共鸣，实现品牌绩效（Muhonen et al.，2017）。例如，禧玛诺公司根据自行车爱好者"追求速度"的用户体验，赞助了著名的环法自行车赛等专业赛事，从而塑造了优质的、高端的品牌形象（Linder & Seidenstricker，2010）。另一方面，由于要素产品通常不会被消费者直接购买，而是被制造商进一步加工或组装成最终产品后再销售于终端市场的，所以，要素供应商的品牌资产是与其渠道伙伴制造商共同创造的（Seyedghorban et al.，2016）。Burmann 等（2009）认为，当要素供应商品牌和制造商品牌之间的关系质量高时，会强化制造商对要素品牌的角色外行为（extra-roles），如主动给予资源帮助、积极支持其品牌建设等。因此，当要素供应商的市场感知能力越高、顾客关系能力越强时，越有利于要素品牌的价值传递，品牌绩效越高。

基于此，本章提出以下假设：

H4 – 3：要素供应商的营销能力与品牌绩效之间存在正相关关系。

H4 – 3a：要素供应商的市场感知能力与品牌绩效之间存在正相关关系。

H4 – 3b：要素供应商的顾客关系能力与品牌绩效之间存在正相关关系。

五、营销能力的中介作用

承接引言中关于营销能力的论述，对营销能力的中介作用做进一步的说明。营销能力首先是决定供应商要素品牌策略与品牌绩效之间是否存在显著关系的关键中间要素，即供应商要素品牌策略对品牌绩效的作用要通过营销能力的传导来实现。Shin 和 Aiken（2012）研究了营销能力在战略导向和公司绩效之间的中介作用，通过向韩国 500 强企业高管邮寄和回收问卷，共得到 198 份有效问卷，数据分析结果显示营销能力在战略导向和公司绩效之间发挥部分中介作用。Pratono 和 Mahmood（2015）对营销能力在创业导向和公司绩效之间的中介作用进行了研究，他们使用横截面设计的定量方法，回收了 390 家中小企业的有效问卷，数据分析结果显示营销能力在创业导向和公司绩效之间发挥完全中介作用。吴晓云和张峰（2014）研究了关系资源对营销能力的影响，来自银行的 101 份有效问卷数据显示，关系资源能够提升营销能力。以上研究的思路均为本章的研究提供了借鉴，接下来详细分析营销能力在要素供应商品牌策略与品牌绩效之间的中介作用。

要素供应商虽然掌握要素产品的生产技术或研发专利，但相对于制造商而言，要素供应商缺乏相关资源和经验，这是约束其营销能力发展的关键。具体表现为以下两个方面：第一，在产业市场中，要素供应商位于产业链上游位置，对终端市场需求感知并非直接获取，而往往是通过下游制造商的反馈而得知，因此，要素供应商对市场感知存在滞后性（Gomes et al.，2016）。第二，由于制造商在下游市场占据更多的优势和市场权利（Wuyts et al.，2004），要素供应商与制造商之间的关系往往是不对等的，因此，要素供应商和制造商之间难以建立平等互惠的品牌合作关系。鉴于要素供应商所处的产业市场情境因素，要素品牌策略的重要性就凸显出来，一是可以作为一种策略方式来帮助要素供应商培育营销能力，二是可以作为一种重要途径来帮助要素供应商实现品牌化战略（Luczak et al.，2007）。

就拉式策略而言，适度的拉式策略能够帮助要素供应商越过制造商直接捕捉到消费者的需求动态，大大减少需求信息在产业链中由下而上传递所耗费的时间，提高要素供应商对市场感知的效率和效果。同时，适度的拉式策略使要素供应商能够在消费者市场培养较高的品牌认知度和忠诚度，这将有助于改善制造商对供应商品牌的合作态度和依赖程度，以此平衡相对地位，提升要素供应商的关系能力。简言之，适度的拉式策略可以帮助要素供应商更好地感知市场和维系顾客关系，从而提升其品牌绩效；然而，对终端市场的投入需要耗费相当多的资源且风险系数高，一旦使用不当造成不良后果，反而会导致营销能力下降。具体而言，当拉式策略使用过度时，营销成本的约束和市场风险的增加将限制要素供应商品牌策略的持续性（Frazier，1999），因而，要素供应商难以继续充分观察和跟踪目标市场的需求变化，无法准确地对市场趋势做出判断和预测，从而导致市场的感知能力下降，难以保证品牌活动的有效性（Day，2002），这样显然会对其品牌绩效产生不利影响，并且，Narasimhan 和 Talluri（2009）认为，过度的拉式策略容易引起制造商的猜忌和怀疑，甚至会激发制造商的防御型行为，使要素供应商和制造商之间的关系陷入敌对状态。Dahlquist 和 Griffith（2014）经研究证实，拉式策略的使用力度过大，使制造商感到被要素供应商忽视甚至陷入锁定情境（lock - in），增加了制造商的机会主义风险，威胁到双方关系的持续性，并进一步危害要素供应商的品牌绩效。

基于此，本章提出以下假设：

H4 -4：营销能力在要素供应商拉式策略与品牌绩效的关系之间起中介作用。

H4－4a：市场感知能力在要素供应商拉式策略与品牌绩效的关系之间起中介作用。

H4－4b：顾客关系能力在要素供应商拉式策略与品牌绩效的关系之间起中介作用。

就推式策略而言，在产业市场中，无论在渠道资源还是市场信息方面，制造商都比要素供应商更具优势（Zablah et al.，2010）。Ghosh 和 John（2009）从契约关系视角着手，认为要素供应商实施推式策略本质是与制造商建立品牌联盟，而这有别于普通的组织间交易所形成的采供关系。一方面，推式策略使双方结为利益伙伴，有力促进了彼此之间的知识共享和信息流动，根据制造商的定制化需求，要素供应商能够准确地感知、把握市场动态，研制出有竞争力的要素产品并顺利进入终端市场，保证品牌战略的实现。另一方面，推式策略体现了要素供应商积极的态度承诺，降低了制造商的感知风险和监督成本，有效消除双方边际化效应、提高合作效率，使制造商在终端市场上获得差异化的竞争优势。凭借为制造商带来的种种利益，推式策略强化了要素供应商与制造商之间的关系，这也为组织市场中的其他供应商设置了进入障碍。因此，推式策略有助于提升要素供应商的营销能力，从而提高其品牌绩效。一方面，推式策略可以提高要素供应商对市场的感知，另一方面，推式策略可以加强要素供应商与制造商之间的品牌合作关系，这都会对要素供应商的品牌绩效起到正面的促进作用。

基于此，本章提出以下假设：

H4－5：营销能力在要素供应商推式策略与品牌绩效的关系之间起中介作用。

H4－5a：市场感知能力在要素供应商推式策略与品牌绩效的关系之间起中介作用。

H4－5b：顾客关系能力在要素供应商推式策略与品牌绩效的关系之间起中介作用。

六、要素产品相对重要性的调节作用

要素产品相对重要性是指要素产品对于最终产品的重要程度，通常关乎最终产品质量或使用功能等属性（Ghosh & John，2009）。一种要素产品如果获得了更高的剩余权，就意味着这种要素产品在最终产品中具有更高的地位，这就体现了相对重要性的概念（张东明，2012）。在组织间交易中，制造商一般按照所需要素产品类别、数量等形成采购目标和计划，并依据要素产品的重要程度选择供应商和采购方式。可见，要素产品相对重要性对要素供应商来说十分关键，要素产品相对重要性越高，供应商要素品牌的感知真实性越高，要素供应商在与制造商的交易中就更能占据有利地位（杨海龙等，2018）。

当要素产品在最终产品中占据重要地位时，要素供应商通过使用拉式策略能够扩大供应商要素品牌在终端市场的知名度，从而拉动消费者并影响其购买决策，使消费者将要素品牌作为评价最终产品质量的依据和标准。同时，制造商也能够借助使用供应商要素品牌的知名度来"搭便车"，这在一定程度上能够帮助制造商快速提升市场份额（Chiambaretto & Gurǎu，2017）。从辩证的角度来看，这种知名度是一把"双刃剑"，有时会产生过犹不及的效果。由于要素产品在最终产品中占据主导地位，拉式策略将增加制造商使用要素品牌的强制性（Rehme et al.，2016）。从交易成本理论视角分析可知，如果制造商失去对其供应商的约束和控制，会面临较大的机会主义风险。这会迫使制造商采取维护自身利益的防御性行为或中断与要素供应商的品牌合作，要素供应商的品牌绩效也会随之下降。因此，当要素产品的相对重要性较高时，会加剧要素供应商的拉式策略与其品牌绩效之间的倒"U"形关系。

当要素产品对于制造商十分关键时，说明该要素产品的生产工艺和构造相对复杂，或是制造商企业不具备生产能力和条件的专利产品（Kotler & Pfoertsch，2010）。采用推式策略，要素供应商不仅为制造商提供专业化的品牌产品，而且还为制造商顾客设计个性化的营销方案并给予活动支持，以积极友好的姿态与制造商进行品牌合作。这种互惠互利的策略方式将促进双方的知识交流和沟通，并显著增强制造商对要素供应商的信任感（刘益、李纲，2008）。同时，由于关键部件是可靠的要素品牌产品，制造商在下游市场的激烈竞争中也能够保持产品和价格优势，从而提升制造商对要素供应商的合作意愿（黄磊、吴朝彦，2017）。因此，当要素产品的相对重要程度较高时，会强化要素供应商的推式策略与其品牌绩效的关系。

基于此，本章提出以下假设：

H4 – 6：要素产品相对重要性正向调节要素品牌策略与品牌绩效之间的关系。

H4 – 6a：要素产品相对重要性正向调节要素供应商的拉式策略与品牌绩效之间的关系。

H4 - 6b：要素产品相对重要性正向调节要素供应商的推式策略与品牌绩效之间的关系。

综合以上推断及所提假设，本章理论模型如图 4 - 1 所示。

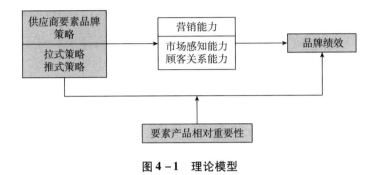

图 4 - 1　理论模型

第二节　研究方法

一、样本收集

本章选取产业市场中的要素供应商作为研究对象，实证调研在汽车、医药、家电、通信、电子信息、化工等行业展开，主要是因为这些行业中的要素供应商较为密集，较好地满足本章的研究条件。调研时间为 2016 年 11 月至 2017 年 5 月。调研过程一共分为两个阶段：第一阶段是选取天津市的部分产业市场中的供应商为对象进行预调研，检验问卷的结构和内容能否涵盖本章所研究的各种问题，以及在正式展开大规模调研之前尽可能地消除调研方法和文字表述方面的漏洞，使调研结果可以更为准确地反映实际情况。第二阶段是大规模发放问卷，问卷发放范围涵盖北京、天津、上海、济南、洛阳、广州、深圳等地的企业。问卷的填答者主要为各企业的中高层市场营销管理人员，包括少量对企业营销状况极为熟悉的骨干营销人员。亲自或委托现场发放问卷 149 份，电子邮件发放问卷 146 份，电话问询发放问卷 15 份，纸质版邮寄发放问卷 20 份，共发放问卷 330 份，实际回收问卷 283 份，其中无效问卷 31 份，最终获得有效问卷 252 份，有效回收率为 76.364%。样本特征统计分析结果如表 4 - 1 所示。

表 4-1 样本特征统计

类别	项目	数量	比重（%）	类别	项目	数量	比重（%）
行业类型	汽车	72	28.571	性别	男	178	70.635
	医药	42	16.667		女	74	29.365
	家电	55	21.825	年销售额	<500 万元	20	7.937
	通信	25	9.921		500 万~1500 万元	64	25.397
	电子信息	45	17.857		1500 万~5000 万元	88	34.921
	化工	13	5.159		5000 万~1 亿元	51	20.238
企业年龄（年）	Y<2	18	7.143		>1 亿元	29	11.508
	2≤Y<5	62	24.603	职务类型	高层管理者	56	22.222
	5≤Y<10	77	30.556		中层管理者	146	57.937
	10≤Y<15	54	21.429		一般营销人员	50	19.841
	15<Y	41	16.270	企业规模（人）	<100	26	10.317
企业性质	国有企业	82	32.540		100~200	36	14.286
	外资企业	66	26.190		200~300	53	21.032
	私营或民营企业	104	41.270		300~500	61	24.206
					>500	76	30.159

二、变量测量

供应商要素品牌策略测量量表借鉴 Dahlquist 和 Griffith（2014）及 Ghosh 和 John（2009）的研究，包括拉式策略和推式策略两个维度，共 8 个题项。营销能力测量量表借鉴 Morgan 等（2009）和 Rapp 等（2010）的研究，包括市场感知能力和顾客关系能力两个维度，共 9 个题项。品牌绩效测量量表借鉴 Wong 和 Merrilees（2007）的研究，共 4 个题项。要素产品相对重要性测量量表借鉴 Ghosh 和 John（2009）及 Brown 等（2012）的研究，共 4 个题项。上述量表均采用李克特 5 级量表。同时，本章选取企业规模、企业年龄和企业性质作为控制变量。

三、同源偏差检验

为了尽可能地减少同源偏差（Common Method Variance，CMV）问题造成的影响，在研究设计上，本章保证问卷信息的保密性、明确答案无对错之分、尽可能地使用清晰明确的用语以及反转题项保证问卷的填写突破思维定式。在统计上，采用两种方法来进行检验：一是通过哈曼（Harman）单因子来检测同源偏差，将所有题项在未旋转的情况下，主成分因子分析析出了 8 个因子，解释了总变异量的 63.828%，其中因子 1 仅占载荷量的 26.168%，并没有占到多数，这表明没有单一的一个因子解释了绝大部分的变异量，因此同源偏差不会对本次数据分析造成影响；二是引入记号因子法（marker variable approach），找一个与目标构念不相关的变量，控制该变量后计算目标构念之间的零阶相关系数，该系数是剔除同源误差效应后的真实相关系数（Lindell & Whitney，2001）。选择企业性质作为校标变量（企业性质与品牌绩效相关系数 r = 0.180，p = 0.361 > 0.05）。经计算：拉式策略与市场感知能力（r = 0.431，p < 0.01）、顾客关系能力（r = 0.566，p < 0.01）、品牌绩效（r = 0.472，p < 0.01）零阶相关系数显著；推式策略与顾客关系能力（r = 0.451，p < 0.01）、品牌绩效（r = 0.393，p < 0.01）零阶相关系数显著；市场感知能力与品牌绩效（r = 0.312，p < 0.01）以及顾客关系能力与品牌绩效（r = 0.572，p < 0.01）零阶相关系数显著。可见，在剔除了同源误差后，目标构念之间的相关系数依然显著，表明同源偏差问题不大。

第三节　研究结果

一、信度与效度检验

采用 Cronbach 一致性系数检验样本的内在信度，并采用模型适配度指标检验样本的效度。检验结果如表 4 - 2 所示。每一个变量的测量信度均在 0.7 以上，说明测量量表具有较好的内部一致性，符合信度要求；同时，每一个变量的适配度指标均满足要求，说明测量量表具有较好的效度。

表 4 - 2 给出量表信度和效度分析结果，使用 Cronbach's α 和组合信度测量量表的信度。变量的 Cronbach's α 介于 0.753 ~ 0.908，组合信度介于 0.849 ~ 0.943，Cronbach's α 高于一般建议值 0.600，组合信度数值高于 0.700，处于可

表4-2 量表题项、信度和效度检验结果

变量		题项	Cronbach's α	因子载荷	组合信度	AVE
要素品牌策略	拉式策略	我们直接在消费市场上对目标群体进行品牌宣传	0.786	0.806	0.863	0.664
		为了在消费者市场中开展品牌活动，我们投入大量的人力、物力、财力等资源		0.872		
		我们利用电视广告、互联网、杂志等各种媒介渠道在消费者市场中进行品牌推广		0.813		
		为了在消费者市场中进行品牌宣传，我们还积极参与其他社会实践活动		0.786		
	推式策略	我们积极寻找成品制造商企业，以期建立品牌合作关系	0.753	0.854	0.879	0.672
		在与成品制造商的品牌联合推广中，我们为其提供相应的资金支持		0.754		
		针对不同的制造商企业的特征，我们帮助其设计、开发个性化的品牌推广方案		0.826		
		在与成品制造商的品牌联合推广中，我们培训了专业的营销人员		0.817		
营销能力	市场感知能力	我们掌握了市场、客户和竞争者的重要信息	0.862	0.786	0.902	0.746
		我们了解消费者的需求和需要		0.800		
		我们掌握了渠道情况		0.826		
		我们掌握了市场环境状况		0.746		
		我们识别并了解市场趋势		0.696		
	顾客关系能力	我们与主要的目标客户保持密切的关系	0.908	0.809	0.943	0.845
		我们擅长与顾客建立良好的关系		0.843		
		我们能很好地维系、保持与顾客之间的关系		0.863		
		我们擅长增进和提升与顾客之间的关系		0.829		
品牌绩效		我们已经在目标市场上建立了很高的品牌知名度	0.761	0.752	0.849	0.615
		我们已经建立了卓越的品牌声誉		0.813		
		我们非常满意自己的品牌推广效果		0.786		
		我们已经获得了顾客高度的品牌忠诚度		0.712		
要素产品相对重要性		我们的产品对于最终产品十分重要	0.763	0.746	0.865	0.682
		我们的产品是最终产品的核心部件或成分		0.857		
		我们的产品在最终产品中的显示度较高		0.869		
		我们的产品构造和工艺比较复杂		0.831		

接受范围内。使用探索性因子分析和验证性因子分析测度量表的收敛效度，基于 SPSS 20.0 软件的探索性因子分析结果表明，各变量的 KMO 值介于 0.676 ~ 0.823，Bartlett 球形检验的显著性水平均为 0.000，小于 0.001，公因子方差累积解释率介于 61.532% ~ 86.604%，以上指标均达到可接受水平。基于结构方程模型的验证性因子分析结果表明，六因子模型（全部六个变量）与数据的拟合程度最高（RMSEA = 0.043，NFI = 0.939，NNFI = 0.922，CFI = 0.917），其他模型与数据的拟合程度均存在低于基本要求的情况。同时，差异性检验结果显示，六因子模型相对其他模型的差异性更为显著，AIC 值最低（AIC = 478.278）。综上所述，可以说明六因子模型优于其他竞争模型，并且各变量间的同源方差在接受范围以内。而且，各变量的 AVE 数值都高于建议值 0.500，量表的收敛效度较好。另外，各变量 AVE 数值的平方根均高于各变量之间的相关系数，量表的判别效度也较好，详细数据如表 4 - 3 所示。

二、变量的描述性统计和相关性分析

相关变量的均值、标准差和相关系数的分析结果如表 4 - 3 所示。由表 4 - 3 可知，各变量间存在相关关系，初步验证了本章所提假设，并且相关系数均小于 0.6（最高 0.573），可以认为本章数据的共线性程度在可以接受的范围之内。

表 4 - 3　描述性统计及相关系数矩阵

变量	均值	标准差	1	2	3	4	5	6	7	8
1. 企业规模	3.269	0.922	**0.737**							
2. 企业年龄	3.432	1.822	0.024	**0.794**						
3. 企业性质	3.632	1.912	0.030	0.387 **	**0.802**					
4. 拉式策略	3.813	0.634	0.074	0.440 **	0.213 **	**0.815**				
5. 推式策略	4.086	1.238	0.034	0.286 **	0.042	0.392 **	**0.820**			
6. 市场感知能力	3.707	0.849	0.073	0.398 **	0.118	0.433 **	0.286	**0.864**		
7. 顾客关系能力	3.663	0.747	0.114	0.057	0.085	0.568 **	0.453 **	0.437 **	**0.919**	
8. 要素产品相对重要性	3.816	0.636	0.002	0.133 **	0.109	0.248 **	0.323 **	0.382	0.277	**0.826**
9. 品牌绩效	3.429	1.043	0.086	0.220 *	0.180	0.473 **	0.396 **	0.314 **	0.573 **	0.505 **

注：对角线加粗数值为潜变量的 AVE 值平方根，* 为 p<0.05，** 为 p<0.01，*** 为 p<0.001。

三、假设检验

采用多层回归分析对多个假设加以检验，具体运算过程借助 SPSS 20.0 软件加以实现。假设检验结果如表4－4和表4－5所示。

表4－4 中介变量的检验结果

		因变量			中介变量	
		品牌绩效			市场感知能力	顾客关系能力
		模型1	模型2	模型3	模型4	模型5
控制变量	企业规模	0.093	0.083	0.072	0.088	0.079
	企业年龄	0.310*	0.247*	0.164*	0.186	0.165
	企业性质	0.203	0.168	0.167	0.132	0.104
自变量	拉式策略		0.401***	0.204***	0.398**	0.476**
	推式策略		0.337***	0.268**	0.190	0.387**
	拉式策略平方		−0.576***	−0.343***	−0.286**	−0.306**
中介变量	市场感知能力			0.283***		
	顾客关系能力			0.426***		
	R^2	0.054	0.141	0.372	0.121	0.076
	ΔR^2	0.046	0.108**	0.305*	0.081	0.045
	F	1.323	4.638**	4.699**	3.039**	1.596*
	ΔF	1.789	9.346**	5.389*	13.328***	5.468**

注：* 为 $p<0.05$，** 为 $p<0.01$，*** 为 $p<0.001$。

表4－4中，模型1为控制变量对品牌绩效的回归模型，模型2为控制变量和自变量对品牌绩效的主效应模型，模型3为加入中介变量的全模型，模型4和模型5分别为检验自变量对中介变量的回归模型。一方面，进行直接效应检验。在模型1的基础上，模型2考虑了拉式策略、推式策略以及拉式策略平方，结果显示，拉式策略与品牌绩效间存在显著的正相关关系（β＝0.401，p＜0.001），拉式策略平方与品牌绩效间存在显著的负相关关系（β＝－0.576，p＜0.001），H4－1得到支持；推式策略与品牌绩效间存在显著的正相关关系（β＝0.337，p＜0.001），H4－2得到支持。模型3的结果显示，市场感知能力与品牌绩效间存在显著的正相关关系（β＝0.283，p＜0.001），H4－3a得到支持；顾客关系能力与品牌绩效间存在显著的正相关关系（β＝0.426，p＜0.001），H3b得到支持。因此，H4－3得到支持。

另一方面，进行中介效应检验。由模型3的结果可知，市场感知能力（β＝0.283，p＜0.001）、顾客关系能力（β＝0.426，p＜0.001）均与品牌绩效呈显著正相关关系，而拉式策略平方对品牌绩效的影响依旧显著（$\beta = -0.343$，$p < 0.001$），但是与模型2相比，其标准化回归系数的绝对值变小，根据Baron和Kenny（1986）检验中介效应三步骤原则可知，市场感知能力和顾客关系能力分别在拉式策略与品牌绩效的倒"U"形关系中发挥部分中介作用，H4-4a和H4-4b得到支持。因此，H4-4得到支持。此外，推式策略对市场感知能力的影响不显著（$\beta = 0.196$，ns），推式策略对顾客关系能力的影响显著（$\beta = 0.387$，$p < 0.01$）。推式策略对品牌绩效的影响依旧显著（$\beta = 0.268$，$p < 0.001$），但是与模型2相比，其标准化回归系数的绝对值变小，根据Baron和Kenny（1986）检验中介效应三步骤原则可知，市场感知能力在推式策略与品牌绩效间没有中介作用，H4-5a没有得到支持。顾客关系能力在推式策略与品牌绩效间发挥部分中介作用，H4-5b得到支持。因此，H4-5得到部分支持。

此外，模型4和模型5的结果表明，拉式策略平方与市场感知能力显著负相关（$\beta = -0.286$，$p < 0.001$），说明拉式策略与市场感知能力存在倒"U"形关系；拉式策略平方与顾客关系能力呈显著负相关（$\beta = -0.306$，$p < 0.001$），说明拉式策略与顾客感知能力存在倒"U"形关系。

表4-5中，模型4考察要素产品相对重要性的调节效应，要素产品相对重要性与拉式策略的乘积显著正向影响品牌绩效（$\beta = 0.147$，$p < 0.01$），要素产品相对重要性与拉式策略平方的乘积显著负向影响品牌绩效（$\beta = -0.212$，$p < 0.01$），说明要素产品相对重要性正向调节拉式策略与品牌绩效之间的倒"U"形关系（即供应商的要素产品在相对重要性较高时，供应商的拉式策略与其品牌绩效的倒"U"形关系会受到显著的强化），H4-6a得到支持；要素产品相对重要性与推式策略的乘积显著正向影响品牌绩效（$\beta = 0.302$，$p < 0.001$），说明要素产品相对重要性正向调节推式策略与品牌绩效的关系，H4-6b得到支持。因此，H4-6得到支持。

表4-5 调节变量的检验结果

		品牌绩效			
		模型1	模型2	模型3	模型4
控制变量	企业规模	0.093	0.086	0.083	0.046
	企业年龄	0.310 *	0.289 *	0.247 *	0.189 *
	企业性质	0.203	0.177	0.168	0.132

续表

			品牌绩效			
			模型 1	模型 2	模型 3	模型 4
自变量		拉式策略		0.427 ***	0.401 ***	0.326 ***
		推式策略		0.328 ***	0.337 ***	0.218 ***
		拉式策略平方			− 0.576 ***	− 0.337 ***
调节变量		要素产品相对重要性 × 拉式策略				0.147 **
		要素产品相对重要性 × 拉式策略平方				− 0.212 **
		要素产品相对重要性 × 推式策略				0.302 ***
		R^2	0.054	0.238	0.141	0.432
		ΔR^2	0.046	0.217	0.108 **	0.289
		F	1.323	7.989	4.638 **	17.382 ***
		ΔF	1.789	12.368 **	9.346 **	3.256 ***

注: * 为 $p < 0.05$, ** 为 $p < 0.01$, *** 为 $p < 0.001$。

为了更加直观地描述要素产品相对重要性在要素品牌策略与品牌绩效之间关系的调节作用,本章绘制了变量之间的交互图形来进行说明(见图 4−2 和图 4−3)。

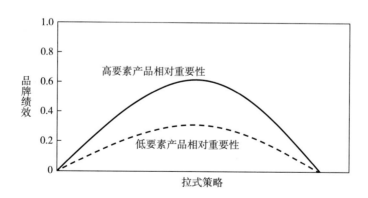

图 4−2　要素产品相对重要性在拉式策略与品牌绩效之间的调节作用

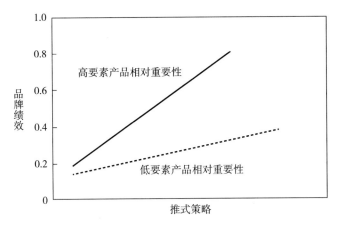

图 4 - 3　要素产品相对重要性在推式策略与品牌绩效之间的调节作用

第四节　结论与展望

一、要素供应商品牌策略对品牌绩效的影响

（一）主效应讨论

要素供应商的拉式策略与品牌绩效之间呈先升后降的倒"U"形变化趋势。也就是说要素供应商适度使用拉式策略有利于其品牌绩效的提升，而当拉式策略的使用力度过大超出临界点时，反而导致品牌绩效下降，过犹不及。这与 Zhao 等（2008）的研究结论相一致，适度的拉式策略有助于要素供应商与下游市场构建密切的渠道关系，加强制造商的服从和品牌合作行为。然而，当拉式策略过度时，要素供应商只顾盲目追求自身利益最大化，却对制造商的权力地位造成威胁，激发其产生不满情绪和反抗行为，对双方的品牌合作关系造成不利影响。

要素供应商的推式策略与品牌绩效之间存在正向关系，推式策略体现出要素供应商的友好的、协商式为制造商提供支持的方式，有利于和制造商形成彼此信任的关系。同时，为制造商提供针对性的、有价值的品牌活动建议。依据互惠行为理论，制造商也同样会采取积极的行为交流沟通，形成双方一致性的方案，回应要素供应商的支持。对供应商而言，推式策略使用的程度越高，就意味着供应商与制造商之间的品牌合作关系越紧密，从而有助于供应商更好地撬动下游市场，提升竞争优势，增强自身的品牌绩效。

（二）要素产品相对重要性的调节效应讨论

在考虑要素产品相对重要性时，要素产品相对重要性在拉式策略与品牌绩效之间存在显著的正向调节作用。当供应商要素产品的重要性高时，适度拉式策略更容易促进消费者对要素品牌的认可和忠诚度，将要素品牌作为最终产品的主要参考依据，然而一旦拉式策略过度，则迫使制造商使用要素品牌，这将加速要素供应商与制造商之间的冲突和矛盾。

在考虑要素产品相对重要性时，要素产品相对重要性在推式策略与品牌绩效之间存在显著的正向调节作用。当供应商要素产品相对重要性较高，大量的制造商会表达出更强烈的合作意愿，要素供应商以推式策略与制造商开展品牌合作，将会得到制造商更多的支持和帮助，合作之后的互利共赢又会进一步增进双方的关系，从而提升双方的绩效。

二、营销能力对品牌绩效的影响以及营销能力的中介作用

供应商的市场感知能力和顾客关系能力均与其品牌绩效存在正向关系，该结论深化了要素供应商的营销能力对其品牌绩效影响的研究，也是对 Burmann 等（2009）研究结果的进一步延伸。对于供应商而言，一方面准确感知市场动态从而做出回应满足市场需求，保证要素品牌的价值、定位符合消费者的预期，同时也符合制造商对要素品牌的要求；另一方面，制造商顾客是要素品牌价值表达的主要参与者，因此，与制造商之间建立良好的关系，是要素品牌绩效实现的保证。

市场感知能力和顾客关系能力均在供应商拉式策略和品牌绩效之间起到部分中介作用，要素供应商的拉式策略通过影响其营销能力，进而作用于品牌绩效。结果表明，在产业市场中，适度的拉式策略能够加强要素供应商对终端市场的感知，有效应对需求滞后性的问题。而且适度的拉式策略还可以适当增加制造商压力，引导制造商做出有利于对要素供应商的行为，从而可以提升要素供应商的品牌绩效。不过，过度的拉式策略则会导致成本投入过大，降低了供应商市场感知的持续性和有效性，同时也容易导致制造商的误解，使双方关系紧张，从而降低要素供应商的品牌绩效。

顾客关系能力在供应商推式策略与品牌绩效间发挥部分中介作用，这说明推式策略体现了要素供应商积极的合作意向，有助于提升制造商对供应商的信任和

认同感（Roberts & Merrilees，2007）。因此，随着推式策略的使用，要素供应商在顾客关系的建立、维护等方面的能力得到提高，进而可以实现品牌绩效的改善。市场感知能力在供应商推式策略与品牌绩效间没有中介作用，可能的原因是，虽然推式策略能够促进供应商与制造商之间的信息流动，但是 Agostini 和 Nosella（2017）的研究也指出，制造商传达出的定制化需求其实无法全面和直观地体现出市场趋势的变化，供应商无法全面获取终端市场的竞争状况。长期来看，并不利于供应商在产品和品牌定位等方面的调整和创新，从而造成供应商的品牌绩效下降。

第五章　要素供应商营销战略对消费者购买意愿的影响研究

在产业市场营销领域，学者们大多基于"理性购买者"的前提关注供应商与制造商之间的交易行为，相对于质量、价格、交付等"有形"因素，供应商品牌作为一种产业品牌，常常被视为"无形"因素，对制造商采购过程的影响未受到足够重视（Leek & Christodoulides，2012）。因此品牌在企业间交易中的作用常常被忽略。随着经济形势发生变化，产业市场的产品日益呈现出同质化问题，而采购商对要素产品的采购却越来越倾向于定制化，与此同时，消费者多元化的需求也在增加，供应商在不断寻求获取竞争优势的新方式，在这样的背景下，供应商们将要素品牌化视为重要的营销战略。Luczak 等（2007）根据实施主体不同，将要素品牌化划分为由制造商主导的要素品牌化和由供应商主导的要素品牌化。前者由制造商发起，终端制造商通常会选择具有较高知名度的要素品牌，向市场传递该要素是终端产品的一部分的事实，向消费者说明最终产品具有某种与要素品牌相关的优质的属性，从而影响消费者对制造商品牌的认知和评价；后者则是由要素供应商发起，供应商将其营销努力投向市场，旨在提高消费者和制造商对其品牌的认知，从而促进终端制造商选择该要素供应商的产品。

基于上述背景，本章在探讨供应商在实施要素品牌化时，如何选择市场投入方式将会最大化其投资收益，成为指导供应商实施要素品牌化战略的关键，最大化地利用企业投入市场的资本争取得到最好的效果，这对现有的要素供应商来说是很关键的。若能够成功实施要素品牌战略，不仅成为我国要素供应商提高其在国内市场竞争力的重要途径，也是积极参与国际竞争的有效手段，同时有助于实现要素产品供应产业的整体升级。

第一节　模型构建

一、拉式策略与终端产品感知

创建品牌需要经历漫长的过程，其实质是企业对未来的一种投资，这种长期投资过程充满了风险和不确定性，市场投入方式的选择以及市场投入所能够带来的结果对要素供应商来说至关重要。Dahlguist 和 Griffith（2014）认为供应商采用推式、拉式策略进行市场投入，其本质就是对营销投资的分配，这一过程能够在渠道中引起品牌差异化。Ghosh 和 John（2009）的研究表明当要素供应商的品牌名称能够增加显著的差异性时，制造商更有可能选择与其签订要素品牌合同。要素供应商向市场投入营销努力，构建要素品牌良好的声誉，制造商与其达成要素品牌协议将会提升终端产品的差异性，最终影响消费者的感知。为此，本章提出如下假设：

H5－1a：要素供应商的拉式策略正向影响终端产品差异化感知。

H5－1b：要素供应商的推式策略正向影响终端产品差异化感知。

研究认为要素供应商通过实施营销战略强调其要素品牌的属性，影响消费者对要素品牌的认可和品牌联想，进而影响其对包含该要素品牌的终端产品的质量感知。要素供应商对制造商和终端消费者进行市场投入，通过广告、促销、人员沟通、展会、公共关系等方式向消费者传递品牌信息，使消费者基于这些品牌信息建立起对该要素品牌的认知，影响他们对所接触的含有要素品牌的终端产品的质量感知。无论消费者是直接接触到要素供应商发出的品牌信息还是制造商发出的品牌信息，都会影响消费者对终端产品的质量感知，即要素供应商的推式和拉式策略都会正向影响消费者的终端产品质量感知，而区别只在于两种方式下影响程度不同，本章认为推式策略是制造商直接针对消费者传递终端产品及要素品牌的信息，能够有效降低消费者的感知风险，比拉式策略更能够提升消费者对产品的感知质量。为此，本章提出如下假设：

H5－2a：要素供应商的拉式策略正向影响终端产品质量感知。

H5－2b：要素供应商的推式策略正向影响终端产品质量感知。

二、营销战略、终端产品感知与消费者购买意愿

在以往的研究中，当消费者对含有要素品牌的终端产品的质量感知较高时，消费者的感知风险更低，会对要素品牌和终端产品品牌更加信任，因而，消费者会更愿意与企业间建立进一步的关系，感知产品质量会影响消费者的购买行为和购买意愿。感知质量较高意味着通过长期与品牌相关的经验，消费者意识到了该品牌的差异性和优越性，较高的感知质量驱动消费者更加倾向于选择包含该要素品牌的终端产品，而不是选择其他竞争品牌。研究证明了品牌差异性能够正向影响消费者满意度，而消费者满意越高，越容易付诸行动，即产生对该品牌产品的购买意愿（林磊，2007）。消费者对终端产品的质量感知主要是基于产品带给他们的功能性利益，而对终端产品的差异化感知则主要是基于产品带给他们的情感性和象征性的利益，因此，无论是感知质量还是感知差异化都能够促进消费者的购买意愿。为此，本章提出以下假设：

H5－3a：终端产品差异化感知正向影响消费者购买意愿。

H5－3b：终端产品质量感知正向影响消费者购买意愿。

越来越多的学者在要素品牌为制造商与终端消费者传递价值方面取得较为一致的认识，即要素品牌与消费者品牌相似，也是一组功能有形与无形利益的集合，要素品牌不仅成为制造商与消费者评价供应商价值创造能力的主要依据，也是影响制造商关系质量和消费者溢价购买意愿的重要因素（李桂华、黄磊，2014）。企业选择合适的市场投入方式进行品牌建设，通过推式和拉式两种策略将要素供应商需要传递的信息传达给消费者，提高消费者的购买意向（吴水龙、卢泰宏，2009）。有学者的研究表明，在消费者购买意愿的模式中，当消费者对于想要购买的产品的属性不够了解或产品属性较复杂时，品牌形象就成为消费者做出购买决策的一项重要依据（林磊，2007），要素供应商进行市场投入，建立良好的品牌形象，而良好的品牌形象能够增加消费者对产品的信赖感，进而能够提高消费者对包含该要素品牌产品的购买意向。要素供应商的市场投入旨在提升消费者和制造商对要素品牌的认知，尽管消费者不会直接购买要素产品，但他们会表现为对包含该要素品牌的产品更强烈的购买意愿。消费者通过直接和间接的方式接触到要素品牌的信息，从而提高对要素品牌的认知，进一步地当他们做出购买决策时，会倾向于选择含有该要素品牌的终端产品。为此本章提出如下假设：

H5－4a： 拉式策略正向影响消费者购买意愿。

H5－4b： 推式策略正向影响消费者购买意愿。

本章尝试提出终端产品差异化感知和终端产品质量感知在要素供应商的推式、拉式策略对终端消费者购买意愿的影响过程中起到中介作用，因此，在以上六个假设基础上提出下列假设：

H5－5： 终端产品差异化感知在拉式策略影响消费者购买意愿作用机制中起中介作用。

H5－6： 终端产品质量感知在拉式策略影响消费者购买意愿作用机制中起中介作用。

H5－7： 终端产品差异化感知在推式策略影响消费者购买意愿作用机制中起中介作用。

H5－8： 终端产品质量感知在推式策略影响消费者购买意愿作用机制中起中介作用。

本章从要素供应商的视角出发，研究要素供应商实施的拉式策略和推式策略两种市场投入方式对终端消费者购买意愿的影响，结合前人的理论观点，探讨消费者对于终端产品差异化感知和终端产品质量感知两个变量的中介作用，在文献梳理和假设推演的基础上，提出本章的理论模型如下（见图5－1）：

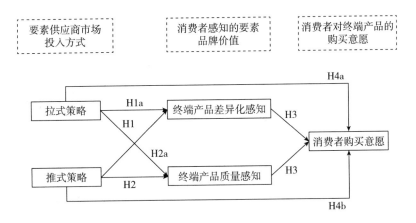

图5－1　概念模型

第二节　研究方法

一、变量测量

本章的调查问卷共包含 31 个问题，其中前两个问题，用于调查被试者使用计算机的情况，由于本章以计算机 CPU 品牌为研究对象，旨在研究计算机 CPU 供应商的市场投入与最终消费者购买意愿之间的关系，所以首先设置这两个问题。接下来的 25 个问题用于测量研究中的五个变量，具体测量量表来源如下：①拉式策略：针对要素供应商市场投入方式中的拉式策略这一变量，主要借鉴李桂华和黄磊（2014）关于消费市场投入的测量量表，在原有量表的基础上结合本章的具体情境和相关理论进行部分改编，并增加测量广告及赞助方面市场投入的问题，共六个题项。②推式策略：消费市场投入的测量量表以及李桂华和黄磊关于要素供应商营销策略的研究进行改编，结合前文的文献回顾，最终量表共六个题项。③终端产品差异化感知：直接借鉴林磊（2007）的成熟量表，考虑到本章中主要是从终端消费者角度测量其对包含特定要素品牌的产品的质量感知，因此，对已有量表稍加修改，得到适合本章的量表，具体包括四个题项。④终端产品质量感知：直接借鉴林磊（2007）的成熟量表，对已有量表稍加修改，得到适合本章的量表，具体包括六个题项。⑤消费者购买意愿：消费者购买意愿这一变量在研究中已经非常成熟，在各个领域都有学者开发出了成熟量表，共三个题项，即"优先考虑购买该公司的产品""在该公司购买大部分相关产品""在未来继续购买该公司的产品"，对语言表述稍作调整，强调是对包含要素的终端产品及相关产品的购买意愿。

二、调研过程

本章主要通过网络途径和现场发放两种方式收集数据，以网络途径为主。共发放问卷 230 份，收回问卷 230 份，其中有效问卷为 190 份，有效问卷回收率为 82.6%。现场共发放 100 份，收回 100 份，其中有效问卷为 84 份，有效问卷回收率为 84.0%。两种途径发放的问卷总计 330 份，收回 330 份，有效问卷为 274

份，有效问卷回收率为83.0%。

第三节 结果分析

一、信效度分析

本章运用 SPSS 18.0 对所收集数据进行信度分析，各变量量表的 Cronbach's α 值均在 0.7 以上，这说明问卷中的量表具有较好的信度。效度分析主要包括内容效度和建构效度两方面，由于本章的量表多数是从已有研究中借鉴，并且在总结了大量相关文献的理论、听取专家意见反复修改后形成的，具有较好的内容效度。建构效度通常包括收敛效度和判别效度。收敛效度是指测量相同潜在构念的指标会落在同一个共同因素上；判别效度是指测量不同潜在构念的测量指标会落在不同的共同因素上。本章运用 AMOS 17.0 软件建立各变量的测量模型，检验建构效度是否达到标准。所得到的结果为：$\chi^2/df = 2.169$，GFI = 0.838，AGFI = 0.801，CFI = 0.930，TLI = 0.920，IFI = 0.930，RMSEA = 0.065，PNFI = 0.775，PGFI = 0.683，表明本章的测量模型拟合度相对来说较为理想。判别效度通过比较 AVE 值的平方根和相应变量间的相关系数的大小来检验，如果 AVE 值的平方根大于两个变量之间的相关系数，则表示两个变量之间具有较好的判别效度。具体分析结果如表 5-1 所示，各变量的 AVE 平方根都大于其所在行与列相关系数，因此，本章的各变量量表的判别效度可以接受。

表5-1 潜变量判别效度分析

	Pull	push	PD	PQ	PI
Pull	0.757				
Push	0.630**	0.758			
PD	0.597**	0.510**	0.788		
PQ	0.465**	0.511**	0.630**	0.762	
PI	0.573**	0.536**	0.642**	0.664**	0.801

注：对角线为潜变量的 AVE 平方根，＊＊为 $p < 0.01$。

二、结构方程与假设检验

本章运用 AMOS 17.0 对理论模型进行检验，采用极大似然估计法对该结构方程模型进行参数估计，判断本章所收集的数据与理论模型的拟合程度。采用绝对拟合指标、相对拟合指标和简约拟合指标三类评价标准对结构模型的拟合效果进行判断，所得到的具体指标如下：$\chi^2/df = 1.983$，$RMSEA = 0.060$，$GFI = 0.853$，$AGFI = 0.819$，$CFI = 0.941$，$TLI = 0.933$，$NFI = 0.889$，$IFI = 0.942$，$PNFI = 0.779$，$PGFI = 0.691$。整体而言，本章的模型拟合效果可以接受，同时也说明可以进一步进行变量间路径系数的检验。

模型中拉式策略对终端产品差异化感知（$\beta = 0.649$，$p < 0.001$）和终端产品质量感知（$\beta = 0.320$，$p < 0.001$）都有显著正向影响，H5 – 1a、H5 – 2a 成立；推式策略对终端产品差异化感知（$\beta = 0.170$，$p < 0.05$）和终端产品质量感知（$\beta = 0.437$，$p < 0.001$）都有显著正向影响，H5 – 1b、H5 – 2b 均成立；终端产品差异化感知对消费者购买意愿（$\beta = 0.204$，$p < 0.05$）有显著正向影响，终端产品质量感知对消费者购买意愿（$\beta = 0.487$，$p < 0.001$）有显著正向影响，H5 – 3a、H5 – 3b 成立。图 5 – 2 呈现了本章的结构方程模型的检验结果，如图中数据所示，本章的前六条主效应假设都通过了检验。

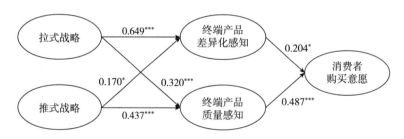

图 5 – 2　标准路径模型

注：＊为 $p < 0.05$，＊＊＊为 $p < 0.001$。

在分析中介效应之前，首先对本章的各变量的分值进行中心化处理；其次对各变量之间可能会存在的多重共线性进行检验，采用的指标为方差膨胀因子（VIF）和容忍度（Tolerance）。一般来说，当 VIF 值 < 10 且容忍度 < 1 时，说明研究的变量间不存在多重共线性。根据这一标准，本章理论模型中的变量间并不存在多重共线性问题，可以进一步运用回归分析对进行中介效应的检验。

根据中介效应的检验步骤，本章构建了多元回归模型，具体结果如表 5 - 2 所示。模型 1 是以消费者购买意愿为因变量，拉式策略为自变量的回归模型；模型 2 是以终端产品差异化感知为因变量，拉式策略为自变量的回归模型；模型 3 则是以消费者购买意愿为因变量，将拉式策略和终端产品差异化感知同时加入模型中进行回归。结果显示，在模型 1 中，拉式策略与消费者购买意愿呈正相关（$\beta = 0.624$，$p < 0.001$），因此，H5 - 4a 成立；在模型 2 中，拉式策略与终端产品差异化感知呈正相关（$\beta = 0.642$，$p < 0.001$）；在模型 3 中，拉式策略的回归系数显著（$\beta = 0.324$，$p < 0.001$），终端产品差异化感知的回归系数显著（$\beta = 0.468$，$p < 0.001$），与模型 1 对比发现，拉式策略的回归系数明显降低，因此，终端产品差异化感知在拉式策略与消费者购买意愿之间具有部分中介作用，H5 - 5 通过检验。同理，运用此种中介检验方法可得，H5 - 6、H5 - 7、H5 - 8 通过检验，中介效应显著。

表 5 - 2　中介效应检验

	DV：PI	DV：PD	DV：PI
	Model 1	Model 2	Model 3
Predictive variable			
Pull	0.624 ***	0.642 ***	0.324 ***
PD			0.468 ***
R^2	0.39	0.413	0.518
Adjusted R^2	0.388	0.41	0.515
F	173.831	191.032	145.816
VIF	1	1	1.702
Tolerance	1	1	0.587

注：*** 为 $p < 0.001$。

第四节　结论与展望

一、结论

本章基于要素供应商的视角，以消费者的终端产品差异化感知和终端产品质量感知为中介变量，构建了要素供应商市场投入的两种方式（推式策略和拉式策略）与消费者购买意愿间关系的理论模型，并采用 AMOS 17.0 软件构建结构方程模型，检验了终端产品差异化感知和终端产品质量感知的中介效应。本章通过借鉴和改编相关变量的已有量表，通过调查问卷的方式收集数据对各变量进行测量，对所收集数据进行实证分析以检验提出的研究假设。结果发现，要素供应商的推式策略和拉式策略对终端产品差异化感知均有正向显著影响，其中，拉式策略对终端产品差异化感知的影响更大（β=0.649）。要素供应商的推式策略和拉式策略对终端产品质量感知均有正向显著影响，其中，推式策略对终端产品质量感知的影响更大（β=0.437）。终端产品差异化感知（β=0.204）和终端产品质量感知（β=0.487）都对消费者购买意愿有正向显著影响，其中，终端产品质量感知对消费者购买意愿的影响更大，这说明大部分消费者在购买电子产品时更加关注产品的质量，高质量在很大程度上能够促进消费者的购买意愿。而要素供应商市场投入的两种方式对消费者购买意愿的直接影响没有很大的差别，其中，拉式策略与消费者购买意愿的回归系数为β=0.624，推式策略为β=0.582。本章还验证了终端产品差异化感知和终端产品质量感知在推式策略影响消费者购买意愿及拉式策略影响消费者购买意愿的机制中具有部分中介作用。以上结论表明要素供应商在实施要素品牌化战略时，通过推式策略和拉式策略两种方式对市场进行营销投入，应该更注重向消费者传递该要素能够引起终端产品较高的质量，并能够带来终端产品差异化的信息。要素供应商在选择推式、拉式策略具体实施途径时，也应该选择能够最大限度提高终端产品差异化和质量的方式，并考虑如何更好地让消费者感受到这种要素带来的终端产品差异化和高质量。

二、讨论与展望

要素供应商为实施要素品牌化向市场进行营销投入，其实质是分配企业的资源用于建立品牌，也是一种投资，必然伴随着风险，而且可能面临复杂的市场环境，在这样的背景下，要素供应商实施要素品牌化战略应当更加理性，提高其投资的效率。本章的结论显示，要素供应商的拉式策略通过影响消费者对终端产品的差异化感知和质量感知，进而影响其购买意愿，因此，要素供应商在价值链中跨过中间环节向消费者直接开展营销推广活动，更应该具有针对性，无论是通过广告、赞助活动、公关事件、促销等方式，都应该围绕能否影响消费者对相应终端产品差异化感知和质量感知以及建立对要素品牌的认知和积极评价来开展。研究结论显示，拉式策略对终端产品差异化感知的影响更大，因此，在实施拉式策略时，广告、赞助等活动应更突出和强化要素品牌所带来的终端产品差异化特质，促使消费者形成差异化感知，进而更大程度地影响购买意愿。

第六章　供应商要素品牌营销策略
对消费者评价的影响研究

营销策略对消费者评价的影响已经引起学术界的关注，但现有研究主要集中于消费者品牌领域，考虑到要素品牌与消费者品牌之间的差异，已有结论并不能有效指导要素供应商通过营销投入提高品牌价值的实践。基于此，本章将就要素供应商营销策略与消费者评价间的关系进行研究，并探讨两者关系的内部机制，丰富和拓展品牌管理相关理论，为要素供应商的品牌化战略提供具有可操作性的建议。

第一节　研究模型构建

一、消费者要素品牌评价

要素品牌领域的研究既关注终端品牌供应商的利益，也关注要素供应商的利益。从终端品牌供应商角度出发，Desai 和 Keller（2002）认为通过加入要素品牌，能有效提高终端品牌的差异化程度，影响消费者对该品牌的评价。该领域研究注重考察要素品牌战略对消费者终端品牌评价的影响，并基于品牌联合的视角，将消费者的要素品牌评价视为联合品牌溢出效应。从要素供应商视角出发，要素品牌化过程体现为供应商通过营销策略强调品牌特性，提高消费者对要素品牌的认可度和品牌联想，改变消费者对含有该要素品牌的最终产品的质量感知和评价，进而拉动终端品牌供应商对某一要素品牌的需求。

在终端品牌视角的研究领域，不少学者认识到采用要素品牌能为终端品牌供应商带来的利益，具体包括提高最终产品可信度、降低不确定性、增加客户满意度、提高最终产品差异化程度等。但该研究视角片面强调终端品牌对要素品牌的选择及其结果，忽视了要素供应商获取消费者评价的重要性，进而导致要素品牌商忽略品牌建设带来的长期利益。因此，本章将基于要素供应商视角对消费者评价展开研究。消费者的品牌评价一般以品牌感知质量为基础，以购买意愿为表现结果；另外，消费者虽然不是要素品牌的直接购买者，但消费者对要素品牌的较高评价可体现为愿意支付更高价格购买包含该要素的最终产品。因此，本章将从感知质量和溢价支付意愿两个方面对消费者的要素品牌评价进行测量。

二、基于信号传递理论的营销策略影响

信号传递理论（Signaling Theory）认为，供应商和消费者在市场中所掌握的产品信息是不对称的，尤其在品牌质量方面，供应商掌握着消费者无法获取的产品工艺、原材料、质量水平等方面的准确信息，当无法确定产品或服务的质量时，消费者会利用市场上的信息进行判断。在消费者能接触到的品牌线索中，品牌知名度不仅是品牌权益的基础，也是影响消费者购买决策的重要因素，因此品牌知名度成为消费者对品牌进行判断的主要依据。品牌知名度是指消费者品牌记忆与品牌识别的表现，其中品牌记忆指消费者与某类别产品相关联的品牌的记忆和联想能力；品牌识别指消费者根据特定线索对相关品牌正确识别的程度。

王新新（2006）提出品牌供应商在市场中进行营销策略，目的是使该品牌成为好产品的标识，并影响消费者凭借品牌认同产品的质量。因此，提升要素品牌的知名度、消除消费者在交易过程中的不信任成为要素供应商对消费者市场进行营销策略的动机。从供应商角度出发，Yoo 等（2000）的研究表明当品牌供应商在广告和渠道上进行与品牌定位一致的投入时，这种投资能够增加品牌资产，提高消费者对品牌的认可度。卫海英和祁湘涵（2005）也认为品牌营销策略作为供应商向消费者传递信息的载体，是一种传递品牌定位、品牌质量和品牌价值的信号。从消费者的角度出发，由于市场中存在较高的信息搜索成本，消费者无法快速、准确地了解某一产品的功能和价值，为减少交易过程的成本，消费者倾向于搜索有助于品牌识别的显著信息，以降低购买风险。因此消费者接触到要素品牌的营销策略时，会赋予该品牌传递信息的作用，对该要素品牌的识别和记忆程度也会相应提高。基于此，本章提出如下假设：

H6 -1：品牌标识呈现对要素品牌知名度有显著正向影响。

H6 - 2：广告支出对要素品牌知名度有显著正向影响。

H6 - 3：公共关系活动对要素品牌知名度有显著正向影响。

三、要素品牌知名度对消费者评价的影响

品牌知名度是品牌树立形象的必要条件，当品牌在记忆中占据牢固位置时，消费者能轻易快捷地获取与品牌相关的联想，同时品牌知名度与包括感知价值在内的品牌评价显著相关。更重要的是，当市场信息不对称时，高知名度品牌不仅更容易获得消费者正面的品质评价，还能提高消费者的品牌信任或品牌关系（Aaker，1996）。因此，消费者对特定要素品牌形成较稳定的品牌识别和记忆后，倾向于赋予该要素品牌信号功能，并认为这种信号传递了要素品牌对质量的承诺，从而提升对该要素品牌在属性方面提供价值的期望，并提高对包含该要素品牌消费品的购买意愿。基于此，本章提出以下假设：

H6 - 4：要素品牌知名度对要素感知质量有显著正向影响。

H6 - 5：要素品牌知名度对成品溢价支付意愿有显著正向影响。

基于上述分析，本章的概念模型如图 6 - 1 所示。

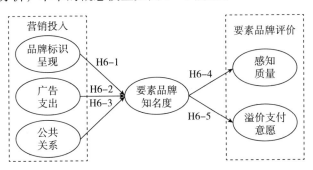

图 6 - 1　概念模型

第二节　研究设计

一、量表设计

考虑到对要素供应商实际营销策略的测量不具备可行性，同时消费者对营销

活动的感知会直接影响消费心理，本章采用消费者感知的视角对要素供应商营销策略进行测量。要素品牌标识呈现综合参考了 Aaker（1996）的观点，广告支出的测量改编自 Yoo 等（2000）的量表，公共关系的测量借鉴 Hsieh 和 Li（2008）的量表。本章采用 Aaker 的品牌知名度定义对要素品牌知名度进行测量，问项改编自 Gil 等（2007）的量表。为全面探讨消费者对要素品牌的价值认知与行为倾向，本章将消费者的要素品牌评价划分为要素感知质量和成品溢价支付意愿两个维度，其中要素感知质量感知的量表改编自 Yoo 等（2000）的测量工具；要素品牌溢价支付意愿的测量参照 Pfoertsch 等（2008）的观点，采用对包含该要素品牌消费品的溢价支付意愿来进行测量。

二、调研样本情况

为准确测量营销策略对消费者要素品牌评价的影响，调研对象需满足两个条件：①能对要素品牌与终端品牌进行区分；②能准确识别使用过的要素品牌。为对被试是否满足条件进行判断，问卷中增设了要求被试回答"最熟悉的要素品牌"的题项。正式问卷采用当面访谈、邮寄和在线传递等方式共发放问卷485份，回收问卷396份，依据以上两个判断标准对回收问卷进行鉴别之后，剔除了49份无效问卷，有效问卷回收率为71.55%。

人口统计特征分析显示，调查消费者中女性所占比例为52.7%，男性占47.3%；在用户的年龄方面，比例最高的年龄段是18～23岁，占总体比例的44.4%；在月收入方面，样本主要分布在1000元以下、2001～3000元和3001～5000元这三个阶段；调查对象的受教育程度主要集中在本科和研究生两个阶段，占总体比例的89.3%；目前职业的统计结果则主要集中在学生和公司职员。人口统计特征分析表明调查对象能较好代表我国消费者的总体情况。

表6－1表明消费者对要素品牌的熟悉度，其中英特尔品牌所占比例最高，达到36.3%，其次是莱卡和利乐，比例分别为18.7%和13.3%，其余要素品牌的熟悉度比例均低于10%。

表6－1 消费者要素品牌熟悉度统计

要素品牌名称	选择人数	百分比（%）
英特尔	126	36.3
莱卡	65	18.7

续表

要素品牌名称	选择人数	百分比（%）
米其林	27	7.8
利乐	46	13.3
3M	22	6.3
杜邦	34	9.8
卡尔蔡司	9	2.6
博世	6	1.7
杜比	12	3.5
总数	347	100

第三节　数据分析

一、信效度分析

本章采用 Cronbach's α 评价指标对量表信度进行分析，同时为弥补 α 值评价指标的不足，还采用复相关平方（SMC）来评价每个测量问项的一致性水平。分析结论显示（见表 6 - 2），所有核心构念的 α 值在 0.704 ~ 0.881，均大于 0.7 的水平；单个测量问项的 SMC 值均大于 0.5 的水平，表明正式量表内部一致性信度较好。

表 6 - 2　信度与收敛效度检验

核心构念	测量题项	因子载荷	SMC	α 值	CR	AVE
品牌标识呈现	BI1	0.862	0.743	0.861	0.862	0.676
	BI2	0.790	0.623			
	BI3	0.814	0.662			
广告支出	AE1	0.769	0.592	0.822	0.824	0.610
	AE2	0.854	0.730			
	AE3	0.714	0.510			

续表

核心构念	测量题项	因子载荷	SMC	α 值	CR	AVE
公共关系活动	PB1	0.753	0.567	0.806	0.813	0.686
	PB2	0.897	0.805			
要素品牌知名度	BA1	0.771	0.595	0.833	0.836	0.630
	BA2	0.851	0.724			
	BA3	0.756	0.571			
要素感知质量	AV1	0.841	0.708	0.881	0.881	0.712
	AV2	0.868	0.753			
	AV3	0.822	0.676			
成品溢价支付意愿	PW1	0.709	0.502	0.704	0.706	0.546
	PW2	0.767	0.588			

本章从收敛效度和判别效度两个方面对量表的效度进行检验。本章使用 A-MOS 7.0 构建结构方程模型，基于最大似然估计的方法进行验证性因子分析对收敛效度进行评估。测量模型的绝对拟合度比较理想，其中卡方自由比（χ^2/df）为 1.757，介于 1.0 ~ 2.0 的标准范围；GFI 和 AGFI 分别为 0.992 和 0.970，均大于 0.9 的标准；RMSEA 为 0.047，小于 0.06 的临界值。在拟合度指标达到标准的基础上，进一步对数据进行分析，结果显示（见表 6 - 2）：所有测量问项的标准化因子载荷大于 0.5；构念的组合信度（CR）介于 0.706 ~ 0.881，超过 0.70 的临界值；平均方差萃取值（AVE）介于 0.546 ~ 0.712，达到 0.50 的临界值，表明测量量表具有较好的收敛效度。判别效度通过比较 AVE 值的平方根和相应变量间相关系数的大小来进行测定，当 AVE 值的平方根大于 0.5，且大于其所在行和列的变量间相关系数时，判别效度得到支持。由表 6 - 2 可知，本章测量量表的判别效度比较理想。

二、模型拟合度检验

本章采用 AMOS 7.0 对概念模型的拟合优度进行判断。考虑到本章的样本量较大，会影响绝对拟合指标中的卡方值，因此进一步选取常用的增值拟合指标和简约拟合指标，综合考察模型与数据的匹配程度。结果如表 6 - 3 所示，概念模型具有良好的拟合度，在此基础上对研究假设进行检验。

表 6－3　概念模型拟合度检验

指标		模型值	标准值	指标		模型值	标准值
绝对拟合度	χ^2/df	1.799	<2.0	增值拟合度	CFI	0.970	>0.9
	P	0.000	<0.05		NFI	0.936	>0.9
	RMSEA	0.048	<0.08		TLI	0.960	>0.9
	GFI	0.944	>0.9	简约拟合度	PGFI	0.625	>0.5
	AGFI	0.916	>0.9		PNFI	0.702	>0.5

三、假设检验

表 6－4 给出了假设模型中各个变量之间的路径系数。其中营销策略的三个变量都对要素品牌知名度有显著正向作用，H6－1～H6－3 通过检验；结果也支持了要素品牌知名度对要素感知质量和成品溢价支付意愿有正向影响的假设，即 H6－4 和 H6－5 获得数据支持。

表 6－4　主效应检验结果

研究假设	路径系数	t 值（p 值）	结果
品牌标识呈现→要素品牌知名度	0.248	4.015***	支持
广告支出→要素品牌知名度	0.214	3.403***	支持
公共关系活动→要素品牌知名度	0.254	3.885***	支持
要素品牌知名度→要素感知质量	0.245	3.590***	支持
要素品牌知名度→成品溢价支付意愿	0.223	2.509*	支持

注：* 为 $p < 0.05$，*** 为 $p < 0.001$，双尾检验。

第四节　结论与展望

一、结果讨论

本章基于 347 个有要素品牌经验的消费者样本对假设进行检验，结果显示要素供应商的营销策略能正向影响要素品牌在消费者市场中的知名度。营销策略对品牌知名度的正向影响在终端品牌领域已得到证实，本章则重点考察营销策略中的品牌标识呈现、广告支出和公共关系活动对要素品牌知名度的影响，并证实了营销策略能向消费者传递品牌相关信息，有助于消除消费者在购买过程中的信息劣势地位，从而提高要素品牌知名度。

研究结果还表明，要素品牌知名度对要素感知质量和成品溢价支付意愿有正向影响。根据信号传递理论，在缺少要素品牌知识的情况下，要素品牌知名度更容易成为消费者进行评价的可靠依据。具体体现在，要素品牌的知名度不仅被消费者视为传递质量信号的载体，其知名度还能赋予最终产品某一要素独特性感知，增加最终产品在该要素属性上的差异化程度。在实际中，英特尔和莱卡等要素品牌的企业实践也表明，要素供应商虽然并不直接为消费者提供消费品，却可以影响消费者对消费品的选择和评价，但这种影响以要素品牌具有较高知名度为前提，即消费者将高知名度要素品牌视为保证质量和提升客户价值的信号。

二、理论贡献与管理启示

本章基于信号传递理论，对营销策略与消费者要素品牌评价的关系进行探讨，深化了消费者视角的要素品牌战略研究。通过采用信号传递理论为基础，本章一方面弥补了现有文献单一地将要素品牌视为作用于终端品牌评价的前置变量，从而无法回答要素供应商如何跨阶段影响消费者要素品牌评价的不足；另一方面，丰富和拓展了信号传递理论的适用范围，为理解消费者对要素品牌评价的过程提供理论依据。

本章结论对要素供应商的品牌管理实践有重要启示：首先，要素供应商在针对消费者市场进行营销策略时，应持续、动态地关注要素品牌知名度的变化。随着消费者在购买过程中愈加关注消费品中的构成要素，要素供应商通过实施营销策略，能向消费者传递关于要素品牌质量和价值的信息，提高要素品牌在消费者市场的知名度。其次，提高要素品牌知名度确实有助于改善消费者对要素品牌的评价，该结论为要素供应商面向消费者创建和发展品牌权益提供了经验支持。要素供应商必须认识到品牌知名度是影响消费者要素品牌评价的可靠依据，从而在投入营销资源时应该努力强化消费者对要素品牌的记忆和感知。

营销策略对消费者要素品牌评价的影响依赖于品牌知名度发挥作用，而且不同形式的营销策略因品牌知名度中介效用的差异，对消费者评价两个维度的影响也不相同。识别出营销策略形式对消费者的不同影响，有助于要素供应商选择最适合的营销组合策略，实现营销策略的收益最大化。

第七章 要素品牌感知价值对消费者重购意向的影响研究

随着对品牌感知价值、品牌信任等研究课题的不断深化，如何利用品牌提升顾客的感知价值，提高消费者的重购意向，引起了学术界的极大关注。尽管目前学术领域关于品牌价值与消费者重购意向关系的探讨已取得了较为丰富的理论成果，但大多数都是基于制造商视角，鲜有学者从供应商视角关注要素品牌对终端消费者重购意向的影响。

产业营销领域通常以"理性购买者"为前提关注供应商与制造商之间的交易行为，相较于质量和价格等"有形"因素，供应商品牌作为一种产业品牌常常被视为"无形"因素，对制造商及终端消费者的影响受到了严重忽视。实际上侧重于将组织资源投入对要素品牌宣传与建设的供应商从品牌投入中获取了丰厚的回报。例如英特尔通过"Intel Inside"的品牌宣传策略提升了终端消费者的差异感知和价值感知，提升了顾客忠诚，使其成为微处理器产业的第一大供应商，与全球数以千计的电子产品生产企业建立合作关系。尽管如此，当前学术领域却主要聚焦于关注制造商对要素品牌的挑选及其对终端消费者的影响，而忽视了供应商在价值链中实施要素品牌化的主动性，使供应商更多关注短期财务绩效，而忽略品牌建设带来的长期利益。先前已有研究表明供应商要素品牌化战略能为终端消费者购买产品提供判断依据，通过降低消费者的信息搜索成本、降低购买风险，从而给消费者让渡更多价值，提高其重复购买意愿（李桂华等，2014）。

本章从供应商视角出发探究要素品牌感知价值对消费者重复购买意向的影响，既填补了现有理论视角研究的空缺，又对供应商如何通过要素品牌化战略提升终端顾客的品牌忠诚度提供了借鉴参考。

第一节　研究模型构建

一、要素品牌感知价值和消费者重复购买意向

消费者对要素品牌的感知价值，与制造商产品品牌价值存在较大区别。首先，要素供应商一般会选择将其要素品牌加入制造商产品中，优质的要素品牌能够提升终端产品的独特性，使终端产品品牌能在消费者心中留下深刻印象，因此消费者对包含该要素品牌终端产品的差异化感知可以体现出消费者感知到的要素品牌价值。其次，消费者往往是通过购买包含要素品牌的终端产品来间接购买要素品牌产品，但消费者可以通过评价包含要素品牌的终端产品质量来感知要素品牌的价值。因此，本章将消费者感知到的要素品牌价值划分为终端产品差异化感知和终端产品质量感知两个维度。Parasuraman（1997）的研究表明顾客的感知价值直接决定了顾客会不会重复购买某一产品。由此，提出如下假设：

H7 –1a ~ H7 –1b：终端产品差异化感知/终端产品质量感知正向影响消费者重购意向。

二、要素品牌感知价值和品牌信任

Garbarino 和 Johnson（1999）指出消费者通常会基于过去的购买经历，在与品牌进行互动中产生认知和情感，继而产生品牌信任。终端消费者对要素品牌的感知价值与制造商产品品牌不同。一方面，要素品牌通过赋予终端产品独特的品牌名称，使终端产品更具有独特性，从而在消费者心理留下深刻印象；另一方面，虽然消费者不是直接购买要素品牌的零部件，但消费者可以通过评估包含该要素终端产品的质量来得到其对要素品牌的质量感知。基于此，本章将要素品牌感知价值划分为终端产品差异化感知和终端产品质量感知两个维度。胡靖茴（2011）通过研究得出品牌人格对品牌信任具有显著的正向影响，而品牌个性实际上是消费者能够从品牌中感受到与其他产品不同的地方。由此，提出如下假设：

H7 –2a ~ H7 –2b：终端产品差异化感知正向影响消费者对供应商要素品牌/制造商产品品牌的信任。

H7 – 2c ～ H7 – 2d：终端产品质量感知正向影响消费者对供应商要素品牌/制造商产品品牌的信任。

三、品牌信任和消费者的重复购买意向

李桂华和卢宏亮（2010）以企业顾客为对象，研究得出品牌信任对采购商重购意向具有正向的影响。Lau 和 Hanlee（1999）探讨了品牌信任与品牌忠诚间的关系，表明顾客的品牌信任会影响其对品牌的购买意向。而重复购买意向又是品牌忠诚的集中表现，因此品牌信任对消费者重购意向也应具有正向影响。由此，提出以下假设：

H7 – 3a ～ H7 – 3b：要素品牌信任/产品品牌信任正向影响消费者重购意向。

四、品牌信任的中介作用

Biswas 等（2006）经研究提出，代言人的个性特征可以展现产品的特点与质量，消费者通过代言人个性可以联想到相关产品品牌，从而产生对产品品牌的认同和信赖，继而提高消费者对产品品牌的重购意向。杨桂云（2002）的研究表明消费者对品牌的信任可以影响品牌忠诚，建立起消费者对品牌的信任对于企业提高消费者的品牌忠诚度至关重要，品牌声誉、品牌满意度等因素对品牌信任均有重要的影响，而品牌信任是最为关键的中介变量。由此，提出如下假设：

H7 – 4a ～ H7 – 4b：要素品牌信任在终端产品差异化感知/终端产品质量感知与消费者重购意向间起中介作用。

H7 – 4c ～ H7 – 4d：产品品牌信任在终端产品差异化感知/终端产品质量感知与消费者重购意向间起中介作用。

综上所述，本章构建概念模型如图 7 – 1 所示。

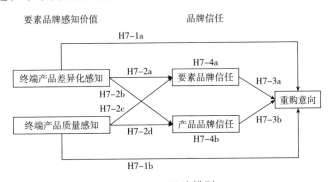

图 7 – 1　理论模型

第二节 研究设计与结果

一、研究样本和变量测量

本章通过问卷法收集数据，借助行业协会、高校校友等途径，在天津、武汉、上海等不同地区进行数据收集，共收回样本数据 320 份，筛选后最终得到 296 份有效问卷，有效回收率为 92.5%。样本数据中，男女比例各约占一半，男性占比 50.7%，女性占比 49.3%；年龄主要集中在 20～30 岁，占比达 63.9%；月收入在 3000～4000 元占比较多；受教育程度方面，以高学历人群为主，研究生及以上的人群占比 47%。整体来看，研究样本具有代表性。

本章中的变量均是参考国外成熟量表，其中终端产品差异化感知的测量参考 Ghosh 和 John（2009），终端产品质量感知参考 Han 和 Sung（2008），品牌信任借鉴 Delgado–Ballester 等（2003），顾客重购意向主要参考 Fornell（1992）。

二、实验结果分析

（一）信效度检验

本章运用 SPSS 22.0 分析可得量表总体的 Cronbach's α 系数以及各分量表的 Cronbach's α 值均大于 0.8，表明量表具有较好的内部一致性。本章中量表测项均是借鉴国内外成熟量表，因此内容效度具有保证；问卷的结构效度主要采用因子分析中的主成分分析，首先，经过因子分析 KMO 值为 0.895，Bartlett 球形检验 p 值小于 0.001，表明本章数据适合做因子分析。其次，通过因子分析共提取 5 个公因子，得到累积解释总方差为 77.793%，旋转成分矩阵如表 7-1 所示，测量的因子载荷均大于 0.5，说明 5 个因子可由 21 个测量问项来解释，整体量表的结构效度较好。

经检验变量具有较好的信效度后，采用 AMOS 21.0 对整体模型进行拟合度检验和假设检验，研究结果如表 7-2 所示，各项指标均达到了临界值的范围，模型的拟合度较为理想。

表 7 – 1　探索性因子分析结果

	成分				
	1	2	3	4	5
D1					0.724
D2					0.700
D3					0.857
Q1			0.725		
Q2			0.648		
Q3			0.807		
Q4			0.787		
IB1		0.828			
IB2		0.780			
IB3		0.760			
IB4		0.562			
IB5		0.633			
PB1	0.779				
PB2	0.844				
PB3	0.886				
PB4	0.857				
PB5	0.869				
PB6	0.892				
RI1				0.659	
RI2				0.762	
RI3				0.704	

表 7 – 2　模型拟合度检验

	χ^2/df	GFI	CFI	TLI	IFI	RMSEA
评价标准	<3	>0.9	>0.9	>0.9	>0.9	<0.5
模型拟合度	2.432	0.933	0.944	0.934	0.945	0.042

（二）路径分析与假设检验

从表7-3中可以看出，终端产品差异化感知对要素品牌信任和产品品牌信任均有显著的影响，其路径系数分别为0.189和0.166，H7-2a和H7-2b得到支持；终端产品质量感知对要素品牌信任和产品品牌信任也均有显著的影响，其路径系数分别为0.509和0.349，H7-2c和H7-2d得到支持；要素品牌信任和产品品牌信任均对消费者重购意向具有显著的影响，路径系数分别为0.483和0.439，H7-3a和H7-3d得到支持。

表7-3 路径分析及假设检验

研究假设	路径关系	标准化路径系数	p	检验结果
H2a	终端产品差异化感知→要素品牌信任	0.189	0.007	支持
H2b	终端产品差异化感知→产品品牌信任	0.166	0.025	支持
H2c	终端产品质量感知→要素品牌信任	0.509	***	支持
H2d	终端产品质量感知→产品品牌信任	0.349	***	支持
H3a	要素品牌信任→重复购买意愿	0.483	***	支持
H3b	产品品牌信任→重复购买意愿	0.439	***	支持

本章在检验品牌信任的中介效应时，采用了AMOS 21.0分别对研究模型的四个中介变量子模型进行了路径分析，结果如表7-4至表7-7所示。首先，从表7-4子模型一中可以看到，终端产品差异化感知对消费者重购意向和要素品牌信任均具有显著的影响，但在加入中介变量后，终端产品差异化感知对消费者重购意向的关系减弱，其路径系数变为0.19，说明要素品牌信任在终端产品差异化感知和消费者重购意向间起到部分中介作用，H7-4a得到支持。

表7-4 子模型一路径系数与假设检验

	路径关系	标准化路径系数	p	检验结果
主效应系数	终端产品差异化感知→重复购买意向	0.42	***	支持
	终端产品差异化感知→要素品牌信任	0.44	***	支持
中介效应系数	要素品牌信任→重复购买意向	0.52	***	支持
	终端产品差异化感知→重复购买意向	0.19	0.003	支持

$\chi^2/df = 2.889$，$GFI = 0.932$，$CFI = 0.956$，$TLI = 0.942$，$IFI = 0.957$，$RMSEA = 0.0082$

同理，从表 7 - 5 子模型二中可以看到，加入中介变量产品品牌信任后，终端产品差异化感知对消费者重购意向的影响关系减弱，路径系数从 0.42 变为 0.25，表明产品品牌信任在终端产品差异化感知和消费者重购意向之间起部分中介作用，H7 - 4b 得到支持。

表 7 - 5　子模型二路径系数与假设检验

	路径关系	标准化路径系数	p	检验结果
主效应系数	终端产品差异化感知→重复购买意向	0.42	***	支持
	终端产品差异化感知→产品品牌信任	0.35	***	支持
中介效应系数	产品品牌信任→重复购买意向	0.50	***	支持
	终端产品差异化感知→重复购买意向	0.25	***	支持

$\chi^2/df = 3.761$, $GFI = 0.895$, $CFI = 0.946$, $TLI = 0.931$, $IFI = 0.947$, $RMSEA = 0.0099$

从表 7 - 6 子模型三中可以看到，在加入中介变量要素品牌信任后，终端产品质量感知对消费者重购意向的关系减弱，路径系数从 0.64 变为 0.44，说明要素品牌信任在终端产品质量感知和消费者重购意向之间起部分中介作用，H7 - 4c 得到支持。

表 7 - 6　子模型三路径系数与假设检验

	路径关系	标准化路径系数	p	检验结果
主效应系数	终端产品质量感知→重复购买意向	0.64	***	支持
	终端产品质量感知→要素品牌信任	0.58	***	支持
中介效应系数	要素品牌信任→重复购买意向	0.35	***	支持
	终端产品质量感知→重复购买意向	0.44	***	支持

$\chi^2/df = 3.832$, $GFI = 0.896$, $CFI = 0.937$, $TLI = 0.919$, $IFI = 0.938$, $RMSEA = 0.0101$

从表 7 - 7 子模型四中可以看到，加入中介变量产品品牌信任后，终端产品质量感知对消费者重购意向的关系减弱，路径系数从 0.64 变为 0.48，说明产品品牌信任在终端产品差异化感知和消费者重购意向间起到部分中介作用，H7 - 4d 得到支持。

表 7-7 子模型四路径系数与假设检验

	路径关系	标准化路径系数	p	检验结果
主效应系数	终端产品质量感知→重复购买意向	0.64	***	支持
	终端产品质量感知→产品品牌信任	0.44	***	支持
中介效应系数	产品品牌信任→重复购买意向	0.38	***	支持
	终端产品质量感知→重复购买意向	0.48	***	支持

$\chi^2/df = 3.372$, $GFI = 0.882$, $CFI = 0.945$, $TLI = 0.931$, $IFI = 0.946$, $RMSEA = 0.0099$

第三节 结论与展望

一、研究结论

本章得出结论如下：①要素品牌感知价值对品牌信任具有显著的影响。本章将要素品牌感知价值划分为终端产品差异化感知和终端产品质量感知两个维度，研究表明，相较于终端产品差异化感知，终端产品质量感知对品牌信任的影响更大。②品牌信任对消费者重购意向具有显著的影响。研究表明要素品牌信任和产品品牌信任对消费者的重购意向均有显著的影响，而且终端消费者的重购意向受要素品牌信任的影响更大。③品牌信任在要素品牌感知价值与消费者重购意向间起部分中介作用。研究表明，在加入中介变量品牌信任后，要素品牌感知价值对终端消费者重购意向的影响关系减弱，说明品牌信任在要素品牌感知价值和消费者重购意向间起部分中介作用。

二、管理启示

要素供应商和产品制造商应着力提高终端消费者对要素品牌的感知价值。要素供应商要同时关注对下游制造商和消费者的品牌宣传，着力于提高终端消费者对要素品牌的感知价值。产品制造商也应当通过在终端产品中加入要素品牌的方式来凸显出产品的独特性，从而提升终端品牌资产和终端产品的市场竞争力。

要素供应商应当重点关注终端消费者对要素品牌提供的质量感知。当终端消费者在购买产品后发现企业能提供超出其预期的产品或服务，终端消费者就会对相关企业产生信任，从而提高重购意向。终端产品质量感知相对于终端产品差异化感知，更能显著影响品牌信任及消费者重购意向。因此，努力提升终端消费者对要素品牌提供的质量感知尤为重要。

要素供应商和产品制造商应着力提高终端消费者对其品牌的信任程度。本章结论表明，要素品牌信任、产品品牌信任对终端消费者的重购意向影响都较大。因此，要素供应商应当采取措施提高终端消费者对其要素品牌的信任度，使终端消费者更加倾向于消费包含其要素品牌的产品，这样要素供应商在与其下游采购商交易时才能拥有更大的议价能力。

要素供应商和产品制造商应着力强化品牌信任在要素品牌感知价值和消费者重购意向间的重要作用。无论对于要素供应商还是产品制造商，提高终端消费者对其品牌的感知价值对重购意向的正向促进作用比较有限，而真正起作用的是消费者的品牌信任。因此，要素供应商和产品制造商在努力提高终端消费者对其品牌感知价值的过程中要以提高品牌信任为目标，才能更好地提高终端消费者的重购意向。

第八章　消费者感知价值对要素品牌购买意向的影响研究

自三星 Note7 上市开始以来，上百起的燃烧事故致使三星陷入舆论危机，而燃损的原因在于电池。"三星电池门"再一次让产业界意识到 B2B 成分品（即产成品的构成品）负面曝光对于三星这一终端消费品品牌声誉和品牌资产的严重影响。同时，这一负面新闻也提高了消费者对内部"成分"的关注度，如手机电池、食品原料、服装面料等。关注度的提升不仅为 B2B 成分供应商实现品牌化策略提供了机遇，同时也对供应商如何抓住机遇提供符合顾客价值感知的产品或服务，满足顾客的需求提出了挑战。有理由相信，成分品牌化将成为消费者，特别是高知识水平消费者购买决策的重要依据。

B2B 成分产品（又称要素产品）是指不直接出售给消费者而是作为消费品的组成成分（或要素）而存在的产品，如计算机处理器、服装面料等。B2B 成分供应商实施品牌化战略以塑造 B2B 成分品牌或要素品牌，如英特尔处理器、莱卡纤维等。供应商的 B2B 成分品牌化是指为终端产品提供材料、成分、零部件或服务等的供应商所进行的品牌投入（Norris，1992）。B2B 成分品牌化不仅可以为供应商带来如溢价销售、增加与下游企业的谈判筹码等利益，还可以为最终消费品带来增加产品差异化、降低购买风险、提高感知质量等溢出价值（Cretu & Brodie，2007）。虽然 B2B 成分供应商不直接为消费者提供终端产品，但成分品牌却可能影响消费者对终端产品的购买决策（Keller & Lehmann，2003）。Luczak 等（2007）提出成分品牌资产的 B2B2C 品牌价值链，供应商不仅需要与下游的终端制造商沟通，还要直接建立起与终端消费者之间的沟通。如"Intel Inside"策略就是一方面"拉动"终端消费者的需求，另一方面向计算机终端制造商"推销"其处理器。所以 B2B 成分供应商必须重视终端市场拉力，强化 B2B

成分产品在终端消费者市场中的展露效果，拉近与终端消费者的距离（卢宏亮、李桂华，2014）。

在社交媒体背景下，消费者之间品牌知识互动变得越发频繁。一系列负面事件的发生进一步强化了消费者的成分品牌认知，使其变得更加专业，更关注成品的内部成分、构成、部件等相关信息以及基于成分所感知到的价值。消费者自身的产品知识水平影响了 B2B 成分品牌的溢出效应，而这也是成分品牌化的重要基础。那么，B2B 成分供应商在 B2C 阶段怎样才能赢得顾客青睐，进而赢得终端制造商更多的采购呢？最重要的是要明确顾客对 B2B 成分产品的需求。因此，B2B 成分产品需要具有哪些特征才能打动终端消费者？不同客观知识水平对消费者感知价值及感知付出与其购买意愿之间关系的作用大小有何差别？厘清这些问题有助于 B2B 成分供应商了解终端消费者的真正需求并实施有效的 B2B 成分品牌化策略。

第一节　顾客感知价值与消费者知识水平

一、顾客感知价值

虽然顾客感知价值的思想最早由彼得·德鲁克在 1954 年提出，但是学者从不同视角对顾客感知价值的概念做出了"差异化"的阐述。目前，学界对顾客感知价值主要有三种定义："得失论""多要素论""综合评价论"。"得失论"认为顾客感知价值是权衡感知所得与所失后对产品功效做出的总体评价（Zeithaml，1988；Monrone，1991；白长虹、廖伟，2001）。"多要素论"认为不能把顾客感知价值简单地看作质量和价格的权衡，而是多种价值维度共同作用的结果，包括五个方面：功能性价值、社会性价值、情感性价值、认知价值和情境价值（Sheth et al.，1991）。"综合评价论"则认为顾客感知价值是顾客对产品的某些属性、属性的性能以及在具体情形中有助于（或有碍于）达到其目标和意图的产品使用结果的感知偏好与评价（Flint et al.，2002）。

其中，Sheth 等（1991）提出的"多要素论"倍受关注，Sweeney 和 Soutar（2001）在 Sheth 等研究的基础上，通过对零售耐用品的实证研究提出顾客价值应该有四个构成维度：功能价值价格因素、功能价值质量因素、情感价值以及社会价值，并对四个维度进行界定。Wang 等（2004）认为 Sweeney 和 Soutar 构建的功能价值价格因素维度不能反映价格以外的付出，并以金融行业为背景，提出顾客价值的情感价值、社会价值、功能价值和感知付出四个构成维度。

随着品牌的作用越来越大，品牌价值成为感知价值的重要组成部分（Berry，2000）。无论在 B2B 领域还是 B2C 领域，品牌都应该被看作一组功能利益与情感利益的集合（Lynch & de Chernatony，2004），B2B 产品的品牌价值可划分为功能型和情感型两类（Leek & Christodoulides，2012）。李桂华和黄磊（2014）从采购商视角出发验证了功能型 B2B 成分品牌价值和情感型 B2B 成分品牌价值对关系绩效的正向影响。而成分品牌价值不仅要传递给下游的采购商，还有最终消费者（Luczak et al.，2007），这种在价值链中"跨位"的品牌价值传递使采购商在选择 B2B 成分供应商时不能仅依据企业的自身利益判断，还要考虑最终消费者对 B2B 成分品牌的认知和评价。因此，本章从价值感知角度出发，构建 B2B 成分品牌的功能价值、情感价值和感知付出三维度模型，分析其对消费者购买包含成分品牌的终端产品的意愿的影响。

二、消费者知识水平

消费者知识是消费者为解决特定消费问题而选择产品时可以依据的相关知识和经验（Mitchell & Dacin，1996）。消费者知识水平影响消费者收集和使用信息的方式，并最终影响他们对产品的评价、购买和使用（Cordell，1997）。依据知识水平的高低，可将消费者分为专家消费者和普通消费者。专家消费者和普通消费者在产品评价及选择时有较大差异，专家消费者在决策时更倾向且有能力了解和处理信息的细节（Alba & Hutchinson，1987），而普通消费者在购买决策时更趋向于外部信息收集和处理（Alba & Hutchinson，2000）。大量有关信息处理的研究证实，消费者的专业化水平是其信息处理过程中十分重要的调节变量（Roehm & Sternthal，2001；Sujan，1985）。

根据不同个体在对产品的了解程度、存储于消费者记忆中信息的数量、类型及组织形式等方面的差别，消费者知识可以分为主观层面产品知识和客观层面产品知识两个维度。主观产品知识是指消费者的自信水平，即自己认为对产品的了解程度，高水平的主观产品知识可以增强消费者在依赖存储的信息（如品牌等）做出判断时的信心。客观产品知识是指储存在消费者长期记忆中的产品信息，高水平的客观产品知识既包括存储在头脑中的信息，也包括更强的学习和使用新信息的能力。例如消费者使用产品属性（包括 B2B 成分）方面信息，在产品评价和选择中发挥着重要作用。

消费者知识对产品及品牌评价的影响已经被多次验证（Alba & Hutchinson，1987；汪涛等，2010；沈超红等，2016）。在 B2B 领域的研究中，卢宏亮等（2015）提出当消费者不熟悉某个消费品牌时，客观层面产品知识水平高的消费者更依靠 B2B 成分品牌信息进行评价，而不同主观层面产品知识水平的消费者对于消费品牌评价及 B2B 成分品牌评价之间相关度无显著差异。因此，本章根据客观消费者知识高低不同，将消费者划分为两类：普通消费者和专家消费者。普通消费者对 B2B 成分产品有一定的了解，但基本没有与产品相关的技术知识；专家消费者是指那些拥有 B2B 成分产品的相关经验及更多相关技术知识的人群。

第二节　研究假设与模型构建

一、顾客感知价值对包含 B2B 成分品牌的终端产品的购买意愿的影响

在 B2C 和 B2B 领域中，产品属性和功能是品牌价值建立和传播的基础。对 B2B 成分品牌而言，终端消费者更关注它的产品属性，即它所能带来的功能性价值（Kotler & Pfoertsch，2010）。品牌功能性价值是指消费者在购买、消费或拥有某品牌产品后，所体验到的核心功能及利益，如产品的安全性及可靠性。终端消费者十分关注成分产品的产品属性，品牌化的 B2B 成分产品会让消费者对其所购买的终端产品的质量等方面的可靠性有更多的信任。例如，消费者在选择计算机处理器时，总会要求电脑中使用的是 Intel 处理器，因为 Intel 处理器的运行速度更快、更稳定。因此，本章提出假设：

H8 - 1：消费者对 B2B 成分产品功能价值的感知与购买意愿呈正相关关系，即消费者所感受到的功能价值越高，其购买意愿越强烈。

消费者购买商品或选择品牌不仅为了功能利益，而且为了获取情感满足，并形成品牌忠诚（望海军，2012）。品牌的情感价值是指消费者在购买、消费或拥有某品牌的产品后，所体验到的喜欢或愉悦的感受。成分品牌化产品的情感价值

主要来源于以下两个方面：一方面，B2B 成分产品或服务的可信性可以降低消费者的购买风险，从而促使消费者产生愉悦的感受；另一方面，情感价值和功能价值共同作用，如提供完善的售后服务会让消费者感到安心的同时更加舒心，从而产生情感偏好。现有研究也表明，当终端产品中有让消费者感到可靠、放心和舒适的 B2B 成分品牌时，能够提高消费者对终端商品品牌的认可（Uggla & Filipsson，2008）。例如 Intel 向消费者提供了三年的质保服务，在正常使用当中出现故障可享受质保服务。消费者购买使用了利乐包装的牛奶时会体会到安全、放心的感受。因此，本章提出假设：

H8 - 2：消费者对 B2B 成分品牌的情感价值感知与购买意愿呈正相关关系，即消费者所感受到的情感价值越高，其购买意愿越强烈。

感知付出是指为了获得某一产品或服务所付出的货币和非货币代价，例如时间、努力和精力方面的付出（Sweeney & Soutar，2001）。B2B 成分供应商为了维持其价值感，一般需要投入较高成本进行宣传、推广，所以，与次级品牌或无品牌产品相比，品牌化成分产品的价格通常较高。因此，对于 B2B 成分产品而言，消费者的感知付出通常表现为溢出价格的付出。杨晓燕和周懿瑾（2007）以绿色化妆品为例，验证了消费者在购买时，愿意为其成分带来的具有社会外部性的绿色价值而支付高价。顾客在购买品牌化的成分产品时，会考虑是否为其带来的品牌价值支付溢价。例如，相同性能计算机处理器，Intel 要比 AMD 的价格高出不少。因此，本章提出假设：

H8 - 3：价格与 B2B 成分品牌感知价值的匹配程度与购买意愿呈正相关关系，即消费者愿意为成分品牌支付高价。

二、客观消费者知识水平的调节作用

当产品有丰富的属性信息时，专家型消费者可以依据这些信息进行评价，而不用求助于 B2B 成分品牌等外在线索。然而，产品属性信息往往不能总是保证充分有效，有时获取属性信息的难度也很大。那么，当遇到不熟悉的品牌时，专家型消费者可以更多地利用成分品牌等相关信息来评价产品，而普通消费者更多需要依靠价格、促销等信息。

与 B2B 成分品牌有关的信息很有可能是消费者客观产品知识的一部分，所以消费者知识水平不同，进行产品评价时对 B2B 成分品牌信息的依赖程度就不同。如前文所述，卢宏亮等（2015）通过实证研究证明，当评价一个不熟悉的品牌时，客观产品知识水平高的消费者更有可能依靠成分品牌信息进行评价。专家消费者在使用成分品牌的相关信息时，其所感知到的品牌价值是促进其做出购买决策的关键因素。例如，消费者在购买牛奶时，专家消费者可以根据利乐品牌包装信息判别出这款牛奶保存得更结实、更安全，并愿意为此支付比其他包装的牛奶高一些的价格。因此，本章提出假设：

H8-4：当购买包含 **B2B** 成分品牌的终端产品时，与普通消费者相比，功能价值对专家型消费者的购买意愿的影响更大。

H8-5：当购买包含 **B2B** 成分品牌的终端产品时，与普通消费者相比，情感价值对专家型消费者的购买意愿的影响更大。

H8-6：当购买包含 **B2B** 成分品牌的终端产品时，与普通消费者相比，感知付出对专家型消费者的购买意愿的影响更小。

第三节　量表设计与数据收集

一、问卷设计

在本章中，顾客感知价值中的功能价值、情感价值、感知付出和购买意愿这四个维度的量表问项选自 Sweeney 和 Soutar（2001）、Wang 等（2004）使用的量表，并经过了翻译与反向翻译以减少中英文的语义差别。量表初步问项 21 个，采用李克特 5 级量表：1 表示"非常不同意"，2 表示"不同意"，3 表示"一般"，4 表示"同意"，5 表示"非常同意"。其中，功能价值子量表有 4 个问项；情感价值子量表有 5 个问项；感知付出子量表有 6 个问项；购买意愿子量表有 3 个问项。为了适应对 B2B 成分品牌的购买意愿影响因素的测量，对子量表的语句略做调整。具体变量如表 8-1 所示。

为了确定消费者拥有的客观产品知识，我们通过一个简单的访问形式向受访者了解了他们真正熟悉的、使用了不同 B2B 成分的消费品品牌，最终根据受访者对各个 B2B 成分品牌熟悉的不同程度选出了 5 个成分品牌。正式调查中要求消费者选出使用某个 B2B 成分品牌（本章给出了 5 个备选品牌）的产品领域（例如"利乐"属于包装，是牛奶、饮料等液体的常用包装）。根据受访者实际回答

表 8-1 量表及其来源

变量	概要	来源
功能价值	使用该成分品牌，终端产品的高质量有保障； 使用该成分品牌，终端产品性能得到提升； 该成分品牌的质量一直很高； 因为该成分品牌，我可以更好地使用终端产品	Sweeney 和 Soutar（2001）； Wang 等（2004）
情感价值	我喜欢该成分品牌；因为该成分品牌，我想要购买和使用其终端产品； 使用该成分品牌，我会感到轻松； 使用该成分品牌，我会感觉良好； 使用该成分品牌，我会感到快乐	
感知付出	使用该成分品牌的终端产品的定价比较合理； 根据以往经验，该成分品牌提供了与价格相符的价值； 使用该成分品牌的终端产品比较经济实惠； 如果是折扣价，使用该成分品牌的终端产品是好产品； 与其他的主要竞争成分产品相比，使用该成分品牌更值得； 在可接受的价格范围内，这个成分品牌是不错的选择	
购买意愿	我愿意购买含有该成分品牌的终端产品； 我愿意把该成分品牌推荐给他人； 我愿意长期关注该成分品牌	Wang 等（2004）

正确的数量（每题对应 1 分，其中正确数为 0 的按 1 分计），将其转化为评价客观产品-成分知识五级量表，以此衡量消费者的客观产品知识水平。

二、预测试与数据收集

为保证研究结果的信度和效度，调研过程包括预调查和正式调查两个阶段。由于问卷中的量表主要参考国内外学者的成熟量表，为保证问卷的信度和效度，预调查在某大学校内进行。本研究团队以纸质问卷的方式进行了小范围测试，项目组共发放问卷 35 份，回收的有效问卷为 32 份。根据被访者的反馈对问卷进行修正、剔除不合理的问项，最终形成正式问卷。经过测试，问卷总体质量较高，适合进行正式的调查。

本次问卷通过问卷星的方式进行发放，共回收问卷 300 份，进行问卷筛选，删除无效问卷。删除无效问卷所依据的原则是根据题项"消费者购买产品时会不会关注 B2B 成分品牌"进行排除。其中有效问卷 236 份，有效率为 78.7%。有效样本中，男性消费者 90 人（38.1%），女性消费者 146 人（61.9%），调查对象来自于多个省份，地域的分布较广。

第四节 数据分析与假设检验

一、信度与效度检验

（一）信度分析

本章采用内部一致性指标对量表的信度进行检验，内部一致性的估计方法有很多，最常用的方法以 Cronbach's α 系数来估计。本问卷中的 Cronbach's α 系数为 0.827，表示该变量各个题项的相关性较大，即内部一致性很高。本章也对问卷中的各子量表分别进行了信度分析，各潜变量的 Cronbach's α 值在 0.657 ~ 0.889（见表 8 - 2），均超过了 0.5 的可接受水平，表明该测量模型一致性程度较高且内部结构良好，达到了研究的要求。

表 8 - 2 信度和效度检验

变量	题项	Cronbach's α 系数	KMO	Bartlett 值
功能价值	4	0.889	0.839	521.216
情感价值	5	0.892	0.869	677.577
感知付出	6	0.848	0.836	585.684
购买意愿	3	0.790	0.680	224.335
消费者知识水平	5	0.657	0.668	208.051

（二）效度分析

效度是指测量结果的正确性和有效性。在开发量表时我们主要借鉴了国内外一些比较成熟的量表，并结合本章的研究情境进行了适当修改。另外，本章还对某大学校内的学生进行了深度访谈，对量表的测项数量、提问方式、语言表述等做了认真修改，使之具有较高的内容效度。

本章的 KMO 检验值为 0.895，大于 0.8，说明变量之间的偏相关性较强，适合做因子分析，Bartlett 球形检验值 p 小于 0.001，说明变量之间存在相关性。各变量的 KMO 值均大于 0.6（见表 8 - 2），适合进行因子分析。针对样本数据进行探索性因子分析，通过主成分分析，提取特征根大于 1 的因子，经过最大化正交旋转后，发现同一变量的测量项目所对应的因子，相对于其他因子而言，具有最大载荷，均超过 5，并且不存在横跨因子现象，这说明目前的测量量表具有一定的区分效度，可见该问卷具有良好的结构效度。

二、相关分析

如表 8 - 3 所示，功能价值、情感价值和感知付出均与购买意愿有一定正相关性，相关系数是显著的，可以初步认为，功能价值、情感价值和感知付出均与对包含 B2B 成分品牌的终端产品的购买意愿存在显著相关关系。

表 8 - 3　功能价值、情感价值及感知付出与购买意愿相关分析结果

	均值	标准差	功能价值	情感价值	感知付出	购买意愿
功能价值	3.783	0.706	1			
情感价值	3.614	0.666	0.578**	1		
感知付出	3.633	0.572	0.573**	0.591**	1	
购买意愿	3.682	0.633	0.584**	0.662**	0.647**	1

注：** 表示在 0.01 水平（双侧）上显著相关。

三、回归分析

（一）功能价值、情感价值及感知付出与购买意愿的回归分析

本章检验功能价值、情感价值及感知付出与购买意愿之间是否有显著的因果关系，即对 H8 - 1、H8 - 2、H8 - 3 进行验证。表 8 - 4 是功能价值、情感价值及感知付出与购买意愿回归分析的结果。

表 8 - 4 功能价值、情感价值及感知付出与购买意愿回归分析结果

	非标准化系数		标准系数	t	Sig.
	B	标准误差	Beta		
功能价值	0.154	0.052	0.170	2.977	0.003
情感价值	0.353	0.055	0.371	6.435	0.000
感知付出	0.364	0.065	0.329	5.626	0.000
R^2 （Adjust R^2）	0.556 (0.556)				
F 值（Sig.）	96.760 (0.000)				

如表 8 - 4 所示，三个维度的 t 值分别为 2.977，6.435，5.626，p 值也小于 0.01，且回归系数都为正，即功能价值、情感价值及感知付出对购买意愿存在显著正向影响，因此，H8 - 1、H8 - 2、H8 - 3 得到验证。

（二）调节变量的分层逐步回归分析

本章通过层次回归分析，验证消费者知识水平在功能价值、情感价值和感知付出与购买意愿关系间的调节效应。根据 Aiken 和 West（1991）、Hayes（2013）的建议，为了使回归方程的各项系数更具解释意义，本章将变量中心化并计算出调节效应项。本次调节效应的检验回归方程为如下两个模型：

$$y = a + bx + cm + e \qquad （模型 1）$$
$$y = a + bx + cm + c'mx + e \qquad （模型 2）$$

在模型 1 和模型 2 中，m 代表调节变量，mx 代表调节效应，c′为是否显著达到统计学意义上的临界比率（0.05 水平），代表调节效应是否存在。

1. 客观知识水平在功能价值和购买意愿之间的调节效应

以购买意愿为因变量，以功能价值为自变量，加入消费者知识水平为调节变量进行层次回归，如表 8 - 5 所示：功能价值与知识水平的乘积对购买意愿的标准化回归系数为 0.136（p < 0.05），则知识水平在功能价值、购买意愿之间有调节作用。也就是说，知识水平越高，功能价值对购买意愿的正向影响程度会越高。因此，H8 - 4 得到支持。

2. 客观知识水平在情感价值和购买意愿之间的调节效应

以购买意愿为因变量，以情感价值为自变量，加入消费者知识水平为调节变量进行层次回归，如表 8 - 5 所示：情感价值与知识水平的乘积对购买意愿的标

准化回归系数为 0.106（p < 0.05），则知识水平在情感价值、购买意愿之间有调节作用。也就是说，知识水平越高，情感价值对购买意愿的正向影响程度会越高。因此，H8 - 5 得到支持。

表 8 - 5　客观知识水平的调节效应分析结果

项目		功能价值		情感价值		感知付出	
		模型 1	模型 2	模型 1	模型 2	模型 1	模型 2
自变量	功能 P1	0.570**	0.565**				
	情感 P2	0.655**	0.649**				
	付出 P3	0.641**	0.638**				
调节变量	知识水平 ZS	0.011	0.003	0.065	0.060	0.057	0.051
调节作用	P1 × ZS		0.136*				
	P2 × ZS				0.106*		
	P3 × ZS						-0.081
	R^2（Adjust R^2）	0.328（0.328）	0.346（0.018）	0.442（0.442）	0.453（0.011）	0.422（0.422）	0.429（0.007）
	F（Sig.）	56.788（0.000）	6.516（0.000）	92.280（0.000）	64.082（0.000）	85.091（0.000）	8.008（0.000）

注：* 为 p < 0.05、** 为 p < 0.01。

3. 客观知识水平在感知付出和购买意愿之间的调节效应

以购买意愿为因变量，以感知付出为自变量，加入消费者知识水平为调节变量进行层次回归，如表 8 - 5 所示：感知付出与知识水平的乘积对购买意愿的标准化回归系数为 - 0.081（p > 0.05），则知识水平在感知付出、购买意愿之间没有调节作用。也就是说，感知付出对购买意愿的影响程度不受知识水平高低的影响。因此，H8 - 6 没有得到支持。其原因可能是客观知识水平较低的消费者比较看重品牌的知名度，对价格的理性认知不强，不是很看重价格与终端产品性能的匹配及与其他同类型成分产品的比较，所以愿意支付高价。

第五节　结论与展望

一、研究结论

本章在相关研究和理论分析的基础上，基于消费者视角探索了 B2B 成分品牌化的影响因素。通过实证研究，证明了消费者对 B2B 成分产品的功能价值、情感价值的感知与购买意愿呈正相关关系，感知付出，即价格与 B2B 成分品牌价值感知的匹配程度与购买意愿呈正相关关系。功能价值的感知是对某一品牌的整体质量或其相对于备选品牌的优劣的感知，对于 B2B 成分品牌而言，这些理性的因素，如质量高低、稳定性等很重要。而 B2B 成分品牌传递给消费者的"情感性含义"也同样正向影响着消费者的购买决策。同时，终端消费者会因某终端产品使用了该成分品牌而愿意支付溢价。

本章还通过分层回归分析，发现消费者客观知识水平在功能价值、情感价值对购买意愿的影响中有一定的调节作用，即与客观知识水平低的消费者相比，客观知识水平高会增加消费者感知到的功能价值、情感价值，进而促进消费者购买意愿的形成。另外，感知付出对不同知识水平的消费者的购买意愿没有显著影响，这也应该引起那些准备实施 B2B 成分品牌战略的供应商注意。由此可见，供应商实施成分品牌战略时，可以根据成分与终端产品的匹配程度制定价格，定价时可以比同类竞争者更高一些。

二、理论贡献与管理启示

本章基于顾客感知价值理论，对感知价值与购买意愿的关系进行探讨。一方面，本章从消费者视角出发，弥补了现有文献主要基于采购商视角的 B2B 成分品牌战略探讨，进一步考虑了成分品牌对消费者的影响，从而回答了成分供应商需要从哪些方面跨阶段影响消费者成分品牌的购买评价；另一方面，丰富和拓展了顾客感知价值的适用范围，在以往研究中顾客感知价值理论主要应用于终端产品的研究，很少应用于研究处于 B2B2C 价值链中的中间产品或工业品，而在社交媒体背景下，消费者品牌知识互动会更加深入，品牌价值来源也会触及成分领域，因此，对 B2B 成分品牌价值进行研究具有一定现实意义。

本章结论为成分供应商实现品牌化策略提供如下启示：

（1）B2B 成分供应商应重视来自消费者市场的品牌拉力。为此，B2B 成分供应商应该加大对消费者市场的投入力度，在终端市场层面上积极创造消费者对 B2B 成分品牌的需求，利用传统媒体和新兴社交媒体传播成分品牌，提升消费者对成分品牌所带来的价值的认知和认同，这样有利于 B2B 成分品牌供应商将其产品打入分销渠道，迫使终端产品制造商使用该成分。

（2）成分供应商在品牌宣传时，既要强调成分品牌具备的优良属性，也要强调该品牌能为消费者提供的情感利益，两者均有助于改善消费者对成分品牌的评价。而且随着社会发展，消费者的知识水平也会不断提高，对 B2B 成分品牌所能带来的品牌价值的感知更加敏感，所以也要不断地提高成分品牌带来的功能价值和情感价值。

（3）B2B 成分供应商可以同终端产品制造商合作，在终端产品销售过程中，向消费者普及 B2B 成分产品的相关知识，提高消费者对 B2B 成分品牌的价值的认识，使其逐渐转变成高知识水平消费者。这样不仅会增加消费者对成分品牌的好感，也会促进消费者对终端产品的购买决策，实现共赢。

三、不足与未来研究方向

本章虽然得到了有意义的结论，但是也存在一定局限性。一是本章是在文献回顾的基础上归纳总结出功能价值、情感价值、感知付出这三个维度，不确定是否还存在其他重要变量。二是问卷调查方式也较为单一，采取不同调查方式，消费者感知价值可能会有所不同。当然，由于样本量相对有限，研究结果存在一定的局限性，因此在以后的研究中将丰富调研方式，并加大样本量，进一步对 B2B 成分品牌化的影响因素进行深入而全面的研究。

第九章 供应商品牌导向对采购商品牌锁定购买行为的作用机制研究

早期研究认为，工业产品的购买行为决策影响因素多且相对理性，品牌在 B2B 市场中并不起决定性作用（Sinclair & Seward，1988），而近期文献表明，品牌已被视为企业的战略性资源（黄光等，2016）并日益成为企业可持续竞争优势的重要因素（张婧、蒋艳新，2016），更有利于提升顾客满意度和忠诚度（Mc-quiston，2004）。据现实状况来看，从习近平总书记提出的"中国产品向中国品牌的转变"的产业发展方向到党的十八大提出的"技术、品牌、质量、服务"的八字方针，其中设立的增品种、提品质、创品牌的重要目标均表明品牌塑造已成为我国核心竞争力的标志。在强关系、高同质的市场结构中，部分供应商开始从战略层面重视品牌建设问题并采取相应行动以摆脱处在产业链上游的束缚，例如博世（Bosch）、莱卡等企业通过塑造强有力的品牌来提高在产业市场的地位，进而拉动下游采购商购买需求。当顾客长时间、高频率地购买某特定品牌产品时，这种购买行为意识被称为品牌锁定购买行为模式，其形成机制主要受直接因素和情境因素共同作用的影响（孙娟、李艳军，2014）。我国的制造产业迫切需要战略升级来适应国内外环境变化，而采用品牌导向已成为提高企业竞争力的重要布局。相应而论，学术领域也需要加强对品牌研究的重视，为 B2B 品牌战略在企业中的实施提供理论支持。动荡市场环境下，品牌导向使企业品牌具有重要的战略意义，从战略导向视角思考 B2B 品牌建设问题并将其视为创造顾客价值的起点（张婧、邓卉，2013）。因此，供应商的品牌导向战略能否提升采购商企业的价值感知并提高品牌锁定购买行为成为企业营销战略必须关注的问题。

关于品牌导向的研究主要以资源基础观为根基（Huang & Tsai，2013），大多具有静态特征（Anees – Ur – Rehman et al.，2016），难以反映出动态环境中供应商品牌导向战略在 B2B 市场中的作用机制。实际上，品牌导向是以品牌为载体，通过整合资源和战略行动来获得动态的持续发展，同时开发创业机会提升市场中同类产品竞争优势的路径过程（Anees – Ur – Rehman et al. , 2016），本质上属于企业的战略创业行动（杨桂菊，2013；杨桂菊、刘善海，2013）。已有研究关注了基于供应商自身视角的品牌导向与绩效的关系，但缺少对内在机理的探讨（Baumgarth & Schmidt，2010），并且主要以西方的非营利性组织（Ewing & Napoli，2005）、旅游景区（Hankinson，2012）、中小企业或公共部门为对象，针对消费者市场展开探索，缺少 B2B 市场中采购商视角的研究，与我国的产业市场特征存在较为明显的地域差异，在为我国的供应商如何实施品牌战略提供指导时存在很大的局限性。本章探索性地构建了以感知价值为中介变量和环境不确定性为调节变量的被调节的中介模型，尝试突破资源基础观的局限，基于战略创业理论和权变理论，检验直接因素和情境因素的共同影响下，供应商品牌导向战略对采购商品牌锁定购买行为的作用机制和边界条件，不仅弥补了已有研究仅关注供应商视角的不足，揭示了品牌导向动态作用机制，也有利于为供应商实施品牌导向战略提供多元化建议。

第一节　品牌导向与采购商感知价值

一、品牌导向的定义

品牌导向这一概念最初由 Urde（1994）提出，是指"组织在与目标客户持续互动的过程中，为了使品牌成为持续的竞争优势而对品牌标识进行创新、开发和保护的一种方法"。也有研究指出品牌导向是建立在市场导向的基础上，以市场导向为依据的基于品牌的战略，两者共同点是满足顾客需求，但品牌导向更加关注品牌构建与市场需求间的平衡（黄磊、吴朝彦，2017）。从哲学价值观和行为实践观相结合的视角看，Ewing 和 Napoli（2005）提出品牌导向是组织形成、维护和共享品牌内涵的过程，其目的在于为组织自身和利益相关者带来更多价值，同时，Gromark 和 Melin（2011）认为企业的品牌建设是通过与内外部利益相关者的互动来创造品牌价值的有效方式。

营销学者们对品牌导向结果变量的探讨，主要集中于企业自身的绩效，包含财务绩效（Gromark & Melin，2011）、市场绩效（Baumgarth & Schmidt，2010）、品牌绩效（Ahmad & Iqbal，2013）及创新绩效（Rahman et al.，2013），而对于利益相关者视角的研究仍非常有限。基于对先前文献的梳理，本章认为品牌导向的研究应立足于组织层面，从顾客视角展开。品牌导向是系统化和规范化的品牌管理方式，由组织高层发起、自上而下的战略实施路径，将品牌提升到组织战略层面进行整体规划，采用战略创业的观念指导品牌化行为，从而创造出有竞争优势的品牌。Mulyanegara（2010）最先从顾客视角研究品牌导向，提出"感知品牌导向"的概念，意指顾客对企业品牌导向战略活动和行为的感知程度。该视角实质上体现出以顾客为中心的品牌管理逻辑，在战略思维的引导下通过建立和维护顾客品牌认知提高顾客购买意愿，从而发展出品牌的核心竞争优势。本章将基于采购商视角探讨对供应商品牌导向战略的感知，实质上是测量顾客对供应商实施品牌导向战略、开展品牌推广活动和行为的感知程度。

二、采购商感知价值的划分

顾客感知价值概念是从客户价值、引申产品概念（augmented product concept）、顾客满意度、服务质量等概念中发展而来的，不仅将产品属性同企业自身绩效联系起来，同时还连接了顾客目标与企业绩效。创造顾客价值被认为是一种获得和维持竞争优势的新途径，企业差异化的价值传递可以带来更多的市场份额（Woodruff，1997）。依据经济导向顾客价值理论，Zaithaml（1988）首先提出，顾客感知价值实质上就是顾客价值，以顾客为主体，所感知到的得失的权衡，将其定义为顾客感知到的在产品服务使用过程中所获利的同获得该产品服务时所付出的效用的全面评估。在产业营销领域，与 B2C 市场中顾客感知价值不同的是，B2B 市场中更加关注交易双方关系的建立和维护，很多研究针对营销商业关系的特点展开，后来逐渐形成了交易价值观和关系价值观两种不同的顾客价值观（Henneberg et al.，2009）。O'Cass 和 Ngo（2012）在探究市场导向所传递的超优顾客价值的基础上，将采购商感知价值分为交易价值、关系价值和共创价值三个维度。Vargo 和 Lusch（2004）认为采供双方通过互动的愉悦感和关系的维系中创造关系价值，同时提出真正的价值来源于顾客所感知到的真实的使用价值。因此，本章从采购商视角将顾客感知价值分为交易价值和关系价值。

交易价值最初来源于经济学中的交易效用理论，由 Thaler（1983）提出，将顾客对产品的整体效用分为获得效用和交易效用，前者指顾客对产品所获利益和所支付的价格成本的差值，后者指对整个交易过程中的感知价值，可以理解为顾客获得产品服务时实际支付的价格同心目中参考价格的比较，将其差值定义为财务收益。在产业营销领域，交易价值更多被强调是顾客从产品的功能和使用中获得的价值，被视为采购商最基本的价值需求。Mittal 和 Kamakura（2001）在研究中提出，顾客可以通过高品质、高性能的产品获得更高的交易价值，而具有创新性的高品质产品在为采购商带来交易价值的同时有助于采购商构建产品优势。因此，借鉴先前的研究，本章将交易价值定义为采购商在供应商提供的产品和服务中所感知到的价值，包含产品功能、质量和创新性等一系列由产品和服务属性产生的超优产品价值。

关系价值的概念最早由 Wilson 和 Jantrania（1994）提出，并将其分为经济、战略和行为三个维度。Ravald 和 Grönroos（2013）在前人的基础上，通过理论推导提出企业顾客在关注产品质量和服务带来的价值中，会同时关注与供应商建立的关系所创造的价值，建立和维护关系是一个长期的过程。基于价值共创视角，关系价值被认为是供应商与采购商在互动的过程中形成的情感和关系的连接，随着双方关系的发展而被创造和传递（武文珍、陈启杰，2017）。依据战略创业理论，组织间所建立的任何关系都会为双方创造价值，认为关系价值实质上是双方为了提高彼此的竞争优势选择建立合作关系，是所获得的战略效应，通过稳定的关系来降低不确定性，实现长期合作（Wilson & Jantrania，1994）。因此，本章将关系价值定义为采购商因双方交易关系的存在带来的包括经济利益、关系利益在内的感知价值。

三、环境不确定性的划分

Merrilees（2013）在梳理品牌导向研究现状的基础上提出了未来的研究方向，应该在不同情境中进行更深入的挖掘和探索。已有研究提出，购买锁定行为的产生是由直接因素和情境因素共同影响的，并且情境因素的影响更为显著，是产生锁定行为的关键诱因（孙娟、李艳军，2014）。在影响供应商品牌导向战略的外部动态环境中，主要包含技术动荡性和市场竞争强度，被认为是影响采购双方关系的重要外生环境变量。B2B 市场中的购买行为具有更大的风险性和不确定性，因此外部环境的变化对采购商是否愿意以供应商品牌为线索产生购买行为具有显著的影响（Brown et al.，2011）。技术动荡性反映了产品技术含金量、技术的不可预测性和技术更迭速度（Charez et al.，2015）；市场竞争强度反映了市场中该产品的进入壁垒、竞争者数量和组织间关系的竞争程度。

第二节　供应商要素品牌化与采购商品牌锁定购买行为的关系模型

一、品牌导向与品牌购买锁定行为

品牌是良好产品质量和优质服务水平的保障，拥有满足生理与安全需求的能力，有助于获得更多的社会价值和情感价值，可以显著正向影响顾客忠诚行为，同时是影响顾客长期购买行为决策的重要因素（孙娟、李艳军，2018）。Blombäck 和 Axelsson（2007）提出，采购商在同质化市场中面临大量可选择的供应商时，更倾向于选择拥有良好品牌形象、传递积极品牌价值的供应商。随着供应商品牌实力的提升，企业购买者感知的风险水平和不确定水平也会随之降低（Ohnemus，2009），重复购买、溢价支付和口碑传播的愿意也会随之提高。Glynn（2012）认为，供应商品牌化成功的关键在于是否将其提高到组织战略层面进行整体策划，将其视为指导企业价值传递的方法和原则以吸引下游顾客。基于战略创业的理论观点，供应商需要采取战略观念引导品牌化行动，开展战略行动获取市场竞争优势，形成采购商对供应商品牌的锁定效应来保证品牌导向战略的实施效果，由于产业营销市场的特殊性，采购商一旦形成对供应商的品牌忠诚度，易形成品牌锁定购买行为来获取最大收益。因此，我们提出如下假设：

H9-1：供应商品牌导向正向影响采购商品牌锁定购买行为。

二、感知价值的中介效应

已有研究证实感知品牌导向可以有效提升顾客感知价值（Mulyanegara，2011），品牌认知的建立是通过不断同顾客相互交流实现的，较高的感知价值说明顾客对企业品牌导向的认可程度较高。Hankinson（2001）认为管理者应将组织自身视为一个品牌，具有品牌战略资源意识和价值传递意识，能够为企业和顾客带来不同的价值，让外界不同的利益相关者理解品牌所代表的价值和所传递的思想。Urde 等（2013）从公司价值视角出发，将品牌导向视为公司价值的选择，组织价值可以由内而外地转化为品牌价值和顾客价值。顾客行为理论提出，品牌感知价值对顾客的购买行为具有直接的影响（Djatmiko & Pradana，2016），感知价值被证实作为前因变量可以提升重购意愿、品牌忠诚度、顾客满意度，对于一个忠诚的顾客来说，将供应商强势品牌视为一个信号以保证降低成本和财务风险（Keller，2008）。采购商在做购买决策时，需要收集和处理大量专业信息导致信息成本较高（陈收等，2015），供应商通过品牌作为信息载体与采购商沟通并帮助采购商掌握产品信息，以此降低市场中信息的不对称性和信息成本来提高采购商的价值感知，从而拉动购买需求，继而形成锁定效应。品牌锁定购买行为的产生更多的是由品牌自身所传递的价值以及顾客的价值感知所导致的，因而感知交易价值和感知关系价值是品牌导向影响购买行为的重要变量（孙娟、李艳军，2014）。

当采购商对供应商进行评估的过程中，对品牌的认知和评价成为参考的重要标准，将其视为供应商向采购商传递产品质量的信号，从而对供应商作出购买决策。根据该观点，供应商通过实施品牌导向战略向采购商传递该品牌产品的超优产品价值，能够有效提高对该品牌的价值认知和态度忠诚，推动采购商以品牌为媒介作为购买产品的判断依据。由于 B2B 市场购买行为的特殊性，很少出现 B2C 市场中的单次购买行为，一旦采购商通过所感知到的交易价值作出判断，易形成锁定购买行为。因此，我们提出如下假设：

H9 -2：采购商感知价值中的交易价值在品牌导向影响品牌锁定购买行为中发挥中介作用。

依据马斯洛需求层次理论，较高的关系质量可以满足交易双方社会交往的心理需求，进而增强双方的合作意愿和维持长期的交易行为（孙娟、李艳军，2014），尤其在 B2B 市场中，采供双方维持稳定的人际关系，直接导致锁定购买行为的发生。对于品牌实力强的供应商，采购商对其产品质量更有信心，更愿意积极培养和卖方之间的关系（Cretu & Brodie，2007）。研究证实，顾客在选择关键供应商时，更倾向于慎重选择并建立长期合作关系，以此来提升竞争优势达到双方共赢（Menon et al.，2005），所以，当采购商感知到供应商品牌所带来的长期稳定合作关系的保证时，更愿意锁定该供应商。因此，我们提出如下假设：

H9 – 3：采购商感知价值中的关系价值在品牌导向影响品牌锁定购买行为中发挥中介作用。

三、环境不确定性的调节效应

在企业间营销中，采供双方的行为从来都是随着环境的变化在互动中动态发展而来的。基于权变理论视角，在技术高度动荡的环境中，强势品牌能够保持市场中良好的认可度，获取稳定的市场份额，维持企业竞争力，避免产品缺乏创新而逐渐落后于同类产品供应商，有效保持产品一贯的超优价值，面对供应商品牌所传递出的品牌质量的保证，采购商更愿意形成锁定购买行为。当产品的技术水平不稳定时，产品质量不可确定，采购商面对大量质量水平参差不齐的产品时，更倾向于选择品牌认可度高口碑好的供应商，与之建立长期合作关系。当产品技术趋于稳定时，市场中产品同质化严重，采购商无须将品牌作为质量判断标准，而品牌导向与感知交易价值之间的正向关系减弱。因此，我们提出如下假设：

H9 – 4：随着技术动荡性增加，品牌导向与交易价值之间的关系增强。具体而言，当技术动荡性水平越高时，交易价值的中介作用越强。

Brown 等（2011）提出，B2B 市场中竞争强度的大小能够影响采购商对供应商品牌战略的有效感知以及采购商以品牌为线索的购买意愿。当供应商市场竞争激烈时，采购商面对大量可供选择的产品，倾向于品牌形象良好且传递出优异品牌文化价值的供应商（Blombäck & Axelsson，2007），来降低交易风险和信息成本以避免采购失误所带来的潜在损失，更愿意建立稳定的采供关系和维持长期合作来弥补市场竞争带来的不确定性。Ravald 和 Grönroos（2013）提出了关系的动态性特征，顾客价值并不是在交易的瞬间产生，而是随着关系的发展持续形成的，意味着关系价值的动态性会随着双方关系的变化而变化，而市场竞争强度直接影响着双方关系。竞争激烈的环境中，供应商通过品牌导向战略主动传递出的积极建立采供关系的态度行为，不仅能体现 B2B 品牌价值，同时能巩固双方关系，对采购商价值感知的客观判断和制定购买决策起到决定性作用。因此，提出如下假设：

H9 – 5：随着市场竞争强度增加，品牌导向与关系价值之间的关系增强。具体而言，当市场竞争强度水平越高时，关系价值的中介作用越强。

基于以上分析，本章根据权变理论和战略创业理论得出如下概念框架，如图9 – 1 所示。

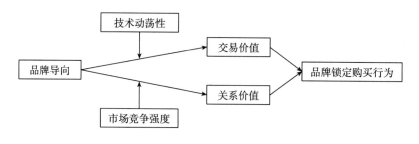

图9-1 概念模型

第三节 数据收集与变量测量

一、样本选取与数据收集

本章主要选取我国制造型企业中的采购商为研究对象，包含医药制造、电子设备、运输设备、电器机械、食品加工等行业，涵盖了我国东部、北部、西部以及南部地区，涉及山东、天津、北京、河南、广东、吉林、山西等大部分省份，问卷来源广泛，避免了地域特征的影响，有效提高本章研究的科学性。此外，我们还到行业领先的龙头企业天津天士力医药集团、内蒙古伊利实业集团和广州白云山制药股份有限公司与高级管理人员进行了三次深度专家访谈，为本章的理论框架和测量量表提供建议。本章的数据来源主要通过团队关系滚动取样和委托重庆的数据公司发放，并且对两个来源进行了整体偏差分析，两组数据无显著差异，可以合并使用。正式调查问卷持续三周，共发放230份问卷，回收205份，有效问卷174份，有效回收率为84.88%。本章采用Harman单因素法将所有题项进行探索性因子分析，结果显示各因子的特征值均大于1，被萃取出的第一个主成分因子解释量为27%，由此可知，不存在同源偏差问题。

二、变量测量

保证良好的信度和效度，本章的测量量表尽量借鉴中英文期刊上的成熟量表，并依据中国国情适当调整语句的表达，均采用李克特7级量表，1表示"完

全不同意"，7 表示"完全同意"。①供应商品牌导向。主要借鉴 Gromark 和 Me-
lin（2011）的研究，并参考 Mulyanegara（2010）从顾客视角对组织品牌导向的
研究中所使用的表达方式进行改变。②采购商感知价值。按照 O'Cass 和 Ngo
（2012）的研究成果中交易价值和关系价值的成熟量表进行改编。③环境不确定
性。根据 Brown 等（2011）的针对 B2B 品牌的研究量表进行改编。④品牌锁定
购买行为。具体测量对孙娟和李艳军（2014）针对农产品品牌的量表进行改编。
⑤控制变量。本章选取行业分类、公司成立年限以及公司人数作为控制变量。

　　本章使用 SPSS 和 AMOS 软件进行信效度检验，结果如表 9 - 1 所示，各变
量因子载荷范围在 0.619 ~ 0.920，高于 0.5 的标准，且均在 0.01 水平下显著。
六个变量的 Cronbach's α 系数均大于 0.7 标准，表明量表具有良好的信度。整
体问卷的 KMO 值为 0.799 > 0.5，Bartlett 检验总体显著水平为 0.000，表明量
表可以做因子分析。通过验证性因子分析，模型拟合结果较为理想，$\chi^2/df =$
21.735，RMSEA = 0.065，NFI = 0.921，CFI = 0.965，GFI = 0.927，表明聚合
效度良好。

表 9 - 1　信效度检验结果

变量	测量题项	载荷	AVE	α 值
品牌导向	我们选择该供应商的一个原因在于其品牌知名度很高	0.781	0.555	0.861
	我们选择的供应商一般都有很高的信誉度	0.768		
	我们选择该供应商的一个原因在于清楚知道其品牌的含义	0.765		
	该供应商通过举办营销活动来持续宣传他们的品牌	0.682		
	该供应商通过营销活动传递出的品牌信息都是一致的	0.723		
感知交易价值	该供应商能够满足我们对产品/服务的要求	0.785	0.568	0.837
	该供应商能够提供高质量的产品/服务	0.920		
	该供应商提供的产品/服务明显超出我们的期望	0.634		
	在该供应商提供的产品/服务中，往往包含一些创新性功能	0.638		

续表

变量	测量题项	载荷	AVE	α值
感知关系价值	我们能够很便捷地获取该供应商的业务	0.818	0.556	0.831
	在我们对产品/服务有疑问时，该供应商能够迅速做出反应	0.851		
	该供应商通过向我们提供一些附加价值（如折扣、消费者更高的产品认可度等）来维持和我公司的合作关系	0.619		
	与该供应商建立业务关系可以降低我们的预期成本	0.668		
技术动荡性	市场中同类新产品开发速率很快	0.777	0.514	0.710
	很难预测我们所在行业的技术变化方向	0.706		
	我们的产品市场定位变化很快	0.671		
市场竞争强度	我们所在市场的竞争非常激烈	0.816	0.598	0.815
	我们所在市场中有很多主导品牌	0.709		
	竞争者的行为很难预测	0.787		
品牌锁定购买行为	再有采购任务时，我们会优先考虑该品牌供应商	0.886	0.684	0.866
	我们期望与该供应商维持长期合作关系	0.863		
	在未来一年内，我们没有更换供应商的打算	0.722		
	再次购买产品时，我们会习惯选择该品牌供应商	0.819		

第四节　实证研究结果及其分析

一、描述性统计与相关性分析

在假设检验之前，需要对研究变量进行描述性统计及相关分析，如表9-2所示，各变量均值较高，两两之间呈显著正相关，表明其中可能存在递进的正向关系甚至中介效应，为本章的假设检验提供了依据。同时，变量的AVE平方根均大于该变量与其他变量的相关关系，表明了量表具有良好的区别效度。数据结果表明，供应商品牌导向战略与采购商品牌锁定购买行为呈显著正相关，H9-1得到初步验证。

表9-2 描述性统计和相关系数

变量	均值	标准差	1	2	3	4	5	6
1. 品牌导向	5.414	0.932	0.745					
2. 交易价值	5.742	0.789	0.574**	0.754				
3. 关系价值	5.153	0.915	0.512**	0.514**	0.746			
4. 技术动荡性	5.300	0.957	0.472**	0.601**	0.567**	0.717		
5. 市场竞争强度	5.521	0.966	0.464**	0.561**	0.576**	0.539**	0.773	
6. 品牌锁定购买行为	5.112	0.900	0.408**	0.530**	0.564**	0.525**	0.567**	0.827

注：* 为 $p < 0.05$，** 为 $p < 0.01$（双尾检验），对角线上的数据为各变量的 AVE 平方根。

二、研究假设

在相关分析的基础上，首先借助 AMOS 17.0 对数据和概念模型的匹配程度进行检验，得到拟合指标如下 $\chi^2/df = 1.751$，$p = 0.000$，GFI = 0.873，AGFI = 0.831，RMSEA = 0.066，IFI = 0.938，CFI = 0.937，TLI = 0.924，PGFI = 0.657，PNFI = 0.720。上述结果表明，本章构建的理论模型合理，适合进一步路径分析。由表9-3的路径系数检验结果可知，品牌导向作用交易价值和关系价值的标准化路径系数分别为 0.572（$p < 0.001$）和 0.637（$p < 0.001$），交易价值和关系价值作用于品牌锁定购买行为的标准化路径系数分别为 0.259（$p < 0.001$）和 0.430（$p < 0.01$）。

表9-3 标准化路径系数检验结果

变量间路径关系	路径系数	t 值（p 值）
品牌导向→交易价值	0.572	6.301***
品牌导向→关系价值	0.637	6.280***
交易价值→品牌锁定购买行为	0.259	4.146***
关系价值→品牌锁定购买行为	0.430	2.764**

注：** 为 $p < 0.01$，*** 为 $p < 0.001$。

为进一步检验 H9-2 和 H9-3 中采购商感知价值的中介效应，本章采用多层级回归方式进行测量。在进行回归分析之前，需要对各变量分值进行中心化处理。将控制变量公司成立年限和公司人数取自然对数，以减少控制变量非正态分布的影响。此外，企业所处行业为类别变量，需要先进行哑变量处理，以"电子电器"为基准产生四个哑变量，并分别用行业 1~4 命名，其中行业 1 表示"服装"，行业 2 表示"服务"，行业 3 表示"快速消费品"，行业 4 表示"工程设备"。完成相关变量的处理后需要检验变量间是否存在多重共线性，本章采用方差膨胀因子（VIF）和容忍度（Tolerance）指标进行检验。数据分析结果显示，所有变量的 VIF 指标值范围在 1.011~2.296，Tolerance 值均小于 1，可判定不存在多重共线性问题，可以采用回归分析进行进一步检验。

如表 9-4 分析结果显示，模型 1 中，供应商品牌导向与采购商品牌锁定购买行为显著正相关（β = 0.427，p < 0.001）；模型 2 中，供应商品牌导向与采购尚感知价值中的交易价值显著正相关（β = 0.500，p < 0.001）；模型 3 中，将品牌导向、交易价值同时对品牌锁定购买行为进行回归，回归系数变小，但仍显著（β = 0.213，p = 0.006 < 0.01）。由此说明，采购商感知价值中的交易价值部分中介品牌导向对品牌锁定购买行为的影响。H9-2 通过检验。模型 4 与模型 5 是在模型 1 的基础上对关系价值的中介效应进行检验，模型 4 中，品牌导向与关系价值显著正相关（β = 0.536，p < 0.001）；模型 5 中，将品牌导向、交易价值同时对品牌锁定购买行为进行回归，回归系数变小，但仍显著（β = 0.170，p = 0.029 < 0.05）。由此表明，关系价值部分中介品牌导向对品牌锁定购买行为的影响，H9-3 通过检验。

表 9-4 采购商感知价值的中介效应检验

	购买行为	交易价值	购买行为	关系价值	购买行为
	模型 1	模型 2	模型 3	模型 4	模型 5
控制变量					
行业 1	-0.114	-0.133	-0.057	-0.144	-0.045
行业 2	-0.114	-0.220*	-0.020	0.005	-0.117
行业 3	-0.012	0.000	-0.012	0.123	-0.071
行业 4	-0.073	-0.153	-0.007	0.062	-0.102
公司成立年限	-0.005	0.069	-0.034	-0.015	0.003
公司人数	0.042	0.016	0.035	0.064	0.012
解释变量					
品牌导向	0.427***	0.500***	0.213**	0.536***	0.170*

续表

	购买行为	交易价值	购买行为	关系价值	购买行为
	模型1	模型2	模型3	模型4	模型5
交易价值			0.428***		
关系价值					0.481***
模型统计量					
容忍度	≥0.435	≥0.435	≥0.435	≥0.435	≥0.431
VIF值	≤2.296	≤2.296	≤2.296	≤2.296	≤2.318
R^2	0.187	0.286	0.318	0.314	0.346
调整后 R^2	0.153	0.256	0.285	0.285	0.314
F	5.451***	9.500***	9.604***	10.835***	10.895***

注：*为 $p < 0.05$，**为 $p < 0.01$，***为 $p < 0.001$。

为了更好检验被调节的中介作用，本章选用 Preacher 和 Hayes（2004）开发的 PROCESS 宏程序进行 Bootstrap 分析，将调节和中介效应纳入同一个模型中加以整合验证，均采用 5000 次重复抽样，构建 95% 偏差校正的置信区间。若置信区间不包含零，表示相应效应显著。如表 9 - 5 可知，当调节变量技术动荡性处于低水平时，调节效应值为 0.096，置信区间均包含 0，意味着调节效应不显著。而随着技术动荡性水平的提升，调节效应大小有所提升且置信区间不包含 0，意味着技术动荡性处于中等水平或高水平时，品牌导向对品牌锁定购买行为的中介效应显著。由此说明技术动荡性水平越高，感知交易价值在品牌导向和锁定购买行为之间的中介作用越强。同理，市场竞争强度越大，感知关系价值在品牌导向和锁定购买行为之间的中介作用越强。因此 H9 - 4 和 H9 - 5 得到支持。

表 9 - 5 不同调节水平上的中介效应

		效应值	置信区间
			交易价值
技术动荡性	低水平	0.096	（-0.004，0.223）
	中等水平	0.175**	（0.098，0.292）
	高水平	0.255**	（0.138，0.432）

续表

		效应值	置信区间
			关系价值
市场竞争强度	低水平	0.003	(－0.082，0.086)
	中等水平	0.171 **	(0.105，0.278)
	高水平	0.338 **	(0.214，0.541)

注：**为 p＜0.01。

第五节　结论与展望

基于供应商视角有品牌导向对品牌绩效的影响，已有较为一致的结论，但从采购商视角探究产业市场中供应商品牌导向战略的研究则相对匮乏。本章尝试利用战略创业理论来解释供应商品牌导向战略影响采购商购买决策形成锁定购买行为的作用机制，并结合动态权变理论的观点解释不同市场情境下采购商感知价值的变化。

一、研究结论与理论贡献

（一）研究结论

（1）供应商的品牌导向战略可以更有效地提升采购商感知交易价值和关系价值，究其原因在于实施品牌导向战略的供应商更注重以品牌为载体的价值传递来获取竞争优势，与采购商有更多的互动交流和相互了解的过程，从而提升了采购商感知价值。

（2）实证结果证实，采购商感知交易价值和感知关系价值可以有助于提升其品牌锁定购买行为决策，表明采购商在进行决策的过程中注重 B2B 品牌所带来的产品质量、属性的保证以及采供双方所建立的关系，从而影响对供应商品牌的认知。

（3）采购商感知交易价值和关系价值在供应商品牌导向和采购商品牌锁定购买行为间均发挥部分中介作用，这是由于组织间购买决策的考虑因素众多，同时风险和成本也相对较高，因此很难将品牌导向战略对品牌锁定购买行为的影响完全归因于交易价值和关系价值。

（4）环境不确定性在低水平时对品牌锁定购买行为的被调节的中介效用不显著，可能的原因在于，在市场环境趋于稳定、采购选择决策成本低、风险小的时候，采购商并不注重供应商品牌所带来的担保价值，因此采购商感知交易价值和关系价值在技术动荡性弱和市场竞争强度低的环境中的中介效应不显著。但随着技术动荡性增强，交易价值的中介效应也随之增强，可能在于，技术不稳定的时期，供应商更倾向于向采购商传递产品品质价值以吸引采购商购买，同时，作为采购方，在技术不稳定时期，更倾向于选择以品牌作为品质保证的供应商进行合作。随着市场竞争强度的升高，关系价值的中介效应也逐渐增强，可能的原因在于，采供双方在竞争强度高的时期，都倾向于风险低、成本低的长期稳定合作，建立良好关系，更易形成对供应商品牌的锁定效应。

（二）理论贡献

（1）尝试突破资源基础观的局限，以战略创业理论为切入点，通过探索和构建供应商品牌导向战略影响采购商品牌锁定效应的关系链，从采购商视角深入了解供应商如何通过实施品牌导向战略来获取赢得创业机遇以获取市场竞争优势的本质原因，将战略领域的重要观念用于解释具体的产业营销市场现象，进一步推动国内学者对于 B2B 品牌导向的研究，扩展了研究范畴，同时检验了西方研究中对品牌导向结论在中国市场情境下的普适性。

（2）本章关注了两类采购商感知价值在品牌导向与品牌锁定购买行为之间的中介效应，检验了其中的作用机制，同时进一步验证了顾客行为理论在产业营销市场中的应用。

（3）基于动态权变机制，深入探讨了我国产业市场中不同情境影响下，供应商品牌导向的价值传递对采购商品牌锁定购买行为的影响，系统地揭示了品牌导向战略价值传递的边界条件，从更全面的视角识别出不同边界因素的动态程度对采购商感知价值以及品牌锁定购买行为的影响，实现了该领域研究由静态向动态的转变。

二、研究展望

管理启示在于，本章结论有助于指导供应商如何实施品牌导向战略，基于不同的市场情境选择侧重于不同的价值传递，通过有效的价值传递提升采购商的感知价值，进而形成品牌锁定效应，最终实现通过 B2B 品牌导向战略在产业市场环境中获得一席之位的目的，提升产业价值链中的竞争优势。具体而言，一方面，从企业层面出发，我国产业正面临着越来越激烈的竞争环境，迫切需要进行战略升级以适应国内外环境变化，采纳品牌导向战略已成为提升企业竞争力的关键方式，通过整体提高 B2B 品牌实力和强化 B2B 品牌新形象，最终实现我国以 B2B 品牌为核心的战略升级。另一方面，供应商应注重实施品牌导向战略过程中价值传递的重要性，提升采购商的感知交易价值和感知关系价值，有助于形成采购商的品牌锁定购买行为，同时，供应商应结合 B2B 市场中的竞争强度和技术动荡性，有针对性地传递不同价值，实现品牌导向战略的利益最大化。

本章还存在以下局限性：

（1）样本数量问题，对产业市场很难展开如消费者市场中的大规模调研，尽管在样本数量和问卷要求上满足了统计分析的需要，但数据的收集方式还是在一定程度上影响了数据质量。

（2）本章仅从采购商单一视角进行探索，缺乏配对样本的数据严谨性，未来研究可以从采供双方视角进一步深化 B2B 品牌导向领域的研究。

（3）基于本章篇幅限制，未对环境不确定性进行全面性的划分与测量，未来研究还将基于动态权变选择机制对环境不确定性的影响加以补充。

第十章　基于要素品牌战略模式分析的采购商重复购买意愿影响因素研究

在供应商的经营管理过程中，同样是实施要素品牌战略，采购商的购买行为与价格接受程度却存在很大差异，这也直接影响了供应商要素品牌投入回报及其形成的企业绩效（李桂华、黄磊，2014）。究其原因，由于产业市场中不同行业的发展程度和交易模式呈现较大差距，供应商所处的要素产品行业、生产的要素产品类型和供应商自身的资源与条件也有所不同，而要素品牌能否成功在很大程度上正是取决于供应商所拥有的资源条件（黄磊、吴朝彦，2016）。Kotler 和 Pfoertsch（2010）指出并非所有供应商都适合实施要素品牌战略，品牌投资决策的前提是对企业自身的资产和能力等资源条件进行分析与评估，否则无法塑造有效的要素品牌形象，从而导致供应商承担巨大的财务风险。但在已有文献中，从资源条件的视角出发探讨要素品牌战略效果形成的文献相当匮乏，理论与实践的差距不利于指导供应商要素品牌投入的正确判断。

结合我国品牌战略实施的需要，无论是政府部门还是企业主体，都意识到发展自主品牌不仅符合"推动中国产品向中国品牌转变"的产业发展方向，也能充分发挥品牌在推动供需结构升级中的引领作用，但在要素供应产业中，供应商的要素品牌投入难以唤起采购商的重复购买意愿，导致要素品牌投资与回报失调的现象还很普遍，其主要原因在于要素品牌战略模式下采购商重复购买意愿的影响因素尚不明显，无法为供应商实施要素品牌战略提供理论指导。基于上述分析，本章将识别和检验影响我国采购商重复购买要素品牌的关键因素，研究结论不仅能弥补要素品牌战略文献的不足，更能为我国供应商围绕要素品牌战略配置资源和构建能力等实践提供有益的行动指南。

第一节 研究假设与模型构建

一、产权型资源与要素品牌感知价值

根据以上分析可知，供应商实施要素品牌战略所需的产权型资源包括要素产品特征、终端市场投入与技术研发投入三种类型。其中，要素产品特征一般指由要素产品采用的材料、设计、工艺、产品结构以及由此形成的功能属性，是影响购买者对产品价值感知、购买意愿和评价态度的重要指标（黄磊、吴朝彦，2016）。已有研究表明，具有显著资源特征的要素产品在产业链中具有更强的功能判断、信息搜索和降低风险的作用，采购商在购买时会倾向于认为这类要素产品具有更实用的价值，与要素品牌功能和属性相关的信息在采购商进行购买决策时会被赋予更大权重（Backhaus et al.，2011）；同时，要素产品的资源特征有助于吸引消费者对终端产品特定属性的重视，提高消费者对终端品牌差异化和整体质量的评价，形成采购商在消费者市场的竞争优势，因此具有明显资源特征的要素品牌也能为采购商获取或维持竞争优势提供支持（李桂华等，2015）。

与消费者购买相比，采购商对要素产品的购买过程充满高风险性，决策流程复杂多变，购买失败的高风险和决策信息的大量收集导致购买成本更高。在这种情境下，采购商对要素品牌所能传递价值的判断，很大程度上取决于该供应商的营销投入（O'Cass & Ngo，2012）。尤其当要素供应商的营销投入直接面向终端市场时，能够有效强化消费者对要素品牌属性特征与终端产品独特性的认识（Pfoertsch et al.，2008）。因此，当供应商的要素品牌营销投入专门指向终端市场时，能向采购商进行有效的品牌价值传递，该过程不仅强化了采购商在终端市场中的竞争位势，还能强化组织间的普遍信任与特殊信任，维持以品牌忠诚和积极态度为基础的交易关系，进而提升采购商对该要素品牌价值的评价（Erevelles et al.，2008）。

技术研发投入体现了供应商研究和开发新的要素供应品、扩展产品范围、提高产品质量、提升产品柔性和探索新技术等方面的能力。O'Cass 和 Ngo（2012）

经研究证实，供应商能够通过在技术与产品方面培育和构建创新能力，积极影响采购商对供应产品的感知价值。供应商在要素产品研发过程中，通过在先进技术设计与研发新型要素产品方面进行投入，或是采用新流程、新工艺对产品性能进行提高与改进，不仅能有效提高采购商对要素品牌的差异化感知，还能满足其不断变化的市场需求，并赋予要素品牌传递良好产品质量和功能信号的作用，从而提高采购商对要素品牌价值的判断（Han & Sung，2008）。因此，供应商的技术研发投入能够以要素品牌为载体，提高采购商对要素品牌效用与功能属性的感知，并为其在终端市场的竞争提供战略优势（Erevelles et al.，2008）。因此，本章提出以下假设：

H10 – 1a：要素产品特征正向影响要素品牌的产品核心价值；

H10 – 1b：要素产品特征正向影响要素品牌的市场战略价值。

H10 – 2a：终端市场投入正向影响要素品牌的产品核心价值；

H10 – 2b：终端市场投入正向影响要素品牌的市场战略价值。

H10 – 3a：技术研发投入正向影响要素品牌的产品核心价值；

H10 – 3b：技术研发投入正向影响要素品牌的市场战略价值。

二、知识型资源与要素品牌感知价值

供应商实施要素品牌战略所需的知识型资源主要体现在品牌塑造经验、关系适应能力与服务支持能力三个方面。已有研究表明，采购商在进行选择和购买时，对拥有良好形象的品牌表现出更高的积极性，对品牌形象不佳的企业则持抵触或消极态度（Backhaus et al.，2001）。究其原因，产业市场中存在较高的采购风险和决策不确定性，良好的品牌形象作为一种市场信号，在高风险情境中容易被采购商视为采购决策的判断依据（Backhaus et al.，2001）。另外，当供应商具备构建品牌的经验、知识和能力时，可以赋予要素品牌良好的品牌形象，并将其作为传递价值的载体，鼓励采购商将要素成分加入终端产品中，把良好的要素品牌形象所包含的利益和价值传递到终端产品中。由此可知，拥有品牌形象构建技能和知识的供应商能降低采购商选择和评估要素品牌的感知风险，同时有助于增强与制造商的关系联结（李桂华、黄磊，2014），在采供关系发展过程中提高采购商对要素品牌的评价。

关系适应能力反映了供应商与采购商在运作过程中的某种程度的匹配，构成企业间交换关系的重要方面（汤长保、吴应宇，2010）。在技术动荡加剧、产品生命周期不断缩短的产业环境中，采购商由于处于产业链下游市场，其运营效率和企业绩效很大程度上取决于要素供应商在资源、活动和技能方面的响应，而具有较强动态适应能力的要素供应商不仅能识别采购商的独特需求，还有能力为采购商提供系统的解决方案。Beverland 等（2007）的研究证实，供应商应努力成为关键客户的"解决方案供应商"，这是供应商品牌价值传递的重要前提。因此，卓越的关系适应能力首先能为采购商创造独特价值，降低其在选择和评估品牌过程中的感知风险。其次，通过对产业环境和消费者市场变动的关注，要素供应商的关系适应能力既能帮助采购商在消费者市场上建立竞争优势，也能采用"拉式策略"，跨过采购商直接向消费者传递其品牌的技术特征与产品改良等信息，推动该品牌成为消费者购买商品时的判断依据，影响采购商对要素品牌的信任与承诺（Leek & Christodoulides，2012）。

支持性服务是采购商在购买生产要素或原材料时考虑的具有重要作用的非产品因素，如为采购商提供与要素产品配套的销售前、销售中和销售后的服务，包括配送、交付、维护、技术指导、现场服务和测试等环节（Bendixen et al.，2004）。从服务支持对采购商品牌感知的作用机制来看，供应商的服务支持能力不仅能提升采购商购买过程中安全性和可靠性的感知，提高其对要素品牌的质量判断，还能强化供应商与采购商之间的信任程度，维持以品牌感知和品牌关系质量为基础的交易关系，进而提升采购商对供应商所提供的要素品牌利益和价值的评估。同时，良好的服务支持能力还能降低采购商购买与使用要素产品过程的成本，使要素品牌与终端品牌的溢出效应最大化，从而实现提升要素供应商增强市场竞争力的目的，稳固双方基于品牌的合作关系（Linder & Seidenstricker，2010）。因此，本章提出以下假设：

H10 – 4a：品牌塑造经验正向影响要素品牌的产品核心价值；

H10 – 4b：品牌塑造经验正向影响要素品牌的市场战略价值。

H10 – 5a：关系适应能力正向影响要素品牌的产品核心价值；

H10 – 5b：关系适应能力正向影响要素品牌的市场战略价值。

H10 – 6a：服务支持能力正向影响要素品牌的产品核心价值；

H10 – 6b：服务支持能力正向影响要素品牌的市场战略价值。

三、要素品牌感知价值与采购商重复购买意愿

Erevelles 等（2008）提出，要素品牌的产品核心价值主要体现在为采购商评

估要素产品的质量、性能、技术创新和差异化程度等因素提供信息线索。供应商对要素品牌价值进行定位和传播时，应该首先强调要素品牌能为采购商带来的产品核心价值，因为产品核心价值能够提高采购商对要素产品功能、属性或质量的认知，有助于降低制造商选择过程中的信息搜索成本和感知风险（李桂华、黄磊，2014），从这个角度看，要素品牌成为为采购商提高利益获得的有效手段和载体。同时，采购商在对要素品牌进行购买时，不仅考虑要素品牌的质量和服务对自身的影响，而且需要将要素品牌的价值加入终端产品中，考察要素品牌是否能提高终端产品对消费者的吸引力（Glynn，2012）。归纳起来，要素品牌的产品核心价值实际上是一种功能价值，有助于提高采购商对该要素产品属性、功能和质量的感知；同时，通过强调要素品牌超越对手的、极具差异性的以及难以模仿和替代的属性，有助于维系和加强供应商与采购商之间的交易效果（Leek & Christodoulides，2012），提高采购商重复购买该要素品牌的意愿。

与产品核心价值不同，市场战略价值的感知实际上是采购商对要素品牌无形利益的判断过程，该过程有效提升了要素品牌赋予采购商对预期绩效的感知。Lynch 和 de Chernatony（2007）认为，要使产业品牌具备一定的差异化，可以通过提升采购商对品牌无形价值的感知来实现，但这种差异化不同于上述的产品核心价值，而是由包括市场渠道、战略位势、进入壁垒和合作成本等利益在内的品牌差异化，即强调了能为采购商提供的不同于竞争者的市场战略优势（陆娟、边雅静，2010）。尤其在具有较高风险的产业市场购买流程中，采购商关于要素品牌形象利益与战略价值的感知，有助于提升采购商对要素品牌的重复购买意愿（李桂华、黄磊，2014）。基于此，要素品牌的市场战略价值能维持或增加采购商对要素品牌的依赖程度，如果采购商要单方面终止与供应商的现有合作关系，就可能承担损失包括消费者市场优势等利益的风险。因此，本章提出以下假设：

H10 - 7：产品核心价值正向影响采购商对要素品牌的重复购买意愿。

H10 - 8：市场战略价值正向影响采购商对要素品牌的重复购买意愿。

本章的概念模型如图 10 - 1 所示。

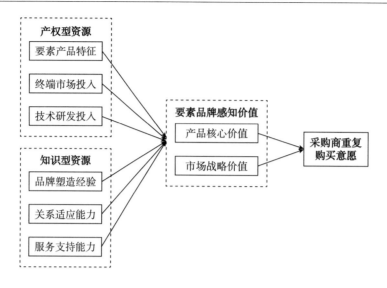

图 10 – 1 概念模型

第二节 研究设计与实证分析

一、样本与数据收集

为有效识别和检验采购商对要素品牌重购意愿的关键因素，本章围绕我国采购商企业构建调研样本框，所选择的采购商企业样本必须满足三个条件：①该采购商所购买的要素产品中至少有一种是实施了要素品牌化；②采购商将该供应商的要素品牌加入其终端产品生产；③该采购商的终端产品是向个体消费者进行销售。经过为期两个月的调研，项目组成员通过委托行业协会或政府管理机构、亲自送达以及借助专业市场调研机构等途径，共发放 481 份问卷，回收有效问卷 205 份，有效回收率为 42.6%。

通过对收集到的有效数据进行初步统计，本章所调查的有效样本企业特征的描述性统计如表 10 – 1 所示。从采购商样本特征的描述性统计分析中可看出，样本企业主要集中在电子、通信和汽车三大行业，与要素品牌已有研究的调研情况较为一致（Kotler & Pfoertsch，2010），样本既具有行业代表性又具有分布广泛性，其研究结果应该具有较为普遍的意义。

表 10 - 1　采购商样本特征描述性统计（N = 205）

		样本量	百分比（%）
采购中心规模	少于 3 人	19	9.3
	3 ~ 5 人	92	44.9
	6 ~ 8 人	75	36.6
	8 人以上	19	9.3
合作时长	2 年以下	63	30.7
	3 ~ 5 年	88	42.9
	6 ~ 10 年	45	22.0
	10 年以上	9	4.4
行业类别	快速消费品	30	14.6
	电子	55	26.8
	通信	33	16.1
	服装	25	12.2
	汽车	44	21.5
	其他行业	18	8.8
所在地区	广东	69	33.7
	福建	44	21.5
	广西	23	11.2
	江苏	11	5.4
	四川	25	12.2
	浙江	33	16.1

二、变量测量

产权型资源中的要素产品特征借鉴黄磊和吴朝彦（2016）的研究，采用 4 个题项进行测量，终端市场投入改编自卢宏亮和李桂华（2014）的量表，由 4 个题项组成，技术研发投入改编自陈劲和吴波（2011）的量表，采用 4 个题项进行测量；知识型资源中的品牌塑造经验借鉴 Persson（2010）的研究，共由 4 个题项组成；关系适应能力主要参考 Beverland 等（2007）的文献，采用 4 个题项进行测量；服务支持能力借鉴 Baumgarth 和 Schmidt（2010）的研究，从 4 个方面进行测量；产品核心价值借鉴 Leek 和 Christodoulides（2012）的研究，采用 5 个题项进行测量；市场战略价值参考李桂华和黄磊（2014）的研究，包含 5 个题项；因变量为采购商重复购买意愿，主要借鉴 Fornell（1992）的测量问项，采用 4 个题项进行测量。

三、信效度检验

在量表信度评价指标上，本章选取针对李克特式量表所开发的 Cronbach's α 系数；为增加信度测量上的严谨性，本章还运用复合信度（CR）来估计各变量的信度水平。具体信度分析结论如表 10 - 2 所示，所有变量的 α 值和 CR 值均大于 0.7，表明本章的测量工具达到较好的信度水平。

表 10 - 2　信度与收敛效度检验

测量问项	因子载荷	A	CR	AVE
要素产品特征		0.883	0.884	0.657
该要素产品在终端产品中显而易见	0.811			
该要素产品的科技含量较高	0.753			
该要素产品的结构比较复杂	0.822			
该要素产品是我们产品中的关键组成部分	0.853			
终端市场投入		0.872	0.879	0.645
该要素品牌经常针对终端消费者做广告	0.826			
该要素品牌经常赞助一些社会（或公益）活动	0.806			
该要素品牌的宣传信息容易见到	0.781			
该要素品牌在消费者市场中认知度较高	0.798			
技术研发投入		0.794	0.800	0.501
该供应商在内部研发创新方面投入较多	0.737			
该供应商在技术购买方面投入较多	0.768			
该供应商在合作研发方面投入较多	0.653			
该供应商创新活动的整体投入较多	0.668			
品牌塑造经验		0.862	0.864	0.614
该供应商品牌与其他供应商品牌明显不一样	0.814			
该供应商采用多种方式与我们就其品牌进行沟通	0.839			

续表

测量问项	因子载荷	A	CR	AVE
该供应商在交易流程中经常强调其品牌	0.756			
该供应商在品牌形象方面投入较多	0.719			
关系适应能力		0.799	0.804	0.506
该供应商能根据我们的需求调整生产流程	0.756			
该供应商能根据我们的需求调整信息技术系统	0.661			
该供应商能根据我们的需求调整交付系统	0.687			
该供应商能根据我们的需求调整辅助服务	0.738			
服务支持能力		0.822	0.827	0.548
该供应商能为我们提供交易过程中必要的服务帮助	0.864			
在有需要时，该供应商能为我们提供技术支持	0.707			
在有需要时，该供应商能帮助我们解决问题	0.665			
在有需要时，该供应商能对我们的员工进行培训	0.709			
产品核心价值		0.896	0.902	0.647
该要素品牌能作为我们产品质量的担保	0.761			
该要素品牌有助于提升我们终端产品的性能	0.790			
该要素品牌在技术或研发上具有较大优势	0.821			
该要素品牌能充分满足我们生产终端产品的需求	0.808			
选择该要素品牌我们觉得很可靠	0.840			
市场战略价值		0.883	0.888	0.614
该要素品牌能为我们带来许多终端消费者	0.809			
该要素品牌能使我们的终端产品与竞争对手显著不同	0.785			
该要素品牌能降低我们展开合作的成本	0.764			
该要素品牌有助于我们获取更多的销售渠道	0.800			
该要素品牌能提高我们在消费者市场的竞争力	0.758			
采购商重复购买意愿		0.852	0.856	0.599
我们愿意花更高的价格购买该品牌的产品	0.806			
我们愿意继续购买该品牌的产品	0.826			
在未来一年内，我们没有更换供应商的打算	0.790			
我们愿意与该产业品牌维持长期合作关系	0.662			

　　收敛效度检验运用 AMOS 17.0 软件建立测量模型，采用验证性因子分析的方法进行检验。拟合度分析结果显示为：$\chi^2/df = 1.797$；$P = 0.000$；GFI =

0.937；AGFI＝0.909；CFI＝0.960；NFI＝0.916；TLI＝0.952；RMSEA＝0.062。在此基础上进一步对标准化因子载荷进行检验，结果如表10－3所示，所有问项的因子载荷均大于0.5，各变量的平均方差萃取值（AVE）均大于0.5，表明测量模型具有较好的收敛效度。其次，采用各变量间的相关系数与各变量AVE值的平方根进行比较的方法来检验判别效度，结果表明判别效度在可接受范围内（见表10－3）。

表10－3 各变量间相关系数与判别效度检验

测量变量	1	2	3	4	5	6	7	8	9
1. 要素产品特征	**0.811**								
2. 终端市场投入	0.279**	**0.803**							
3. 技术研发投入	0.209**	0.152*	**0.708**						
4. 品牌塑造经验	0.288**	0.468**	0.300**	**0.784**					
5. 关系适应能力	0.318**	0.497**	0.319**	0.349**	**0.711**				
6. 服务支持能力	0.257**	0.055	0.350**	0.179*	0.265**	**0.740**			
7. 产品核心价值	0.490**	0.370**	0.420**	0.485**	0.561**	0.520**	**0.804**		
8. 市场战略价值	0.537**	0.550**	0.220*	0.620**	0.559**	0.223**	0.420**	**0.784**	
9. 采购商重购意愿	0.392**	0.323**	0.331**	0.359**	0.395**	0.233**	0.370**	0.462**	**0.774**

注：粗体字表示各变量AVE值的平方根，＊为$p < 0.05$，＊＊为$p < 0.01$。

四、假设实证检验

（一）模型拟合度分析

本章使用AMOS 17.0对假设模型中包含的假设关系进行实证检验。在结构方程模型的参数估计方法方面，本章选择极大似然法估计法以对模型与研究数据的拟合程度进行判断；并根据多元评估的准则，采用绝对拟合指标、相对拟合指标与简约拟合指标三类评价标准对结构模型的质量进行判断。依据三类指标分析得到的结构方程模型拟合度标准如表10－4所示。从该表中所列评价指标的数值可知，各指标的数值均高于评价标准，说明所构建模型与样本数据之间的拟合程度比较理想，也适合进一步对变量间的路径系数进行检验。

表 10 - 4　理论模型拟合优度检验结果

指标		数值	评价标准	指标		数值	评价标准
绝对拟合度	χ^2/df	1.715	<2.0	相对拟合度	CFI	0.932	>0.9
	P	0.001	<0.05		TLI	0.929	>0.9
	RMSEA	0.049	<0.08	简约拟合度	PGFI	0.657	>0.5
	GFI	0.867	>0.8		PNFI	0.719	>0.5

（二）研究假设检验结果

根据表 10 - 5 显示的分析结果，本章将假设检验结论归纳如下：①在产权型资源中，要素产品特征对两类要素品牌价值的影响均得到证实，其中要素产品特征对产品核心价值的路径系数为 0.294（p < 0.001），对市场战略价值的路径系数为 0.348（p < 0.001）；终端市场投入对产品核心价值的正向影响未能得到数据支撑，路径系数为 0.124（p = 0.096），但对市场战略价值有显著正向影响，路径系数为 0.703（p < 0.001）；技术研发投入对产品核心价值具有显著正向影响的假设得到证实，路径系数为 0.170（p < 0.05），但对市场战略价值的影响并不显著，路径系数为 - 0.072（p = 0.146）。②在知识型资源中，品牌塑造经验对两类要素品牌感知价值的正向影响均得到数据支持，其中品牌塑造经验对产品核心价值的路径系数为 0.233（p < 0.01），对市场战略价值的路径系数为 0.313（p < 0.001）；关系适应能力对产品核心价值与市场战略价值均有正向影响，路径系数分别为 0.375（p < 0.001）和 0.363（p < 0.001）；服务支持能力对产品核心价值的正向影响通过实证检验，路径系数为 0.499（p < 0.001），但服务支持能力对市场战略价值的影响不显著，路径系数为 0.105（p = 0.071）。③两类要素品牌感知价值对采购商重购意愿具有正向影响的假设均得到数据支持，其中产品核心价值对采购商重复购买意愿的路径系数为 0.507（p < 0.001），市场战略价值的路径系数为 0.195（p < 0.05）。

表 10 - 5　结构模型标准化路径系数检验结果

研究假设	路径关系	标准化路径系数	t 值（p 值）	检验结果
H10 - 1a	要素产品特征→产品核心价值	0.294	3.752 ***	支持
H10 - 1b	要素产品特征→市场战略价值	0.348	6.002 ***	支持

续表

研究假设	路径关系	标准化路径系数	t 值（p 值）	检验结果
H10 – 2a	终端市场投入→产品核心价值	0.124	1.498（0.096）	不支持
H10 – 2b	终端市场投入→市场战略价值	0.703	9.228 ***	支持
H10 – 3a	技术研发投入→产品核心价值	0.170	2.031 *	支持
H10 – 3b	技术研发投入→市场战略价值	– 0.072	– 1.416（0.146）	不支持
H10 – 4a	品牌塑造经验→产品核心价值	0.233	2.670 **	支持
H10 – 4b	品牌塑造经验→市场战略价值	0.313	4.398 ***	支持
H10 – 5a	关系适应能力→产品核心价值	0.375	3.459 ***	支持
H10 – 5b	关系适应能力→市场战略价值	0.363	4.108 ***	支持
H10 – 6a	服务支持能力→产品核心价值	0.499	5.107 ***	支持
H10 – 6b	服务支持能力→市场战略价值	0.105	1.653（0.071）	不支持
H10 – 7	产品核心价值→采购商重复购买意愿	0.507	5.033 ***	支持
H10 – 8	市场战略价值→采购商重复购买意愿	0.195	2.099 *	支持

注：* 为 $p < 0.05$，** 为 $p < 0.01$，*** 为 $p < 0.001$。

第三节　结论与展望

一、研究结论

本章将资源条件与品牌感知价值视为采购商对要素品牌重复购买意愿的影响因素，依据 Han 和 Sung（2008）提出的观点，构建由资源条件提升要素品牌感知价值，进而作用于采购商重复购买意愿的概念模型。通过对 205 个我国采购商的样本进行实证分析，得出以下结论：

（一）供应商不同类型资源对采购商要素品牌感知价值的影响并不相同

从路径系数上看，对产品核心价值具有最大作用的资源条件是服务支持能力（路径系数为 0.499），对市场战略价值具有最显著影响的资源条件是终端市场投入（路径系数为0.703）。在未通过检验的假设中，终端市场投入无法提高采购商对产品核心价值的判断，该研究结论表明，供应商通过在终端市场进行营销投入提升要素品牌差异化，会触发采购商在价格谈判处于被动地位或产生锁定效应的担心，从而降低了采购商关于产品核心价值的判断；技术研发投入对市场战略价值无显著影响，可能的原因在于技术研发投入对采购商而言是供应商应该具备的基本资产，并不能为采购商在消费者市场的竞争带来明显优势；由于服务支持能力主要通过提供可靠的服务质量和及时准确的交付创造要素品牌价值，因此对提供市场进入渠道和获取竞争优势等利益的影响不明显。

（二）要素品牌的产品核心价值与市场战略价值均显著正向影响采购商的重复购买意愿

该结论与已有研究中所提出的采购商在重复购买或溢价购买过程中主要基于价值判断的观点相一致（李桂华、黄磊，2014），表明处于产业市场中的采购商在对要素品牌进行重复选择和评价时，该品牌所包含的产品核心价值与市场战略价值有助于维系企业间的关系承诺，有效增加采购商对终止现有关系和寻找新的供应商的感知成本，进而提高采购商的重复购买意愿。

二、管理启示

本章立足于我国要素供应产业发展的实践展开研究，证实了供应商要通过实施要素品牌战略维系与采购商的持续交易关系，不仅需要具备一定的资源基础，而且这种资源应该能够创造出采购商可感知的价值，研究发现具有以下两个方面的管理启示：

（1）不同类型的资源基础对要素品牌价值作用并不相同，供应商应该根据要素品牌价值类型对不同资源进行分配和管理。根据结论可知，服务支持能力对产品核心价值的作用最为明显，但对市场战略价值的关系不显著；而市场终端投入对市场战略价值影响最大，但对产品核心价值的影响并不明显。这表明供应商为了最大程度提升采购商的要素品牌感知价值，应该谨慎地培育服务支持能力或进行终端市场投入。

（2）无论是要素品牌的产品核心价值还是市场战略价值，对采购商的重复购买意愿都具有显著正向影响，因此供应商在实施要素品牌战略的过程中，应向采购商同时强调其品牌所具备的产品核心价值与市场战略价值，通过将自身拥有的资源基础转化为采购商可感知的品牌利益，有效提升采购商对要素品牌的重复购买意愿。

三、研究局限与未来研究启示

尽管资源条件与要素品牌感知价值已被证实是采购商重复购买意愿的影响因素，但在资源条件发挥作用与要素品牌感知价值形成的过程中，也离不开采购商对要素品牌的重视程度或品牌敏感程度，未来研究将通过探讨包括品牌敏感性、品牌重视程度等感知因素在供应商资源基础与要素品牌感知价值关系间的作用，深刻理解要素品牌战略影响采购商购买行为的本质原因。同时，由于针对采用要素品牌的采购商展开调研具有较大难度，本章主要借助政府机构和私人关系开展便利性调研，调研样本也主要集中在六个省份，在一定程度上影响了数据质量，未来研究将适当扩大样本获取的范围，使研究结论具有更高的可推广性。

第十一章　供应商要素品牌价值对采购商关系治理行为影响研究

随着产业市场日趋同质化、采购商定制化和消费者个性化需求的增加，要素品牌化已成为供应商提高竞争力的一种重要营销战略，但供应商要素品牌在提高消费者认同的同时是否会得到采购商的青睐还存在争议。商业实践中已经出现了一批成功的要素产品品牌，如英特尔、特氟龙、莱卡、利乐、杜比实验室等（Siano & Palazzo，2015），然而相比于广义 B2B 品牌，要素品牌理论发展相对不足且尚未得到应有的认知。在要素品牌化实践中，要素供应商通常采用对制造商实施推式营销战略和对终端消费者实施拉式营销战略相结合的营销投资分配方式，达到提升要素品牌差异性的目的，进而为供应商带来利润（Dahlquist & Griffith，2014）。但在理论研究领域，关于要素品牌价值对采供关系的影响并未形成一致的结论：一部分学者基于传统的品牌价值传递模型，关注要素品牌价值如何使采购商从中获利，提升双方合作绩效，即所谓的"搭便车"行为（free - riding）（Dahlquist & Griffith，2014）；另一部分学者则认为，供应商要素品牌化在提高消费者认知的同时，也会对采购商造成威胁，产生抗拒心理，提升其感知风险（Helm & Özergin，2015）。因此，通过对已有文献进行梳理后发现，现有研究在供应商要素品牌化所传递价值的效用方面仍存在较大争议，究其原因，上述文献缺乏对采购商态度行为的研究，极少将要素品牌价值的作用细化和延伸到采购商关系治理的层面，导致采购商要素品牌感知价值与其合作或竞争行为缺少关联。

为了深刻揭示要素品牌化价值传递采购商合作与竞争行为过程的"黑箱"，本章首先基于权变理论的观点，将关系治理视为企业在市场渠道中获取持续竞争优势的关键因素（Binder & Edwards，2010），即采购商会根据自身所处环境，正确选择与合作伙伴的关系治理行为；此外，为反映出采购商与要素供应商之间既可能合作又可能抗拒的博弈关系，本章除了关注关系治理中的双方合作行为，同时也关注双方的竞争行为（谢永平等，2014）。其次，根据资源依赖理论的观点，企业之间的依赖关系程度取决于成员间资源的差异性，进而决定着企业对合作方所传递资源价值的依赖，而企业间的依赖程度又决定着企业关系治理的动机（党兴华等，2010）。尤其在营销渠道中，由于渠道上下游以及平行的供应商制造商的成员参与范围广，成员间直接或间接的关系错综复杂而且竞争激烈，任何不当的关系治理行为均会造成不良后果。基于此，本章将依赖视为要素品牌价值传递与采购商关系治理选择关系的关键变量。

在供给改革推动的制造业转变发展方式的背景下，供应商们已经逐渐认识到要素品牌化所能带来的经济利益，也意识到品牌化对提高企业声望的重要性。已有研究大多集中在从供应商自身视角出发探索要素品牌化对绩效的提升、对关系绩效的影响以及对自身竞争力的提高（李桂华、黄磊，2014），然而，采购商对于供应商要素品牌化的态度以及行为决策的研究仍较为匮乏。面对要素品牌化机遇或风险，采购商应该持合作态度还是竞争态度（Dahlquist & Griffith，2014）？以该议题为核心，本章将基于资源依赖理论和权变理论，系统探讨要素品牌价值如何通过采购商依赖影响其关系治理的作用机制，最终为采购商企业的品牌联合决策提供有益启发。

第一节　理论回顾与研究假设

一、要素品牌价值

长期以来有关品牌的研究大多集中在消费者市场的研究领域，对产业产品的品牌研究关注度不高，要素品牌作为一种 B2B 品牌的特殊形式，相关研究则更为有限。要素供应商与采购商之间的关系是一种典型的 B2B 关系，要素品牌区别于广义的 B2B 品牌其根本在于，要素供应商的营销活动不仅要针对供应链中下一环节的采购商，时常也要针对消费者（Luczak et al.，2007）。如果一个中间工业品仅在行业内进行营销，没有面向终端消费者的品牌推广，称之为工业品品牌而非要素品牌（Uggla & Filipsson，2008；Linder & Seidenstri，2010）。已有相关研究提出 B2B 品牌被看作产品功能与情感连接的组合，依据所传递的利益类型将其分为功能价值和情感价值，均可正向影响采购商与供应商之间的关系绩效（Leek & Christodoulides，2012），该功能价值强调以下四点利益：提供信息功能、降低感知风险、提高感知质量和实现差异化，情感价值有助于形成信任关系，信任的建立可以避免关系的终止。在此基础上，Candi 和 Kahn（2016）提出功能价值、情感价值和社交价值三维一体的品牌价值，并证实企业传递多种价值的顾客满意度影响优于单一价值。产品品牌体验价值多出现于消费者领域的研究，其中包含情感因素和心理智力因素，良好的消费体验有助于提高重购意愿（Bruhn et al.，2014）。产业营销中体验价值同样不可忽视，供应商品牌所传递出舒适的体验感觉可以增加采购商选择合作的信心（Mudambi，2002）。尽管 B2B 品牌的研究成果为要素品牌价值的提出提供了依据，但片面地强调功能价值与体验价值无法体现出要素品牌的独特存在（Luczak et al.，2007）。要素供应商这种价值链的跨阶段营销使要素品牌资产建设投入提高，其价值需要一个载体通过成品品牌得以实现，这个载体就是要素品牌所传递的符号价值（Leischnig & Enke，2011）。基于信号传递理论，要素品牌作为传递终端产品质量的符号，使供应商不可显现的要素产品显现出来，从而提高产品差异化程度，也使制造商从中获利（Leek & Christodoulides，2012），同时可以降低购买决策者感知到的购买风险（Backhaus et al.，2011）。通过梳理以往产业营销领域的研究和 Bruhn 提出的基于社会交换理论的品牌社群价值分类（Bruhn et al.，2014），本章将供应商要素品牌价值分为功能价值、体验价值和符号价值。

二、采购商依赖

采供关系中有关依赖的研究大多基于权力概念，权力大的一方可以迫使权力小的一方做出违背意愿的事。依赖理论与权力理论相对立，权力来自于被依赖的一方，企业权力大的同时对其他企业的依赖程度就会低，与之相对，企业权力小则依赖程度高。后来，依赖进一步被界定为企业在交易关系中，为获取合作方的优势所赋予这段关系的价值水平，强调依赖更多发生在可替换选择范围少，很难更换合作者的企业（Heide & John，1988）。当采购商发生购买行为后，从资源的分配和控制视角来看，市场中存在的可用资源减少，采购商易形成依赖。当供应商持有相对大的权力且拥有稀缺性不可替换资源时，其采购商依赖性提高且议价能力被削弱（Ahern，2012）。目前，对于依赖在 B2B 营销研究中的测量方法主要分为整体测量、单维度测量。已有研究从整体视角检验企业对交易伙伴的不可替代性，但没有得出企业依赖性的决定因素（Palmatier et al.，2007），实际应用中可实践性低。一些学者尝试从正负向两种动机全面性地测量依赖性，包含利益和成本两个视角（李桂华、黄磊，2014），然而这种综合性的度量存在缺憾，可以有效测量正负动机同时发生的影响，但无法测量其对不同结果变量和前因变量的影响。因此，部分学者从正向动机探讨企业间依赖如何维持并从中获取无法从其他合作方获取的利益。尽管脱离成本、重置成本这些负向动机是依赖性研究不可忽略的因素，但关于依赖性的可行性研究依然集中于正向动机（Scheer et al.，2010）。

企业的产品可以通过品牌传递一些无法观测到的品质信息，如果无法准确地传达可靠信息时，将会造成两种无法容忍的损失，一是声望，二是未来的经济利益（Rao et al.，1999）。基于供应商所传递的产品品牌信息，制造商会对其中有价值的部分形成依赖，由于要素产品品牌的特殊性，制造商会有"搭便车"的行为，因此提升其终端产品的声望，与此同时也会带来经济利益的提升。因此，本章将从依赖性的正向动机出发，将制造商的依赖分为基于声望的依赖和基于利益的依赖。

三、关系治理行为

关系治理的思想来源于关系契约理论，关系治理就是组织成员方对关系的选择与调整，在合作与竞争之间进行权衡（谢永平等，2014）。权变理论作为一种行为理论（文东华等，2009），认为在企业的管理活动中，不存在一成不变的适用于所有情境情况的原则与方法，管理者需要根据不同的情境和企业内部不同的条件来选择不同的管理行为。组织间关系的深度、广度以及紧密度，取决于企业发展所依赖和需要的资源，企业需要衡量一组不同关系的组合而非建立一种固定不变的关系。关系的形成与发展是双方权衡关系的成本与利益之后不断协调合作行为方式的结果，而关系的稳固性和可利用性取决于组织间关系治理机制的选择和实施。以往研究将关系治理分为三个维度：关系状态、关系行为和关系规范（马占杰，2010），本章主要就关系行为这一视角进行深入研究。已有研究的出发点主要以组织间合作为主，并未对关系治理中合作与竞争的关系做一权衡。战略管理理论提出，战略选择的重点在于为企业提供提升竞争能力或市场权力的机遇的各种因素，企业可以选择合作或者竞争来增强提供优质产品和服务的能力或者减少企业在行业中的竞争对手（Powell，2001）。但目前的研究中，普遍对关系治理中的合作行为进行深入研究，忽略了企业间的竞争行为，在市场中合作与竞争不是单独存在或交替出现，而是同时存在。因此本章中的关系治理指的是制造商企业根据供应商所传递的品牌价值及形成的依赖性，而对要素供应商采取的合作或者竞争的行为。

四、研究假设

要素品牌功能价值是指要素供应商围绕要素产品的质量、性能、技术能力和产品效用等产品基本特质，向顾客传递品牌利益（Luczak et al.，2007；Leek & Christodoulides，2012）。基于信息经济学理论，市场参与者所获得的品牌信息是不对称的，消费者会依据在市场上所接触到的信息进行判断，而品牌形象和价值是影响消费者购买决策的重要因素（Kim & Hyun，2011）。要素供应商通过向采购商传递品牌的功能信息，通过强调品牌的优越、不可替代的性能来降低采购商的感知风险和信息搜索成本，提升对品牌质量的感知，强化双方的合作关系（Luczak et al.，2007）。当要素供应商所提供的产品功能无法替代或不易从其他处获取时，采购商议价能力降低，更依赖于供应商，倾向于维持长久的合作关系，采供无法形成竞争关系（Ahern，2012）。

品牌体验价值指的是通过以往的交易经验和产品使用体验，提升该品牌的情感诉求，传递给顾客心理价值和无形价值（Kalafatis et al.，2014）。消费者市场中，如华为、苹果等企业通过线下体验店来提升消费者的体验价值。B2B市场中，随着科技的进步和互联网的发展，供应链中采供双方经验交流日益增多，采购商越来越重视双方合作的体验。供应商通过提升要素产品品牌的体验价值，建立与采购商的情感联结，唤起对该要素品牌的良好联想，强化对采购该要素品牌的信心和安全感，从而使采购商降低风险感知，提高维持合作关系的意愿（Bruhn et al.，2014）。这种要素产品的品牌体验，不仅是针对采购商，也指向终端消费者（Uggla & Filipsson，2008），采购商同时也要考虑消费者的需求，然而，这种需求压力反而会迫使采购商地位下降，供应商议价能力提升。过高的消费者品牌体验，反而使采购商对与供应商合作持怀疑态度，甚至维持竞争关系。

要素品牌符号价值指的是，品牌作为在市场中传递产品质量、性能、技术信息的符号，所产生的价值（Brunner et al.，2016），这里的市场既包括采供双方的 B2B 市场，又包括终端消费者的 B2C 市场。基于"搭便车"效应，采购商会对供应商的要素品牌所产生的符号价值形成依赖，不仅可以减少时间和精力的投入从而减少成本提高利益，同时提升了自身的品牌声望（Brunner et al.，2016）。不同于消费者购买决策，企业在购买要素产品时，是通过企业内部集体共同决策的，不仅要考虑产品性能质量，同时要考虑搜索成本、转换成本，以及选择该要素品牌的产品能为消费者传递的价值。消费者会将要素品牌所传递的品牌信号视为采购商产品的质量信号，消费者对品牌的认知体验和评价也是采购商评价的重要标准之一（李启庚、余明阳，2011）。同时，根据权变理论提出，企业做战略决策时，需综合考虑企业内部环境与外部变化等多方面因素，但并非一成不变（文东华等，2009）。当要素品牌的符号效用可以为成品品牌提升声望且带来经济利益时，采购商基于提升声望和经济利益的考虑，选择合作；然而当要素供应商品牌日益强大，议价能力逐步增强，对采购商的利益造成威胁的时候，采购商则更倾向于与供应商保持竞争关系（Xie et al.，2016）。

基于以上分析，采购商面对要素供应商的品牌价值时，会主要考虑对其依赖程度，对于功能价值、体验价值和符号价值，企业更愿意通过合作来获取价值的传递转移，从中获利。然而，对于要素产品的体验价值，采购商对其依赖程度不高，可能会忽略其合作意义，选择与之竞争。面对要素产品的符号价值，很可能对采购商的利益造成威胁，因此，采购商对待体验价值和符号价值的行为态度既有合作又有竞争。基于上述分析，本章提出如下假设：

H11 - 1：（a）功能价值、（b）体验价值、（c）符号价值与合作正相关。

H11 - 2：（a）功能价值与竞争呈负相关；（b）体验价值和（c）符号价值与竞争呈正相关。

资源依赖理论认为，企业间资源的差异决定了依赖程度，品牌作为企业的一种无形资源，具有隐性特征、难以复制，属于依赖程度较高的资源（Kozlenkeva et al.，2014）。要素产品作为终端产品中的重要组成部分，其品牌价值主张同样影响消费者购买决策，销量的提升可以降低采购商的感知风险，使采购商形成利益依赖。基于市场信息不对称因素，当消费者无法对产品进行判断时，会利用市场中的有效信息进行决策，当要素产品品牌的声望提升，得到消费者的认可时，采购商易形成声望依赖。在渠道治理的研究中，依赖已被证实可以促进达成组织目标，提升关系质量和绩效（Yeh，2016）。跨组织间依赖中，存在依赖的一方为降低其易受威胁的程度和预防潜在的机会主义的发生，需拥有恢复依赖平衡的动力，而最有效的平衡依赖机制的方式就是关系治理（董维维、庄贵军，2012）。企业对渠道中其他企业的关系选择主要取决于对其他成员所拥有的资源的依赖程度，而这种资源差异使企业间建立了一种对等或不对等的关系，表现在企业间的行为就是合作与竞争（Johnsen & Lacoste，2016）。制造商企业面对拥有不同产品价值的供应商时，依具体情况而定，根据在所处环境所感知到价值与企业内部所形成的依赖性两者的发展变化随机应变，选择相应的关系治理行为，权衡合作与竞争之间的关系。

本章中采购商依赖指的是基于供应商要素品牌所能为其带来的独特竞争优势，采购商通过加入该要素品牌而获得的消费者评价、声望、经济利益的提高，将采购商依赖分为基于利益的依赖和基于声望的依赖。利益依赖程度提高，说明采购商对现有供应商所提供的要素价值持满意态度，希望通过对现有关系的维持来获取经济利益（Scheer et al.，2010），对该要素品牌的价值依赖提高，随之品牌忠诚度也会提升，进而会选择与之继续合作。然而，随着要素供应商地位的提升，采购商的利益得失依赖于其所做的决策，联盟合作还是反对竞争。声望依赖程度提高，说明采购商通过借助于要素品牌的声望提高了其品牌声望，采购商"搭便车"的心理促使了与供应商的合作行为，而随着自身品牌声望的提升，同时也要受到要素品牌声望提升所带来的消费者方面的威胁，供应商议价能力的提高以及采购成本的增加，因此纵使声望依赖形成，采购商不会轻易选择与之合作，保持与供应商竞争的态度。基于上述分析，本章提出如下假设：

H11 - 3：利益依赖在（a）功能价值、（b）体验价值、（c）符号价值与合作之间发挥中介作用。

H11 - 4：利益依赖在（a）功能价值、（b）体验价值、（c）符号价值与竞争之间发挥中介作用。

H11 - 5：声望依赖在（a）功能价值、（b）体验价值、（c）符号价值与合作之间发挥中介作用。

H11 - 6：声望依赖在（a）功能价值、（b）体验价值、（c）符号价值与竞争之间发挥中介作用。

基于以上理论分析和假设推演，提出如图 11 - 1 所示的概念模型。

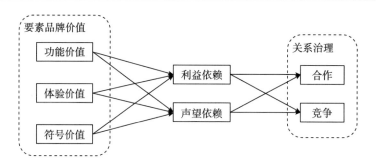

图 11 -1　概念模型

第二节　研究方法

一、研究样本

本章选取我国制造型企业中的采购商作为研究对象，包含电子设备、医药制造、运输设备、电气机械等行业，采用访谈与调查问卷相结合的方式。到制造行业龙头企业——天津天士力医药集团和内蒙古伊利实业集团进行了三次深度专家访谈，为本章所提出的理论模型框架和测量量表提供建议并以此进行修改。根据调研的目的和性质，对企业高层管理人员发放问卷，采取邮寄、电子邮件和现场发放相结合的方式，保证问卷的有效回收率。本次调研共发放 300 份问卷，回收207 份。本章采用 Harman 单因素法，将 28 个题项一起做探索性因子分析，结果显示各因子的特征值均大于 1，被萃取出的第一个主成分因子解释量为 27%，可证明不存在显著的同源偏差问题。

二、变量测量

本章的调查问卷借鉴中英文期刊上的成熟量表以保证良好的信度和效度，通过李克特 7 级量表进行测量，并根据中国情境对量表的语句表达进行了适当的调整。①要素品牌价值。本章主要借鉴 Bruhn 等（2014）的品牌价值量表，包括功能价值、体验价值和符号价值三个维度共 12 个题项。②采购商依赖。参考 Rao

等（1999）的研究分为声望依赖和利益依赖，均为 4 个题项。其中声望依赖包含吸引力、认可度和商誉三个指标；利益依赖包含利润、销量两个指标。③关系治理。本章参考谢永平等（2014）的研究中所提出的关系治理两个维度：合作与竞争。其中合作包含开放度和透明度两个指标，开放度分为人员沟通和重视程度两方面，透明度分为资源共享和合作范围两方面；竞争包含资源竞争和市场竞争两个指标。④控制变量。本章设立了企业主营业务、成立年限、规模大小、年销售总额、所有权性质和向主要供应商持续购买的年限六个控制变量。

第三节　实证分析

一、信效度检验

本章使用 SPSS 和 AMOS 软件进行信度和效度检验。各变量因子载荷范围在 0.609 ~ 0.897，高于 0.5 的标准，且均在 0.01 水平下显著，Cronbach's α 系数均大于 0.7 的标准，说明问卷信度可靠。问卷整体的 KMO 值为 0.888，Bartlett 检验的总体显著水平为 0.000，表明量表适合做因子分析。通过验证性因子分析，模型拟合的结果较为理想（$x^2/df = 1.88$，RMSEA = 0.078，NFI = 0.929，CFI = 0.935，GFI = 0.940，IFI = 0.937），说明聚合效度良好。同时，各变量平均提炼方差 AVE 值均大于 0.5，其平方根均大于变量间的相关系数，说明区别效度良好。

二、描述性统计

本章运用 SPSS 软件对七个变量进行描述性统计及相关分析，结果表明各变量间两两显著正相关，初步支持了本章的研究假设，为进一步研究理论模型提供了必要的前提。

三、假设检验

在相关分析的基础之上，考虑模型设置，本章首先采用回归分析法进行主效应检验，用以检验要素品牌价值对关系治理方式的影响。H11-1 要素品牌价值对

采购商合作行为的影响，其中 H11 – 1a 功能价值（β = 0.229，p < 0.01）、H11 –
1b 体验价值（β = 0.270，p < 0.01）和 H11 – 1c 符号价值（β = 0.206，p <
0.01）均正向显著影响合作，H11 – 1 得到数据验证。H11 – 2 要素品牌价值对采
购商竞争行为的影响，其中 H11 – 2a 功能价值（β = – 0.141，p < 0.1）负向不
显著影响竞争行为，但 H11 – 2b 体验价值（β = 0.318，p < 0.01）和 H11 – 2c 符
号价值（β = 0.161，p < 0.05）正向显著影响竞争行为，H11 – 2 中部分假设得
到数据支持。然后，本章使用 AMOS 21.0 进行变量间关系的路径关系分析，最
终路径模型框架及变量间相关系数如图 11 – 2 所示。根据前两步数据分析的显示
结果，利益依赖与竞争之间不相关，声望依赖与合作之间不相关，因此 H11 – 4
和 H11 – 5 不成立，不符合变量间两两相关的中介检验要求。本章使用 Preacher
和 Hayes（2004）提出的 Bootstrap 方法进行中介效应检验。本文所有 Bootstrap 分
析均使用 5000 次重复抽样和 95% 偏差校正的置信区间，若置信区间不包含零，
说明效应显著。对于 H11 – 3，①利益依赖中介影响功能价值和合作，区间（LL-
CI = 0.1292，ULCI = 0.3515）不包含 0，中介效应大小为 0.2273；②利益依赖中
介影响体验价值和合作，区间（LLCI = 0.1411，ULCI = 0.3506）不包含 0，中介
效应大小为 0.2389；③利益依赖中介影响符号价值和合作行为，区间（LLCI =
0.1835，ULCI = 0.4259）不包含 0，中介效应大小为 0.2940，因此，H11 – 3 全
部得到数据支持。对于 H11 – 6，置信区间均包含 0，均未得到数据支持，H11 –
6 不成立。

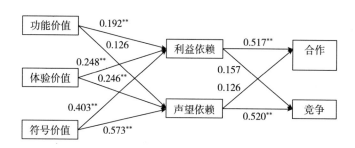

图 11 – 2　最终路径模型及路径系数

第四节　结论与展望

一、主要结论

本章通过问卷调查方式，实证检验了要素品牌价值、采购商依赖及关系治理行为之间的理论模型。结果显示，要素品牌功能价值、体验价值和符号价值均正向影响采购商的合作行为；体验价值和符号价值也同时正向影响采购商的竞争行为，但功能价值对竞争行为无显著影响，说明采购商更加看重供应商要素产品的功能价值，选择与之竞争的可能性最低，而对于其体验价值和符号价值持中立态度。在依赖作用于关系治理的路径中，利益依赖对竞争行为无显著影响，说明经济利益是合作的源动力；采购商形成声望依赖之后，反而提高竞争态度，与该要素品牌合作的可能性较低。在要素品牌的三种价值中，功能价值仅仅正向影响利益依赖，与声望依赖无显著相关关系，可能的原因在于，要素供应商的下游顾客为制造商，要素产品的功能大多附加在终端产品中，无法单独直面终端消费者，缺少消费者的积极效应使制造商无法形成品牌声望依赖；体验价值和符号价值均正向影响两类采购商依赖，要素产品的体验价值和符号价值均能被消费者所感知到甚至接触到，消费者的积极反馈不仅可以使采购商形成对供应商的要素品牌效应的依赖，同时能够带来经济利益的提升。对于采购商依赖的中介效应，利益依赖在三类品牌价值和合作行为之间发挥中介作用，声望依赖无中介作用。

二、理论贡献

本章从三个方面对现有理论进行了补充与更新。

（1）验证了不同类别的要素品牌价值对采购商竞合行为的影响，明确了要素品牌价值的效用，扩展了要素品牌化的研究发展，为后续要素品牌的研究提供参考与借鉴。

（2）基于资源依赖理论视角，检验了两类依赖在要素品牌价值影响采购商行为过程中的作用，解释了要素品牌价值发挥作用的过程机理，分析了要素品牌价值、采购商依赖以及采购商关系治理之间的内在关系，解决了要素供应商如何将有限的品牌投入转化为采购商依赖以及维持长久合作的最终目的。

（3）同时关注采购商的竞争与合作，弥补已有研究仅关注合作绩效带来的不足，相比以往对于采购商合作意愿的研究，更贴合实际。

三、实践启示

本章结论在实践层面为我国处在供应链上游的要素供应商提供了三点启示。第一，强化对要素品牌化的资源投入，使之形成利益依赖以达到长久合作的目的，其中，加强对要素产品功能价值的传递，要素品牌的体验价值和符号价值均会使采购商产生竞争的行为态度，而功能价值仅仅促使采购商产生合作的行为。因此，企业管理者应合理控制品牌投入，以打造品牌并寻求下游采购商合作。第二，相比于品牌声望的提升，采购商更倾向于经济利益的提升。供应商在对采购商进行品牌宣传时，应以采购商利益提升为着重点，强化要素产品的不同特性所能为采购商提升利益的价值点，达到共同提升利益的结果，进而维持长期合作。第三，采购商基于声望的依赖会使其产生竞争行为，因此供应商在对要素品牌进行投入时，应注重适当的体验价值与符号价值的宣传，过度投入可能适得其反，使采购商迫于消费者的威胁，为降低风险，采取竞争观望行为。

四、研究不足与展望

本章还存在些许不足之处和一定的局限性，为后续研究探索提供一些思路与方向。一方面，受限于篇幅及框架要求，仅仅设置了控制变量对模型进行调控，缺少实际中市场环境和技术竞争等潜在变量的调节作用。另一方面，根据 Luczak 等（2007）、Uggla 和 Filipsson（2008）所提出的供应商要素品牌化战略的特点，本章主要针对下游采购商视角进行探讨，并未结合终端消费者的视角，未来可对消费者视角进行研究分析，对比采购商与消费者不同视角对要素品牌化的不同感知。

第十二章　要素品牌价值对关系绩效的影响研究

要素品牌价值首先体现了供应商配置资源的方式（Urde，1999），以品牌价值为研究起点，有助于从企业层面理解要素供应商资源投入与绩效的关系。同时，作为要素产品的直接购买者，采购商对供应商的依赖是供应链关系联结的直接反映（Ferguson et al.，2005），不仅对顾客的关系忠诚有重要影响（Scheer et al.，2010），也是双方交易绩效的决定性因素（Moon & Tikoo，2013）。但已有的要素品牌研究缺乏对采购商依赖的关注，未能从供应商-采购商的视角对要素品牌进行深入探讨。考虑到已有研究的不足，本章借鉴 Leek 和 Christodoulides（2012）的观点，区分功能型要素品牌价值与情感型要素品牌价值，检验两者与采购商依赖及关系绩效的关系，同时探讨要素供应商在配置品牌资源时是否应该达到两类品牌价值的平衡。

第一节　相关概念与理论

一、B2B 品牌价值

要素供应商与采购商的交易属于典型的 B2B（Business-to-Business）关系，因此以 B2B 品牌为主题的文献为要素品牌研究提供了基础。在该领域的研究中，Lynch 和 de Chernatony（2004）提出无论在 B2B 市场还是 B2C（Business-to-Consumer）市场，品牌都应看成一组功能利益与情感利益的集合，Leek 和

Christodoulides（2012）将其观点具体化，以品牌向顾客传递的利益类型为依据，把 B2B 品牌价值划分为功能型和情感型两类。功能型 B2B 品牌价值通常强调以下几类利益：①提供信息功能，Zaichkowsky 等（2010）认为在 B2B 市场中，供应商品牌能够有效传递公司信息，尤其面对产品知识较为匮乏的采购商时，品牌提高信息可获取性的效用更为明显；②降低感知风险，Backhaus 等（2011）提出 B2B 品牌能有效降低企业顾客采购过程中的感知风险水平和不确定性；③提高感知质量，Persson（2010）研究发现，B2B 品牌能够正向影响采购商对产品、服务以及产品解决方案等质量的评价；④实现差异化，Lynch 和 de Chernatony（2007）提出通过品牌价值传递，有助于使供应商在充满"理性"和"问题导向"的 B2B 市场中提高产品的差异化程度，从而在供应链中处于关键地位。尽管上述研究证实了功能型 B2B 品牌价值具有重要作用，但正如 Roper 和 Davies（2010）所言，品牌片面地强调功能价值时很容易被竞争对手所模仿。因此有部分学者开始从情感导向的视角对 B2B 品牌价值进行探讨，Roper 和 Davies（2010）认为 B2B 品牌传递的情感能使采购商通过该品牌的定位和个体认知获取心理层面的利益；Wuyts 等（2009）提出通过建立情感联结，有助于形成采购商对供应商的信任关系；在 Herbst 和 Merz（2011）针对 B2B 市场开发的品牌个性量表中，B2B 品牌情感包括可靠性和感知性两个维度，这两个维度分别影响供应商与采购商的关系以及 B2B 品牌的自我声望；Mudambi（2002）则认为 B2B 品牌应该为采购商提供舒适的感觉，并由此增加采购商选择的信心。

尽管 B2B 品牌的研究成果已经较为丰富，但要素品牌作为 B2B 品牌中的特殊形式，与广义 B2B 品牌有所区别：一方面，广义 B2B 品牌价值传递过程中的营销活动仅仅针对价值链下一阶段的采购商，而要素品牌价值传递不仅针对下游采购商，也时常直接针对最终消费者（Luczak et al.，2007），这种在价值链中跨阶段的品牌价值传递要求采购商在选择要素供应商时，不能仅仅以企业自身判断依据为基础，也要考虑最终消费者对要素品牌的认知和情感；另一方面，在广义的 B2B 价值链中，供应商与采购商是纯粹的交易关系，而实施品牌战略的要素供应商与采购商则形成一种品牌联合（Leek & Christodoulides，2012），这种联合形态对供需双方的关系提出了更高的要求。因此，对要素品牌价值的研究既要以B2B 品牌的已有成果为基础，又要考虑要素品牌的特殊性。通过以上文献回顾发现，采用现有 B2B 品牌理论指导要素品牌价值研究，还存在三点不足之处：第一，现有研究大多关注品牌价值对采购商利益的影响，缺少对供应商自身利益的关注，因此无法客观衡量要素供应商品牌价值产生的效果；第二，现有研究大多强调功能型品牌价值，情感型品牌价值的作用还未得到应有重视；第三，以提高绩效为目的，要素供应商应该同时兼顾两类品牌价值，还是应侧重于其中某一种类型，现有研究结论无法提供参考。

二、采购商依赖

营销管理中的依赖研究大多以 Emerson（1962）的理论为基础，他将依赖界定为一家企业在达成目标的过程中，从合作方获取的价值水平与从其他可替代性企业获取的价值水平的对比程度。在 B2B 营销领域，尽管对依赖的理解已达成一致，但对依赖所采用的测量方法却并不相同（Scheer et al.，2010）。通过对已有研究进行梳理，企业间依赖的衡量方式包括单维度测量、整体测量和双维度测量三种方式。

部分学者采用单维度对组织间依赖进行测量，这些研究基于不同的视角，可划分为关注正向动机的依赖测量和关注负向动机的依赖测量。关注正向动机的依赖主要集中在营销和供应链相关研究中，研究者认为企业形成依赖的动力源自从维持现有关系中收获的利益，例如汪涛等（2009）将依赖定义为 B2B 市场中的顾客基于对资源的依赖，而表现出主动与供应商保持长期合作的关系；Ferguson等（2005）则进一步分析了企业交易导向对企业依赖的影响，具体而言，以长期交易为导向的企业致力于维持长期的成功合作，因此对值得信任并能提高其绩效的合作伙伴形成依赖。另外，有营销学者提出企业依赖的形成是为了避免已有关系中的负面效应，这部分研究以 Williamson（1991）对关系维持中负面动机的论述为基础；Ganesan 等（2010）提出由于存在转换成本，采购商与供应商之间形成一种限制性关系，假如更换供应商的成本增加，或是采购商感知到市场中缺少可以替代的供应商，为了避免经济损失，采购商倾向于尽量依赖现有供应商。

整体依赖测量关注依赖的程度，比如交易伙伴的不可替代性或者企业的综合依赖水平（Palmatler et al.，2007）。Palmatler 等（2007）认为由交易双方共同投入时间和精力构建的强有力关系与准则是难以替代的，因此现存关系对供应商和采购商而言都是一种有价值的、难以复制的资产，这种资产特性导致彼此更高程度的相互依赖。同时，考虑到企业依赖背后的正负两种动机，有的学者将两种动机进行整合，开发出综合测量方法对依赖进行研究。Scheer 等（2010）认为，在正向动机依赖和负向动机依赖以相同方式发挥作用的情境下，整体依赖测量方法是有效的，但在实际中，这两种依赖往往产生不同的效应，或者各自受到不同因素的影响，导致整体依赖测量的方法不能合理地解释依赖的本质与形成机制。

考虑到企业交易中基于不同动机的依赖类型以及整体依赖测量的缺陷，Scheer 等（2010）提出双维度依赖测量模型，该模型由基于利益的依赖和基于成本的依赖两个相互独立的维度构成。其中，基于利益的依赖反映了依赖形成的正向动机，指企业对特定关系维持的需求是因为这种关系为企业提供了不可替代的利益；基于成本的依赖则反映了依赖形成的负向动机，指企业之所以对特定关系水平进行维系，是因为一旦现有关系终止，会给企业增加新的成本。采购商对要素供应商形成某种程度依赖的原因既包括提升企业声誉、获取广告支持、共享知识与能力等既得利益，也包括由于长期稳定关系和规模经济而享受到的较低采购成本，以及通过联合品牌降低潜在成本从而取消双重边际化（Erevelles et al.，2008）。由此可知，采购商对要素供应商的依赖包括正向动机和负向动机两个方面的因素，因此本章采用双维度测量模型对采购商依赖进行研究。

三、关系绩效

B2B 市场的交易特征决定了关系是反映供应商绩效的关键指标，与从财务或运营等角度反映供应商绩效的指标不同，关系绩效为有效评价供应商绩效提供了一个更广泛的视角（O'Toole & Donaldson，2002）。

关系质量是研究者们在分析供应商与采购商交易过程时关注得较多的变量。Morgan 和 Shelby（1994）提出承诺-信任理论，将承诺和信任视为企业发展长期关系的关键因素；叶飞和薛运普（2012）认为关系承诺是供应链伙伴间保持长期友好关系的因素之一，并以采购商为调研对象，检验了采购商与供应商之间关系承诺对运营绩效的影响；Cater 和 Cater 等（2010）采用信任作为反映 B2B 关系质量的单维度指标，检验其对采购商计算式承诺和情感式承诺的影响。尽管上述研究证实了采购商的信任和承诺是企业间关系的重要衡量标准，但该视角由于缺少绩效维度，无法从本质上解释关系与交易效果的联系，即不能客观回答供应商资源投入如何转换为绩效的问题（Homburg et al.，2011）。

Srivastava 等（1998）提出了"基于市场的资产"概念，将包括营销活动和客户关系在内的资源视为建立在市场基础上的资产，指出这类资产能提升企业绩效并创造股东价值；Wathne 和 Jan（2000）以交易成本理论为基础，认为企业间关系体现为经济活动的效果，因此采用交易绩效来衡量企业间关系。而卢宏亮和王艳芝（2013）提出重复购买意向体现了客户持续与供应商交易关系的意愿，并受到客户对供应商品牌价值感知的影响，因此客户的重复购买意向是对供应商品牌关系的反映。针对将交易效果作为关系的单一测量指标，O'Toole 和 Donaldson（2002）认为，基于经济利益的视角仅仅体现了关系狭义的本质，企业间关系还应包括更广泛的利益以及合作。

通过文献梳理可以看出，现有研究主要采用关系质量和交易效果两个视角来测量企业间关系绩效。但上述研究对象主要针对广义 B2B 市场中的企业，并未识别出要素供应商的特殊性。对实施品牌化的要素供应商而言，其与采购商之间既是一种供需关系，又是一种联盟关系，因此与传统 B2B 交易相比，由要素品牌价值产生的绩效不仅强调以财务为导向的交易结果，也应该强调以关系为导向的合作程度。基于此，本章认同 Palmatier 等（2007）、Han 和 Sung（2008）的观点，提出对要素供应商关系绩效的测量应该包含能反映关系质量和交易效果两个方面的指标。

第二节　研究假设与模型构建

一、要素品牌价值与采购商依赖

（一）功能型要素品牌价值与采购商依赖

功能型品牌价值是指企业围绕技术能力和产品效用等诉求点，向顾客创造和传递品牌利益（Leek & Christodoulides，2012）。对要素供应商而言，功能型品牌价值主要强调产品的质量、性能、技术创新和差异化程度等利益（Erevelles et al.，2008）。以功能为导向的要素品牌价值可以用信息经济学理论进行解释，Erdem 和 Swait（1998）的研究认为供应商和顾客在市场中所掌握的产品信息是不对称的，当无法对该产品做出判断时，顾客会利用市场上的信息进行判断。在能够接触到的市场信息中，品牌的价值主张与其承诺的品牌效用是影响顾客购买决策的重要因素（Kim & Hyun，2011）。要素供应商在向采购商传递品牌价值时，可以通过强调该品牌具有的功能价值，降低采购商的感知风险，提高其对品牌质量的感知（Backhaus et al.，2011），通过这些价值和利益的传递，要素供应商能有效提高采购商交易过程中的可获得利益（Scheer et al.，2010）。另外，采购商在购买要素产品时，通常由企业内部的群体共同进行决策，还要考虑选择该要素产品能为消费者传递的价值（Glynn，2012）。因此，与消费者购买相比，采购商的决策涉及多种权力的均衡，过程更复杂，购买成本更高（彭璜、钟嘉馨，2005）。Leek 和 Christodoulides（2011）提出采购商的购买过程是以利益为驱动，并有较大的预算限制，对交易成本的关注远高于消费者。要素供应商以功能为导向传递品牌价值，一方面向采购商提供清晰、准确的品牌功能信息，提高采购商对要素品牌的质量感知，降低采购商的信息搜索成本；另一方面通过强调品牌优越的、不可替代的性能，强化与采购商之间的合作关系（Leek & Christodoulides，2012），提高采购商识别和评价潜在供应商的时间成本、精力成本和经济成本，从而增加采购商终止现有关系的退出壁垒。基于此，本章提出如下假设：

H12 – 1a：功能型要素品牌价值对采购商基于利益的依赖有显著正向影响。

H12 – 1b：功能型要素品牌价值对采购商基于成本的依赖有显著正向影响。

（二）情感型要素品牌价值与采购商依赖

情感型品牌价值是指通过建立情感上的品牌利益联想，提升该品牌赋予顾客的心理价值和无形价值（Herbst & Merz，2011）。品牌情感不仅是品牌资产的驱动因素之一，也是品牌价值链的重要构成要素（何佳讯，2008）。Lynch 和 de Chernatony（2004）认为，与采购商建立情感联结也是品牌差异化的关键因素，但与建立在功能价值基础上的差异化不同，由情感联结形成的差异化强调了能为采购商提供的不同于竞争者的心理价值，具体包括对该要素产品的信任、安心和安全等感知。同时，这些心理价值作为一种"情感触发器"，有助于唤起采购商对该要素品牌的良好联想，从而在风险较高的采购环境中对该品牌的感知质量与产品性能给予较高评价，提高维系现有要素供应商关系的意愿（Glynn，2012）。

Roper 和 Davies（2010）经研究证实，情感品牌联想能正向影响采购商对供应商的满意度，从而提高采购商的重购意向和品牌忠诚。与广义 B2B 品牌相比，要素品牌价值的传递不仅针对采购商，也通常延伸到最终消费者市场（Uggla & Filipsson，2008），望海军（2012）认为，消费者并不仅为了功能利益，也会为了情感满足而选择品牌，并形成品牌忠诚。因此当采购商提供的产品中包含了能让消费者感觉到可靠、放心和舒适的要素品牌时，能够提高消费者对采购商品牌的态度，增加采购商更换要素供应商的成本（Uggla & Filipsson，2008）。由此可知，情感导向的品牌价值不仅是采购商维系现有关系的基础，也能影响采购商对要素供应商的关系承诺，如果采购商要终止现有的合作关系，就可能承担利益损失的风险，这在无形中提高了采购商的选择成本和替换成本。基于此，本章提出如下假设：

H12－2a：情感型要素品牌价值对采购商基于利益的依赖有显著正向影响。

H12－2b：情感型要素品牌价值对采购商基于成本的依赖有显著正向影响。

二、采购商依赖与关系绩效

依赖通常被用来作为新产品开发绩效（姚山季、王永贵，2012）、交易绩效（Moon & Tikoo，2013）以及关系强度（Palmatler et al.，2007）的前置变量，为本章探讨采购商依赖对要素供应商关系绩效的影响提供了理论基础。采购商基于利益的依赖，是以要素品牌能为其提供获取竞争优势的独特利益为前提，即基于利益的依赖是由于采购商通过加入要素品牌而提高了消费者评价、由要素供应商分担营销成本、双方间频繁的信息互动等利益。基于利益的依赖程度增加，表明采购商希望通过维系现有关系持续获取上述利益，因而会相应提高对现有品牌关系的满意度（Scheer et al.，2010），采购商对该要素品牌的关系忠诚度也随之增加。采购商对现有合作关系的满意度和忠诚度还体现在交易行为中，例如提高对该要素品牌的重复购买意愿（卢宏亮、王艳芝，2013），愿意支付比替代供应商品牌更高的购买价格。

从避免成本增加的视角，采购商投入时间和精力与要素供应商构建合作关系，会增加对该要素品牌基于成本的依赖，因为将现有关系移植到新的要素供应商，意味着需要投入额外的成本（Palmatler et al.，2007），为避免潜在的成本发生，采购商需要通过对要素品牌做出承诺和持续交易维持现有关系。另外，采购商意识到潜在转换成本逐渐增高时，会采取增加购买量、在价格上做出妥协等方式提高其对要素供应商的重要性，以达到增加要素供应商对采购商的依赖、促进双方的相互依赖以及降低采购商对要素品牌的相对依赖等目的（Scheer et al.，2010）。在两种机制的作用下，采购商基于成本的依赖有助于要素供应商关系绩效的提升。基于此，本章提出如下假设：

H12－3a：采购商基于利益的依赖对要素供应商关系绩效有显著正向影响。

H12－3b：采购商基于成本的依赖对要素供应商关系绩效有显著正向影响。

三、要素品牌价值与关系绩效

企业传递品牌价值的主要目的在于增强品牌在顾客购买决策过程中的影响

力，无论在 B2B 市场还是 B2C 市场，品牌价值的作用已经得到研究结论的支持（Leek & Christodoulides，2012）。当要素供应商传递功能型品牌价值时，有助于提高采购商对要素产品的质量评价、降低采购商的信息搜索成本和感知风险（Erevelles et al.，2008），这些感知促使采购商保持与要素供应商的合作关系，并提高重复购买的频率。Glynn 等（2007）将供应商品牌为企业顾客提供的价值归结为财务、客户和管理三类，卢宏亮和王艳芝（2013）进一步证实供应商品牌提供的价值能正向影响采购商的重复购买意向或将其作为首选目标。在情感型品牌价值方面，要素品牌为采购商提供的情感价值主要体现为信任、安心、抱负和安全等感知利益（de Chernatony，2002），这些感知因素有助于稳固现有客户关系，影响采购商的购买决策，在特定情境中，情感型品牌价值甚至发挥了比基于理性的功能判断更重要的作用（Lienland et al.，2013）。

在采购商对要素供应商进行评估的过程中，消费者对要素品牌的认知与评价成为采购商考虑的重要标准，因为消费者倾向于将高知名度的要素品牌视为传递采购商产品质量的信号，从而对该终端产品做出较高评价。根据该观点，供应商通过向消费者强调要素品牌的功能利益和情感利益，能有效培养和改善消费者对该品牌的价值认知和态度忠诚，推动要素品牌成为消费者购买商品时的判断依据，进而影响采购商与要素品牌的交易效果与关系质量（Leek & Christodoulides，2012）。由此可知，要素供应商的品牌价值，无论是功能型还是情感型，都能影响关系绩效的提升。基于此，本章提出如下假设：

H12 -4a：功能型要素品牌价值对关系绩效有显著正向影响。

H12 -4b：情感型要素品牌价值对关系绩效有显著正向影响。

四、要素重要性的调节效应

要素重要性是指要素产品在最终产品中的属性地位。对要素重要性的关注大多集中在以消费者为对象的研究中，Desai 和 Keller（2002）提出当要素品牌在消费者品牌中处于核心地位时，对两类品牌联合效应的影响要大于其处于附属地位的情况，该观点得到陆娟和边雅静（2020）的证实，即要素重要性是一个影响要素品牌与消费者品牌联合效应的重要因素。尽管已有研究大多关注要素重要性对消费者评价的影响，但 Ghosh 和 John（2009）认为要素重要性也是一个影响采购商合作方式的关键因素。本章将要素重要性视为要素品牌价值作用于关系绩效的边界条件，考察当要素产品处于不同重要性地位时，两种类型的要素品牌价值对关系绩效的作用会发生怎样的变化。

要素重要性程度越高，要素品牌对采购商产品质量、性能的影响越大，采购商就越倾向于关注该要素品牌的功能型价值，因此当要素供应商传递功能型品牌价值时，其所承诺的既得利益就成为采购商降低信息成本和感知风险的重要依据。同时，要素重要性程度较高时，消费者也会更专注该要素产品在多大程度上提升了最终产品的性能或质量，影响采购商对要素品牌的选择。由此可知，要素重要性程度越高，采购商越倾向于与传递功能价值的要素供应商保持合作关系，关系绩效也有所提高。相对应地，由于情感型要素品牌价值强调心理的、无形的利益，与采购商产品质量与属性的联系程度较低，意味着在选择重要性程度高的要素产品时，采购商无法通过情感型品牌价值充分判断该要素品牌对产品的影响，重复购买或关系维持的可能性降低。基于此，本章提出如下假设：

H12 – 5a：要素重要性正向调节功能型要素品牌价值与关系绩效的关系。

H12 – 5b：要素重要性负向调节情感型要素品牌价值与关系绩效的关系。

五、两类要素品牌价值不平衡程度的影响

随着市场竞争程度的加剧和顾客需求的多元化，同时包含了情感价值和功能价值的品牌才能更好地实现采购商利益（Lynch & de Chernatony，2004）。Lynch 和 de Chernatony（2007）提出，供应商应认识到企业中的购买者会受到理性和情感两种动机的影响，在传递要素品牌价值时应同时考虑采购中心所有成员的需求。以上观点表明，要素品牌应该达到两类价值的平衡，即供应商在定位品牌价值和维系品牌关系时，应同时兼顾功能型价值和情感型价值，不应顾此失彼（de Chernatony，2002）。只注重功能型品牌价值，会使要素供应商过度关注短期的交易行为，忽略与采购商建立基于承诺的长期关系（Lynch & de Chernatony，2007）。同时，由于仅仅强调功能价值已经很难使产品实现差异化（Mudami，2002），容易导致供应商失去已经建立起来的竞争优势。同样地，仅仅强调情感型品牌价值，也容易使供应商忽视 B2B 市场的特征，无法有效通过品牌价值的定位和传递满足采购商的期望，因为 B2B 市场中的顾客进行购买决策时，大多关注产品的绩效特征和该产品满足他们的需求方式（Backhaus et al.，2011）。由此可知，要素供应商在传递品牌价值时，应将有限资源合理地分配到两类品牌价值中，在为采购商提供产品质量和性能等功能价值的同时，也传递与品牌相关的情感价值。

尽管部分学者意识到功能型品牌价值和情感型品牌价值不平衡会导致供应商无法全面满足采购商的需求，降低采购商的购买行为意向（Lynch & de Chernatony，2004；2007），但已有研究并未对该问题进行实证检验。本章认为两类品牌价值的不平衡程度同样会损害要素供应商与采购商的关系，即功能型品牌价值和情感型品牌价值的不平衡程度越高，要素品牌的关系绩效就越低。本章采用两类价值差异的绝对值反映两者之间的不平衡程度，检验其对关系绩效的影响。基于此，本章提出如下假设：

H12 - 6：功能型要素品牌价值与情感型要素品牌价值的不平衡程度负向影响关系绩效。

根据以上研究假设，本章的理论模型如图 12 - 1 所示。

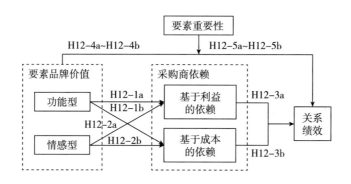

图 12 - 1 理论模型

第三节 研究方法

一、样本选取和数据采集

本章以要素产品采购商为调研对象，依据已有文献，进行品牌化的要素供应商主要集中在电子、通信、家电、服装和快速消费品等行业。根据我国国家统计局发布的公报，上述行业产值在广东、福建、江苏和浙江等省份的总产值中所占比重较高，产业链发展也较为完整，研究选择这四个省份开展问卷调研，能有效反映要素供应商品牌价值与采购商依赖和关系绩效的关系。被调查的企业必须满足以下条件：①该企业采购要素产品的目的是进行消费品生产；②该企业所采购的要素产品中至少有一种实施了品牌化。本章借助政府管理机构（比如经济开发区管理委员会）、高校校友和私人关系等途径，采用电子邮件、邮寄和当面访谈等方式将问卷送达企业。为使调查能反映企业真实情况，本章邀请具有采购权限、熟悉采购流程的企业中高层管理者对问卷进行填答。正式调研从 2013 年 7 月中旬开始，至 2013 年 9 月下旬结束，共发放问卷 490 份，回收 265 份，剔除不符合调研要求与存在数据缺失的问卷，最终保留 234 份有效问卷，有效回收率为 47.76%。

二、变量测量

本章采用结构性问卷采集数据，涉及的变量测量指标主要源自国外已有研究，为能有效反映中国情境下的企业情况，本章在已有成熟量表的基础上，经过专家讨论和对小规模要素产品采购商进行访谈，完成测量量表的开发。

（1）自变量为要素品牌价值，包括功能型品牌价值（FIBV）和情感型品牌价值（EIBV）两个潜变量。

如前所述，采购商在对要素品牌进行评价时，既考虑企业自身利益也同时考虑消费者的评价，这不仅是要素品牌与广义 B2B 品牌的区别，也应该体现在要素品牌价值的测量上。具体而言，功能型要素品牌价值的测量来源于 Ghosh 和 John（2009）、Kim 和 Hyun（2011）的研究，主要从感知质量、差异化和对消费者的影响等方面进行测量，包含 5 个题项；情感型要素品牌价值的测量首先以 Leek 和 Christodoulides（2012）的观点为基础，题项改编自 Jensen 和 Klastrup（2008）对 B2B 品牌情感的研究，同时考虑到要素品牌能为采购商以及消费者带来情绪方面的感知，进一步借鉴 Roper 和 Davies（2010）、Herbst 和 Merz（2011）的量表，最终该部分问项包含品牌可靠性和品牌感觉评价两个方面共 5 个题项。

（2）采购商依赖包含基于利益的依赖（BAD）和基于成本的依赖（CAD）两个潜变量。基于利益的依赖参考 Scheer 等（2010）的量表，采用 4 个题项进行测量；基于成本的依赖则综合借鉴 Scheer 等（2010）、Han 和 Sung（2008）的研究，从搜索成本、关系成本、更换成本和更换风险四个方面进行测量，共 4 个题项。

（3）因变量为关系绩效（REPE）。借鉴张婧和邓卉（2013）、Han 和 Sung（2008）的量表，包含交易绩效和关系质量两个方面共 4 个题项。

（4）调节变量为要素重要性（IOIP）。借鉴 Ghosh 和 John（2009）的研究，采用单个题项进行测量。

（5）控制变量。为获得准确的数据结论，本章还依据 Ghosh 和 John（2009）的建议，选取采购中心规模（BCS）、合作时长（CT）、潜在供应商数量（NPS）和行业类别（IND）这四个可能影响分析结果的变量进行控制。通过参与采购决策的员工人数对采购中心规模进行测量，合作时长为采购商向要素供应商持续购买的实际年份，潜在供应商数量通过让被访者估计该行业市场中可供选择的供应商数量进行测量，为了消除变量单位的影响，对上述二个变量进行自然对数处理；同时以"快速消费品"为基准变量，对所在行业进行虚拟变量处理。

本章对功能型要素品牌价值、情感型要素品牌价值、基于利益的依赖、基于成本的依赖、关系绩效和要素重要性采用李克特 7 级量表进行测度，1 为"完全不同意"，7 为"完全同意"。具体量表内容如表 12 – 1 所示。

表 12 – 1 描述性统计

变量	分类	样本量	百分比（%）
采购中心规模（BCS）	少于 3 人	58	24.786
	3~5 人	122	52.137
	6~8 人	42	17.949
	8 人以上	12	5.128
合作时长（CT）	2 年以下	61	26.068
	3~5 年	113	48.291
	6~10 年	54	23.077
	10 年以上	6	2.564
行业类别（IND）	快速消费品	32	13.675
	电子	56	23.931
	通信	21	8.974
	家电	34	14.530
	服装	52	22.222
	其他行业	39	16.667

续表

变量	分类	样本量	百分比（%）
所在地区 （DIS）	广东	95	40.598
	福建	58	24.786
	江苏	35	14.957
	浙江	46	19.658

三、偏差检验

首先对数据进行偏差检验，以避免多个变量的数据来自于同一被访者所造成的同源方法偏差。探索性因子分析（EFA）结果表明，未旋转的第一个主成分载荷量为 25.772%，并未出现单一因子能解释大部分变异的情况。同时，将所有测量题项负载到单一因子上时，测量模型的拟合度结果为：$\chi^2/df = 7.468$，GFI = 0.568，CFI = 0.462，NNIF = 0.308，NFI = 0.452，RMSEA = 0.266，表明模型拟合度较差。其次，将问卷按照回收时间进行排序，对前 1/3 和后 1/3 的样本进行 t 值检验，结果显示所有观测变量均不存在显著差异（p > 0.050）。最后，对无效问卷和有效问卷进行 t 值检验，结果表明两类问卷在采购中心规模和合作时长等方面的差异并不显著（p > 0.050），因此无应答偏差可以忽略。

第四节　数据分析与结果

一、信效度检验

本章采用 Cronbach's α 值和组合信度（CR）作为量表信度的评价指标，结果如表 12 - 2 所示，所有变量的 α 值介于 0.850 ~ 0.881，CR 值介于 0.850 ~ 0.882，均大于 0.700 的理想水平，表明本章采用的量表具有良好的内部一致性。

效度从内容效度和结构效度两个方面进行测量。本章的变量测量都是基于已有研究，并围绕研究问题和研究背景，经过专家讨论和小规模访谈进行修正和完善，因此具有较好的内容效度。结构效度包括收敛效度和判别效度，本章采用

AMOS 7.0 进行验证性因子分析（最大似然法进行参数估计），测量模型的整体拟合指标良好：$\chi^2/df = 1.363 < 2$，NNFI $= 0.985 > 0.900$，RFI $= 0.945 > 0.900$，GFI $= 0.962 > 0.900$，RMSEA $= 0.039 < 0.060$，表明测量模型适合进行验证性因子分析。在此基础上，量表各项指标均达到收敛效度判定标准（见表 12 - 2）：所有问项的标准化因子载荷（FL）和各变量的平均萃取方差（AVE）都大于 0.500 的水平，量表的收敛效度达到可接受水平。表 12 - 3 为各潜变量的相关系数、均值和标准差，如表 12 - 3 所示，各潜变量的 AVE 平方根均大于其对应行和列的相关系数，说明变量之间显著地互不相同，量表具有较好的判别效度。

表 12 - 2　量表的信度和收敛效度检验结果

潜变量	观测变量	FL	CR	α 值	AVE
1. 功能型要素品牌价值（FIBV）	$FIBV_1$　该品牌向我们保证产品的质量很高	0.784	0.866	0.864	0.564
	$FIBV_2$　该品牌强调有助于提升我们产品的性能	0.740			
	$FIBV_3$　该品牌强调其在技术或研发上付出很多努力	0.689			
	$FIBV_4$　与竞争对手区别开来是该品牌的重要目标	0.789			
	$FIBV_5$　该品牌致力于提高消费者对我们产品的评价	0.747			
2. 情感型要素品牌价值（EIBV）	$EIBV_1$　该供应商强调其品牌能使人们感觉愉悦	0.792	0.882	0.881	0.599
	$EIBV_2$　该供应商努力使人们觉得其品牌是可靠的	0.801			
	$EIBV_3$　该供应商强调其品牌是讨人喜欢的	0.774			
	$EIBV_4$　该供应商强调其品牌是值得信赖的	0.768			
	$EIBV_5$　该品牌致力于使人们产生舒适的感觉	0.732			
3. 基于利益的依赖（BAD）	BAD_1　相比其他供应商，与该供应商交易能获取更多利益	0.763	0.860	0.859	0.605
	BAD_2　从该供应商获取的利益，很难从其他供应商那里获取	0.803			
	BAD_3　如果停止向该供应商采购要素产品，我们公司的产品对消费者的吸引力会下降	0.775			
	BAD_4　与该供应商合作对我们企业的成功很重要	0.771			

续表

潜变量	观测变量	FL	CR	α 值	AVE
4. 基于成本的依赖（CAD）	CAD_1　重新找到与现有供应商相类似的供应商，需要付出很高成本	0.785	0.850	0.850	0.587
	CAD_2　终止与该供应商现有关系的成本很高	0.798			
	CAD_3　如果我们更换供应商，将会承担较高的更换成本	0.762			
	CAD_4　更换现有供应商会使我们承担较大风险	0.718			
5. 关系绩效（REPE）	$REPE_1$　我们愿意花更高的价格购买该品牌的产品	0.775	0.869	0.860	0.624
	$REPE_2$　我们愿意继续购买该品牌的产品	0.830			
	$REPE_3$　我们愿意将该要素品牌推荐给其他采购商	0.780			
	$REPE_4$　我们愿意与该要素品牌维持长期合作关系	0.773			
6. 要素重要性（IOIP）	该要素产品是我们产品中的关键组成部分	1.00	——	——	——

注：要素重要性为单指标潜变量，强制其因子载荷为1，无法估计 α 值、CR 和 AVE 值。

表 12 - 3　判别效度检验结果

潜变量	FIBV	EIBV	BAD	CAD	REPE	IOIP	均值	标准差
FIBV	0.751						4.496	1.063
EIBV	- 0.051	0.774					4.133	1.139
BAD	0.376**	0.023	0.778				4.170	1.206
CAD	0.154*	0.260**	0.134*	0.766			4.276	1.147
REPE	0.268**	0.274**	0.370*	0.338**	0.790		4.293	1.204
IOIP	- 0.154*	0.092	0.018	0.053	0.060	——	4.235	1.768

注：对角线上的数据为潜变量的 AVE 值平方根；＊为 p < 0.05，＊＊为 p < 0.01，双尾检验，下同。

二、主效应分析

为了检验两类要素品牌价值对采购商依赖和关系绩效的影响，首先借助 A-MOS 7.0 采用最大似然估计法对理论模型进行检验。理论模型的绝对拟合度指标检验结果为：$\chi^2/df = 1.414 < 2$，GFI $= 0.904 > 0.900$，RMSEA $= 0.042 < 0.060$，SRMR $= 0.050 < 0.060$。考虑到绝对拟合指标受样本量的影响较大，本章还采用相对拟合指标和简约拟合指标对数据与模型的匹配程度进行检验，相对拟合指标结果为：NFI $= 0.897 \approx 0.900$，NNFI $= 0.961 > 0.900$，CFI $= 0.966 > 0.900$。简约拟合指标结果为：PGFI $= 0.714 > 0.500$，PNFI $= 0.775 > 0.500$。以上拟合指标结果表明，本章构建的理论模型合理，适合用于进一步的路径分析。

理论模型的标准路径系数如图 12-2 所示，结果表明，功能型要素品牌价值对采购商基于利益的依赖（$\beta = 0.436$，$t = 5.509$）和基于成本的依赖（$\beta = 0.206$，$t = 2.765$）均有显著的正向影响，H12-1a 和 H12-1b 得到数据支持；情感型要素品牌价值对基于利益的依赖并无显著影响（$\beta = 0.052$，$t = 0.744$），但对基于成本的依赖有显著正向影响（$\beta = 0.321$，$t = 4.246$），因此 H12-2a 未通过检验，H12-2b 得到支持；基于利益的依赖（$\beta = 0.318$，$t = 4.062$）和基于成本的依赖（$\beta = 0.252$，$t = 3.446$）均对关系绩效有正向影响，H12-3a 和 H12-3b 通过检验；功能型要素品牌价值（$\beta = 0.169$，$t = 2.210$）和情感型要素品牌价值（$\beta = 0.241$，$t = 3.401$）都对关系绩效有正向影响，H12-4a 和 H12-4b 得到支持。

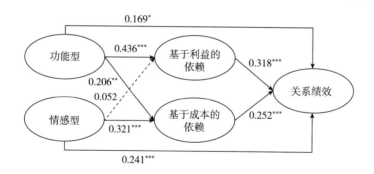

图 12-2　标准路径模型

注：虚线表示未通过检验的路径，＊为 $p < 0.05$，＊＊为 $p < 0.01$，＊＊＊为 $p < 0.001$（双尾检验，下同）。

三、调节效应分析

（一）变量处理与多重共线性诊断

本章采用多元回归方法分析要素重要性的调节效应，以识别出两类要素品牌价值影响关系绩效的边界条件。在进行回归分析前，首先根据研究问题对变量进行处理，即将功能型要素品牌价值和情感型要素品牌价值分别做中心化处理后，与要素重要性相乘，得到交互项 FIBV × IOIP 和 EIBV × IOIP。与已有研究一致，控制变量中的采购中心规模、合作时长和潜在供应商数量取自然对数，以减少变量非正态性产生的影响；所处行业为类别变量，需要进行虚拟变量处理，以"快速消费品"为基准产生五个虚拟变量，IND1 为"电子"，IND2 为"通信"，IND3 为"家电"，IND4 为"服装"，IND5 为"其他行业"。其次，采用方差膨胀因子（VIF）和容忍度（Tolerance）两个指标检验变量间是否存在多重共线性，结果如表 12 - 4 所示，VIF 值均小于 10、容忍度均大于 0.100，表明各变量适合进行回归分析。

（二）要素重要性的调节效应

由表 12 - 4 可以看出，回归分析以关系绩效（REPE）为因变量，构建解释变量与交互项组成的多元层级回归模型。模型 1 只加入控制变量，为控制变量对因变量的基准模型；模型 2 在模型 1 的基础上逐步加入功能型要素品牌价值（FIBV）、情感型要素品牌价值（EIBV）和要素重要性（IOIP），是控制变量和解释变量对因变量的主效应模型；模型 3 则在模型 2 基础上分别加入两个交互项，检验要素重要性（IOIP）在要素品牌价值（FIBV、EIBV）与关系绩效（REPE）关系中的调节效应。结果显示，FIBV × IOIP 的回归系数为 0.258（$p < 0.001$），EIBV × IOIP 的回归系数为 -0.218（$p < 0.001$），与模型 2 相比，模型 3 的 R^2 显著增加 0.127（$p < 0.001$），表明要素重要性正向调节了功能型要素品牌价值对关系绩效的影响，负向调节了情感型要素品牌价值对关系绩效的影响，H12 - 5a 和 H12 - 5b 均得到证实。

表 12 - 4 回归分析结果

	因变量：*REPE*（标准回归系数）			
	模型 1	模型 2	模型 3	模型 4
控制变量				
BCS	0.018	- 0.004	0.047	- 0.006
CT	0.087	0.046	0.010	0.046
NPS	0.035	0.002	- 0.033	- 0.004
IND$_1$	0.033	0.035	0.008	0.021

	因变量：REPE（标准回归系数）			
	模型1	模型2	模型3	模型4
IND_2	−0.085	−0.038	−0.041	−0.035
IND_3	−0.054	−0.022	−0.073	−0.020
IND_4	−0.028	−0.010	−0.052	−0.009
IND_5	0.030	0.050	0.019	0.025
解释变量				
FIBV		0.307***	0.265***	0.253***
EIBV		0.274	0.225	0.263***
IOIP		0.088	0.085	0.078
│FIBV − EIBV│				−0.145*
交互项				
FIBV × IOIP			0.258***	
EIBV × IOIP			−0.218***	
Tolerance	≥0.466	≥0.461	≥0.456	≥0.458
VIF	≤2.144	≤2.170	≤2.195	≤2.182
R^2	0.023	0.182	0.309	0.199
调整后 R^2	0.012	0.141	0.268	0.155
ΔR^2		0.159***	0.127***	0.017*
F	0.650	4.483***	7.576***	4.567***

四、功能型要素品牌价值与情感型要素品牌价值不平衡程度的影响

本章采用功能型与情感型要素品牌价值差异的绝对值（│FIBV − EIBV│）反映两者的不平衡程度。在模型2的基础上加入解释变量│FIBV − EIBV│构建模型4，检验两类要素品牌价值的不平衡程度对关系绩效的影响，结果如表12 − 4所示，│FIBV − EIBV│回归系数为 −0.145（$p < 0.05$），R^2 显著增加0.017（$p < 0.05$），表明两类要素品牌价值的不平衡程度负向影响关系绩效，即两类要素品牌价值差异越大，关系绩效越低，H12 − 6得到证实。

第五节　结论与展望

一、结果讨论

（一）要素品牌价值对采购商依赖的影响

1. 功能型要素品牌价值对采购商基于利益的依赖和基于成本的依赖均有显著正向影响

该结论与现有研究中关于企业顾客是"理性购买者"的观点相一致（Lienland et al.，2013），反映了采购商在对要素供应商进行选择和评估时，要素产品的质量和性能是影响购买决策的关键因素。由于采购商的购买过程具有高不确定性和高成本等特征，要素供应商以技术能力或产品效用为诉求向市场传递品牌价值，既能增加采购商在交易过程中的感知价值，又能提高其重新寻找和评估替代供应商的成本。

2. 情感型要素品牌价值对采购商基于成本的依赖有显著正向影响，对基于利益的依赖无显著影响

情感型品牌价值强调为采购商提供优于替代供应商的心理感受，增加采购商对交易关系的卷入度，使其形成与供应商的情感契约。这种情感契约类似于关系承诺，能有效增加采购商对终止合作关系和寻找替代供应商的成本，提高采购商基于成本的依赖。情感型要素品牌价值对基于利益依赖影响的假设未能通过检验，可能的原因在于情感型要素品牌价值强调能为采购商带来心理上的感知，该类型利益是以采购商为中心而不是以产品为中心，无法通过强调产品功能影响采购商对要素品牌质量和性能的判断，因此采购商不会形成基于利益的依赖。该结论也体现了要素品牌与消费者品牌的区别，在消费者品牌研究领域，情感型品牌价值已被证实是影响消费者对品牌利益感知和判断的重要因素。

（二）采购商依赖对关系绩效的影响

基于利益的依赖与基于成本的依赖均对要素供应商关系绩效有显著正向影响。当要素供应商提供独特的或超出替代供应商的利益时，采购商会提高对购买过程与结果的评价。在产业市场中，潜在供应商的数量较少，从现有供应商获取

的利益构成采购商重复购买和维持关系的基础，因此采购商基于利益的依赖程度越高，越倾向于维持与现有要素供应商的交易关系。

当终止合作或寻求替代供应商需要付出较高成本时，为避免由于潜在成本导致的损失，采购商倾向于维持与现有要素供应商的关系，基于成本的依赖程度越高，要素供应商的关系绩效越好。值得注意的是，Scheer 等（2010）认为基于成本的依赖是通过负向效应维持与采购商的合作，会损害采购商与供应商的稳定关系，该观点与本章结论有不一致之处。究其原因，一方面，Scheer 等（2010）将关系忠诚分离为一个单独变量进行探讨，而本章则是从关系质量和交易绩效两个方面进行综合考虑；另一方面，基于成本依赖的影响与市场竞争强度密切相关，一旦产业市场中存在更有吸引力的要素供应商，尽管仍然存在潜在成本，采购商也可能弱化与现有要素供应商的关系。

（三）要素品牌价值对关系绩效的影响

1. 在不考虑要素重要性的前提下，无论是功能型还是情感型的要素品牌价值，都对关系绩效有显著正向影响

该结论表明要素供应商通过品牌价值影响与采购商的关系时，既可以强调要素品牌具备的优良属性，也可以强调该品牌能为采购商提供的情感利益。同时，要素产品在最终产品中的属性地位不同，功能型品牌价值与情感型品牌价值对关系绩效作用并不相同。核心要素产品在很大程度上决定了最终产品的性能或质量，采购商在购买决策过程中更多地关注要素产品的功效，情感型的品牌价值会偏离采购商的判断依据，降低采购商的合作与购买意向；而以产品质量和性能作为品牌诉求点，能更有效引起采购商对该要素品牌的重视，提高关系绩效。

2. 两类要素品牌价值的不平衡程度对关系绩效有负向效应

该结论表明，要素供应商在定位品牌价值时，应努力达到两种类型要素品牌价值的均衡，只偏向于其中一种类型则无法实现品牌价值的最大效用。仅仅强调功能型要素品牌价值，尽管可以满足采购商在要素产品质量或性能上的要求，但由于产品的功能属性很容易被竞争对手所模仿，要素供应商无法长期保持竞争优势，导致关系绩效降低；片面地强调情感型要素品牌价值有助于提高要素供应商的差异化程度，但却容易导致采购商不能对要素产品的质量或性能做出正确评价，同样会影响要素供应商的关系绩效。

二、研究结论

在相关研究评述与理论分析的基础上，本章重点关注要素品牌价值对关系绩

效的影响，并基于234家要素采购商的调研数据对研究假设进行检验。研究结果表明，功能型要素品牌价值对采购商基于利益的依赖和基于成本的依赖均有显著正向影响；而情感型要素品牌价值对基于成本的依赖有显著正向影响，但对基于利益的依赖无显著影响。基于利益的依赖与基于成本的依赖都对要素供应商关系绩效有显著正向影响。在不考虑要素重要性的前提下，功能型要素品牌价值与情感型要素品牌价值都对关系绩效有显著正向影响；要素重要性正向调节功能型要素品牌价值对关系绩效的影响，负向调节情感型要素品牌价值对关系绩效的影响。最后，两类要素品牌价值的不平衡程度显著地负向影响关系绩效。

本章的理论价值在于，针对要素品牌在实践中的发展趋势，回答了要素供应商如何将有限的品牌资源转化为绩效的问题，在一定程度上填补了要素品牌领域理论研究与实践发展的差距；通过实证的方法检验功能型与情感型两类要素品牌价值对关系绩效的作用机制，既识别了两类要素品牌价值的不同效用，也弥补了已有研究大多限于理论推演而缺少数据支持的不足。本章以要素品牌与广义B2B品牌的异同为前提，有助于深化和发展B2B品牌理论，也为后续针对要素品牌的研究提供了参考和借鉴。在管理启示方面，研究结论有助于指导供应商以要素产品重要性为前提，通过合理投入与配置有限的品牌资源，摆脱长期处于加工制造为主的产业链底端的困境，提高与采购商之间的关系绩效。

本章还存在一定的局限性。一方面，根据Luczak等（2007）、Uggla和Filipsson（2008）的观点，要素品牌战略既针对采购商，也针对消费者，考虑到研究的聚焦性，本章并未对基于消费者视角的要素品牌战略进行探讨，未来研究将进一步考虑要素品牌对消费者的影响，综合分析要素品牌资源配置与回报的关系；另一方面，在探讨要素品牌价值作用的边界条件时，本章采用要素重要性作为调节变量，在实际当中，市场竞争强度、环境动荡性等外在变量同样会对要素品牌投资与回报的关系产生影响，未来研究也应在这个方面做更深入的探讨。

第十三章 供应商创新能力、要素品牌价值与经营绩效关系研究

要素供应商品牌化的实质是以品牌为载体向采购商创造和传递价值，使要素供应商从品牌投入中获取回报（Linder & Seidenstricker，2010）。Beverland 等（2007）认为，创新能力是增加供应商品牌价值的关键，具有创新能力的要素供应商品牌有助于增加终端产品的价值并帮助其在市场中获取竞争优势。基于要素供应产业中理论与实践的缺口，本章将验证供应商创新能力对要素品牌价值的影响，同时分析要素品牌价值对供应商经营绩效的作用，为我国要素供应商的品牌战略提供依据。

第一节 相关概念与理论

一、要素供应商创新能力

已有研究为了关注企业创新能力的作用以及识别创新能力的驱动因素，通常对创新能力进行分类。在以创新性质为基础界定企业创新能力的研究中，Damanpour（1998）概括性地将创新划分为管理创新与技术创新，以体现技术创新与非技术创新的区别。陈力田等（2012）将创新能力视为以职能为单位的交互动态体系，提出创新能力构成体系中包括要素能力和架构能力，其中要素能力具体包括外部战略协调柔性能力、内部战略协调柔性能力以及技术吸收集成能力，架构能力包括市场营销能力和协调要素能力的能力。相对于上述包含复杂内涵的创新能

力体系，Zhou 等（2005）以技术升级和对现有目标市场分离两种创新活动为基础，提出技术创新与市场创新的概念。

要素供应商处于产业链的上游，要在供应链中通过品牌化达到提升企业经营绩效的目标，首先需要通过技术研发投入提高要素产品的差异化程度，即通过采用先进的技术为采购商提供更高价值，反映了要素供应商的技术创新能力。其次，不同于广义产业品牌，要素供应商除了需要关注采购商生产规格和购买预算等需求，还应该关注消费者的需求，通过向消费者强调要素品牌的价值，推动要素品牌成为消费者购买终端产品时的判断依据（Pfoertsch et al.，2008）。要素供应商跨阶段关注消费者需求的能力，体现了其挖掘和提供不同于 B2B（business - to - business）主流市场的新顾客价值，反映的是要素供应商的市场创新能力。基于此，本章在将创新能力引入研究框架时，主要借鉴 Zhou 等（2005）的观点，将要素供应商的创新能力划分为技术创新与市场创新两种类型。

二、要素品牌价值

从企业层面出发的要素品牌研究相对较少，但要素品牌属于典型的 B2B 品牌，因此 B2B 品牌相关文献为本章提供了理论基础。在现有的 B2B 品牌价值文献中，从供应商视角出发，品牌价值被视为企业配置资源的方式，即供应商对品牌进行投资的实质是将企业有限的资源分配到品牌中，提高产品在 B2B 市场中的竞争力（Leek & Christodoulides，2012）。而李桂华和卢宏亮（2010）认为供应商仅仅简单地创造品牌价值还不够，由于采购商决策过程的复杂性，供应商需要将品牌价值传递到供应商与采购商的交易过程中，因此对要素品牌价值的研究应着重探讨供应商品牌可以给采购商带来何种价值。

部分学者对产业品牌价值维度进行探讨，其中较具有代表性的是 Leek 和 Chtistodoulides（2012）借鉴消费者品牌价值的框架，把产业品牌价值划分为功能型和情感型两类，尽管该划分方式得到大部分产业营销者的认同，但其并没能从本质上区分产业品牌与消费者品牌的差异。Glynn（2012）在研究渠道理论时认为，供应商品牌能在财务、客源和管理三个方面为采购商带来直接好处，但该研究以广义产业品牌为对象，并未识别出要素品牌的特殊性。Linder 和 Seiden-stricker（2010）从资源基础观出发，对要素品牌是否属于一种具有战略价值的资源进行探讨，结论表明要素供应商通过实施品牌化战略，不仅能提高采购商对产品的感知质量，降低采购商购买过程的风险认知，还能通过与采购商相互合作、

共享知识与能力提升采购商在终端市场的竞争力。以上述分析为基础，本章借鉴
Linder 和 Seidenstricker（2010）的观点，将要素品牌价值划分为产品核心价值与
市场战略价值两类，其中产品核心价值是指要素品牌承诺并兑现给采购商的最主
要与具有持续性的理性价值，与 Leek 和 Chtistodoulides（2012）提出的产业品牌
功能性价值相似，主要包括产品质量、售后服务、可靠性和价格等方面的价值；
市场战略价值是指要素品牌作为一种具有差异化的竞争手段，能为采购商在市场
竞争中提供的战略性优势，包括提供市场进入渠道、提高竞争者进入壁垒、降低
合作成本和吸引终端消费者等利益。

第二节　研究假设与模型构建

一、技术创新能力与要素品牌价值

要素供应商的技术创新能力体现为在开发新产品、扩展产品范围、提高产品
质量、提升产品柔性和探索新技术等方面的能力。O'Cass 和 Ngo（2012）的研
究表明，供应商在技术与产品上的创新能力构建正向影响采购商的感知价值。由
于采购商的购买过程存在较大风险和成本压力，因此采购商在制定购买决策时主
要考虑产品质量、产品性能、价格和供应商技术能力等因素。要素供应商通过采
用新流程、新工艺制造产品，或采用先进技术设计、开发新产品，不仅能有效满
足采购商不断变化的市场需求，还能赋予要素品牌传递卓越产品性能和属性信号
的功能，从而降低采购商评估要素品牌过程的风险，提高其对该品牌效用的感知
（Leek & Christodoulides，2012）。另外，技术创新能力可以通过要素品牌为采购
商提供新市场的进入渠道，或在现有市场中获取品牌溢价（Erevelles et al.，
2008）。该过程的作用机制在大量基于消费者层面的要素品牌研究中得到证实，
具体而言，当消费者意识到终端产品中包含了采用先进技术、具备优越性能的要
素品牌时，会形成对该终端产品的独特性认知，并以此为依据对产品质量和属性
进行判断（Pfoertsch，2008）。由此可知，具有较强技术创新能力的要素供应商
能以品牌为载体，为采购商在终端市场竞争中提供战略优势。因此，本章提出以
下假设：

H13 – 1a：技术创新能力对要素品牌的产品核心价值有显著的正向影响。

H13 – 1b：技术创新能力对要素品牌的市场战略价值有显著的正向影响。

二、市场创新能力与要素品牌价值

在已有研究中，市场创新通常被理解为企业通过采用不同的技术为新市场的顾客创造价值，以实现开拓新的细分市场的目的，其中"对已有主流市场的脱离"被认为是市场创新的关键（Zhou et al., 2005）。但要素供应商的市场创新能力并非是脱离现有的采购商，而是在适应新的产业市场环境、遵循产业市场发展规律的前提下，更好地识别和满足采购商现有的或新的需求，因此要素供应商的市场创新能力体现为采用新的方式满足采购商的现有需求或潜在的、尚未得到充分满足的需求。随着市场竞争程度加剧和消费者需求日益多元化，采购商在选择要素供应商时不仅考虑产品性能是否能满足其再生产的需求，还会考虑要素供应商品牌能否为其带来财务增长、顾客来源和管理效果方面的溢价（Glynn，2012）。因此，具有较强市场创新能力的要素供应商，首先能够以品牌为信号，向采购商传递关于产品质量和属性等满足其生产需求的核心价值。其次，通过关注消费者在差异化、多元化等方面的需求，供应商能强化消费者对要素品牌属性特征与终端产品独特性的认识，以提升采购商在市场中的竞争位势。同时，要素供应商的市场创新活动有助于采供双方以品牌联合为基础，在共享知识、承担风险、相互合作和分享经验等方面形成协同效应（Erevelles，2008），从而提高同一产业链上相关企业的收益（吕璞、林莉，2014）。因此，本章提出以下假设：

H13 – 2a：市场创新能力对要素品牌的产品核心价值有显著的正向影响。

H13 – 2b：市场创新能力对要素品牌的市场战略价值有显著的正向影响。

三、要素品牌价值与经营绩效

从信息经济学视角出发，品牌是一组关于产品属性的集合，能向顾客传递高质量的信号。在 B2B 市场中，采购商购买要素产品的目的是投入消费品生产并实现盈利，购买过程通常由采购企业内部的群体共同进行决策，因此包含产品质量、性能和价格等产品信息的要素品牌能有效增强采购商制定购买决策的信心。已有研究证实 B2B 品牌能提高采购商的信任和满意度，尤其当失败的购买决策会带来严重的经济损失以及损害采购商企业形象时，采购商更愿意选择传递感知质量的品牌以降低购买风险（Glynn，2012）。由此可知，要素品牌产品核心价值越高，越有助于提高要素供应商的经营效果。要素品牌的市场战略价值体现在对采购商竞争优势的影响，这种影响主要体现在采购商通过联合要素品牌，既能丰富终端产品的种类，又能提高终端品牌的市场占有量，同时也能有效实现终端品牌的差异化程度，强化其在消费者市场中的优势地位。Pfoertsch 等（2008）的研究表明，当要素品牌能有效增强采购商产品的差异化程度时，该要素品牌对于采购商的不可替代性也得到提高；Erevelles 等（2008）采用数理模型推演的方法证实要素供应商与采购商在品牌层面的合作，能帮助采购商提高消费者市场竞争者的进入壁垒，影响采购商的购买意向与满意度。因此，本章提出以下假设：

H13 - 3：要素品牌的产品核心价值对经营绩效有显著的正向影响。

H13 - 4：要素品牌的市场战略价值对经营绩效有显著的正向影响。

四、技术-市场创新均衡与要素品牌价值

许庆瑞等（2006）指出，企业的技术创新与市场创新应当产生协同效应，达到增加价值和创造价值的目的。技术创新与市场创新的协同是指两类创新通过机制性互动在效率方面产生质的变化，而实现两类创新之间的均衡则有助于两者之间的互补和协同。实际上，技术创新与市场创新两类活动为企业提供的是不同的资源配置和价值实现方式（Zhou et al.，2005）。受到处于产业链上游的限制，要素供应商既需要通过技术创新增加品牌在质量、性能和差异化等方面的附加值，又需要采用市场创新跨阶段地掌握采购商与消费者多元化、独特性等方面的需求，并通过新的营销模式和分销渠道满足这些需求，从而创造和传递要素品牌的新价值。根据许庆瑞等（2006）的观点，两类创新活动的均衡发展有益于取得采购商对要素品牌包含的核心价值的认可，使要素供应商实现短期竞争盈利，也有助于提升采购商对采用要素品牌战略意义的认知，使要素品牌获得长期能力发展，最终实现要素品牌价值的增加和创造。因此，本章提出以下假设：

H13 - 5a：技术-市场创新均衡对要素品牌产品核心价值有显著的正向影响。

H13 - 5b：技术-市场创新均衡对要素品牌市场战略价值有显著的正向影响。

根据以上理论假设，本章的概念模型如图 13 - 1 所示。

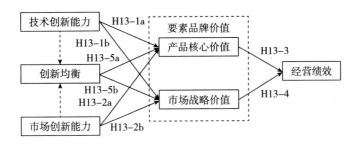

图 13 - 1　概念模型

第三节　研究设计

一、样本选取与数据收集

本章以要素供应商作为研究对象，共发放调研问卷 316 份，回收 204 份，剔除未能满足调研要求和填答无效等不合格问卷后，保留有效问卷 176 份，有效回收率为 55.70%。被调研的要素供应商主要分布在天津、广东、广西和浙江等省市，这些省市的制造产业发展较为完整，有助于准确反映要素供应商创新能力与品牌价值和企业绩效的关系。从所在行业看，被调查企业主要集中在电子（23.9%）、快速消费品（21.0%）、服装（19.3%）、通信（11.4%）和家电（8.5%），其他行业（15.9%）还包括汽车、化工和玩具等。

二、变量测量

依据研究框架，技术创新能力的测量借鉴王勇等（2010）的研究，共 5 个题项；市场创新能力参考 Shergill 和 Nargundkar（2005）、张峰和邱玮（2012）的研究，采用 5 个题项进行测量。要素供应商的品牌价值包含产品核心价值和市场战略价值两个潜变量，产品核心价值综合借鉴 Kim 和 Hyun（2011）、Leek 和 Christodoulides（2012）的研究，采用 5 个题项进行测量；市场战略价值参考 Michell 等（2001）、李桂华和卢宏亮（2010）的研究，包含 5 个题项。经营绩效采用管理者主观判断的方式，对被调查者过去三年间在市场绩效、财务绩效和顾

客绩效三个方面的表现进行评价。以上问项均采用李克特 7 级量表进行测度，1
为完全不同意，7 为完全同意。具体量表内容如表 13 – 1 所示。

第四节　实证检验

一、信度和效度检验

本章采用 Cronbach's α 值和组合信度（CR）作为量表信度的评价指标，结
果如表 13 – 1 所示，所有变量的 α 值介于 0.833 ~ 0.861，CR 值介于 0.834 ~
0.864，大于 0.7 的标准，表明本章量表具有较好的内部一致性。

表 13 – 1　量表的信度和收敛效度检验结果

潜变量	观测变量	FL	CR	α 值	AVE
技术创新能力	我们企业的研发投入较多	0.803	0.850	0.847	0.533
	我们企业拥有专利技术的数量较多	0.685			
	我们企业专利技术的领先程度较高	0.698			
	我们企业新技术和新产品推出速度较快	0.755			
	我们企业专业技术人才的比例较高	0.702			
市场创新能力	我们企业对客户需求的掌握程度较高	0.699	0.834	0.833	0.502
	我们企业热衷于开拓新的市场	0.655			
	我们企业在行业中超前推出新的营销活动	0.706			
	我们企业的销售渠道状况符合未来发展战略	0.747			
	我们企业对未来市场的预测能力较强	0.732			
产品核心价值	我们的品牌能作为产品质量的担保	0.758	0.838	0.837	0.510
	我们的品牌有助于提升采购商产品的性能	0.663			
	我们的品牌体现了在技术或研发上的投入	0.656			
	我们的品牌能充分满足采购商的需求	0.761			
	我们的品牌能使采购商觉得可靠	0.725			

续表

潜变量	观测变量	FL	CR	α值	AVE
市场战略价值	我们的品牌能为采购商带来许多终端消费者	0.824	0.847	0.845	0.527
	我们的品牌能提高采购商产品的差异化程度	0.713			
	采购商选择我们的品牌能节约合作成本	0.804			
	采购商选择我们的品牌能获取更多的销售渠道	0.772			
	选择我们的品牌能提高采购商在消费者市场的竞争力	0.782			
经营绩效	销售额	0.789	0.864	0.861	0.614
	市场份额	0.738			
	净利润	0.791			
	顾客满意度	0.813			

效度从内容效度和结构效度两个方面进行测量。本章的测量问项均改编自国内外成熟的测量工具，并在问卷开发过程中充分采纳专家建议与小规模访谈结论，保证了测量量表具有较好的内容效度。结构效度包括收敛效度和判别效度，本章采用 AMOS 17.0 进行验证性因子分析检验测量表的效度，分析结果显示：$\chi^2/df = 1.667$，GFI $= 0.947$，CFI $= 0.974$，TLI $= 0.966$，RMSEA $= 0.062$，表明测量模型拟合度理想。在此基础上，所有观察变量的标准化因子载荷（FL）和平均提炼方差（AVE）均大于 0.5 的标准（见表 13 - 1），表明量表的收敛效度达到可接受水平。最后，判别效度采用模型中各构念的 AVE 平方根应大于其所在行与列相关系数的绝对值的方法检验，结果如表 13 - 2 所示，说明量表具有较好的判别效度。

表 13 - 2 相关系数与判别效度

潜变量	技术创新能力	市场创新能力	产品核心价值	市场战略价值	经营绩效
技术创新能力	0.730				
市场创新能力	0.257**	0.709			
产品核心价值	0.377**	0.353**	0.714		
市场战略价值	- 0.042	0.208**	0.184*	0.726	
经营绩效	0.270**	0.268**	0.428**	0.436**	0.784

注：对角线为潜变量的 AVE 值平方根；＊表示 p < 0.05，＊＊表示 p < 0.01（双尾检验）。

二、概念模型主效应分析

首先借助 AMOS 17.0 采用最大似然估计法对概念模型中的 H13 – 1 – H13 – 4 进行检验，概念模型的拟合指标结果如下：$\chi^2/df = 1.742$，GFI = 0.904，CFI = 0.933，TLI = 0.931，IFI = 0.934，RMSEA = 0.050。以上拟合指标结果表明，本章构建的理论模型合理。

在整体模型拟合估计结果良好的基础上，本章进一步检验概念模型所提出的假设是否成立。从图 13 – 2 中可以看出，技术创新能力对要素品牌的产品核心价值（$\beta = 0.372$，$p < 0.001$）有正向显著影响，H13 – 1a 得到数据支持，但对市场战略价值（$\beta = 0.091$，$p = 0.238$）无显著影响，H13 – 1b 未能通过检验；市场创新能力对产品核心价值（$\beta = 0.284$，$p < 0.01$）与市场战略价值（$\beta = 0.246$，$p < 0.01$）均有显著正向影响，H13 – 2a 和 H13 – 2b 通过检验；产品核心价值（$\beta = 0.544$，$p < 0.001$）和市场战略价值（$\beta = 0.539$，$p < 0.001$）均对经营绩效有显著正向影响，H13 – 3 和 H13 – 4 通过检验。

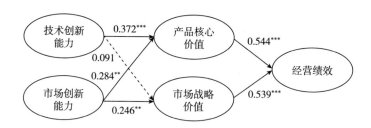

图 13 – 2　标准路径模型

注：虚线表示未通过检验的路径，＊＊表示 $p < 0.01$，＊＊＊表示 $p < 0.001$（双尾检验）。

三、技术–市场创新均衡对要素品牌价值的影响

遵循已有文献中对创新均衡的研究，采用技术创新能力与市场创新能力的乘积反映两者之间的均衡程度（张婧、赵紫锟，2011），同时为避免多重共线性干扰，首先对两类创新分别做了中心化处理。本章采用多元层级回归分析检验创新均衡对要素品牌价值的影响，具体操作为：模型 1 中以产品核心价值为因变量，构建技术创新能力、市场创新能力为自变量的主效应模型，模型 2 在模型 1 的基

础上加入创新均衡因子，结果显示创新均衡对产品核心价值的回归系数为 0.152（p < 0.05），R^2 为 0.230，表明创新均衡对产品核心价值有显著正向影响，H13 – 5a 得到证实；模型 3 以市场战略价值为因变量，构建两类创新能力对市场战略价值的主效应模型，模型 4 在模型 3 的基础上加入创新均衡因子，结果显示创新均衡对市场战略价值的回归系数为 0.167（p < 0.05），R^2 为 0.111，H13 – 5b 得到证实。具体回归分析结果如表 13 – 3 所示。

表 13 – 3　创新均衡对要素品牌价值回归分析结果

	产品核心价值		市场战略价值	
	模型 1	模型 2	模型 3	模型 4
自变量				
技术创新能力	0.307 ***	0.345 ***	0.069	0.098
市场创新能力	0.274 ***	0.324 ***	0.217 **	0.273 **
创新均衡		0.152 *		0.167 *
R^2	0.212	0.230	0.105	0.111
ΔR^2		0.018		0.006
ΔF	23.324 ***	4.045 *	4.051 *	4.015 *

注：* 表示 p < 0.05，** 表示 p < 0.01，*** 表示 p < 0.001（双尾检验）。

第五节　结论与启示

一、研究结论

研究结果表明，供应商的技术创新能力仅仅有助于提升要素品牌的产品核心价值，并且从概念模型检验的路径系数可以看出，技术创新能力对产品核心价值的影响最大，但技术创新能力对市场战略价值的影响不显著。究其原因，产品创新能力主要通过可靠的产品质量与满足采购商对技术更新的要求来创造价值，对采购商而言，这是供应商应该具备的基本能力，无法为采购商带来竞争上的差异化。首先，市场创新能力不仅体现了供应商对采购商在产品需求上的积极响应，还能通过向消费者市场进行营销投入和品牌宣传，推动采用该要素品牌的终端产品在消费者市场中获取竞争优势，因此市场创新能力对产品核心价值和市场战略价值均有显著正向影响。其次，要素品牌的产品核心价值与市场战略价值都能显著正向影响经营绩效，该结论表明要素供应商在品牌投资过程中，既要强调要素品牌具备的质量与性能，也应该强调该品牌能为采购商提供的战略价值。最后，技术创新能力与市场创新能力的均衡有助于创造要素品牌的产品核心价值与市场战略价值，在条件允许的情况下，要素供应商应该同时实施两种创新方式。

二、管理启示

本章的结论有助于指导供应商识别出驱动要素品牌价值的创新能力，并迪过要素品牌价值的构建与传递，提高企业的经营绩效。首先，供应商应重视不同类型的创新活动对要素品牌产品核心价值与市场战略价值的影响，根据要素品牌价值传递的需求对创新活动进行投入。其次，供应商应意识到要素品牌价值是获取竞争优势的重要手段，无论是品牌的产品核心价值还是市场战略价值，都有助于提高要素供应商的经营绩效。最后，要素供应商不应该过分偏重于任何单一的创新活动，注重技术创新与市场创新的平衡，既能提高采购商对产品性能和质量的感知，又有助于为采购商在消费者市场的竞争提供优势，拉动采购商对自身品牌的选择。

第十四章　基于制造商视角的要素品牌战略研究

第一节　要素品牌战略

一、问题的提出

拥有品牌资产的产品与没有品牌的产品相比，能够给产品带来的超越使用价值的附加利益或价值（Farquhar，1989）。RBV 理论认为，品牌是稀缺的、有价值的、难以模仿和替代的资源（Barney，1991）。要素产品作为构成最终产品市场品牌的重要一环，已经引起学术界广泛的关注。要素产品是指构成最终产品的零部件、原材料或成分等组成部分，尤其是对最终产品的质量或性能有重要影响的关键部件。目前，已有许多供应商为要素产品成功实施了品牌化战略，在产业市场和消费者心中塑造了知名品牌形象，如英特尔芯片、利乐包装等。然而，由于大部分要素产品是包含或隐藏在成品制造品的零件或成分中，供应商要依赖与成品制造商的合作才能够传递品牌价值（Norris，1992）。例如英特尔开展了"内置英特尔"计划，与 IBM、惠普等著名电脑制造商合作，在电脑的包装盒外壳上印上英特尔的品牌名称，从而在消费者市场中产生了极大的影响。那么，制造商为什么要帮助要素供应商实施品牌战略呢？要素品牌战略是否为制造商带来了价值呢？本章首先介绍供应商要素品牌战略的过程，然后剖析要素供应商与制造商的关系本质，为制造商做出战略决策提供参考。

二、要素品牌战略模型

要素品牌战略是指供应商为其生产的零部件、原材料或服务等要素产品实施的品牌战略（Kotler & Pfoertsch，2010）。Luczak 等（2007）认为，分析战略的过程有助于更准确地理解要素品牌战略的内涵。因此，他按照作用路径的不同将要素供应商的行动方式分为拉式策略和推式策略，如图14－1所示。拉式策略是指要素供应商越过成品制造商直接在消费者市场进行宣传促销、传递品牌价值并创造需求的营销策略。虽然要素产品包含在终端产品中，一般不会被消费者直接购买，但是拉式策略能够引导消费者偏好于含有要素品牌的产品，从而影响制造商对要素供应商的选择。具体而言，首先，供应商在终端市场建立品牌知名度使要素品牌克服了要素产品匿名性的缺陷，引导消费者将是否含有要素品牌作为购买决策的依据，增强要素品牌的不可替代性。其次，拉式策略不仅是作用于消费者市场的品牌策略，而且能够借助消费者的市场影响力提升制造商的合作意愿。随着要素品牌在消费者市场的知名度越来越高，会吸引更多的制造商关注供应商的要素品牌进而产生合作意愿。如甜味素品牌阿斯巴甜，采用向人们赠送无糖口香糖的方式使人们了解甜味素，并成功吸引了可口可乐等世界知名饮料公司形成合作关系。

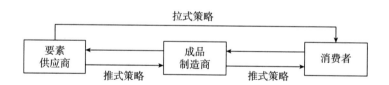

图14－1 供应商要素品牌策略模型

资料来源：Luczak C A, et al. In－branding：Development of a conceptual model ［J］. Academy of Marketing Studies Journal, 2007, 11（2）：123－137.

推式策略则是通过与制造商建立品牌合作的方式，以制造商的产品或品牌为载体，与制造商一同在消费者市场中进行品牌推广的策略。推式策略可以帮助供应商借助制造商在下游市场的渠道资源和品牌影响力，以制造商的产品或品牌为载体，协同制造商在消费者市场推广要素品牌，从而提升其要素品牌在消费者市场中的知名度。这种策略体现了供应商借助制造商品牌提升要素品牌知名度和产业市场地位。这种逐级推向市场的营销策略帮助下游制造商获得更为丰富的渠道资源，在终端市场的影响力更大。因此，实行推式策略的要素品牌供应商可以借助制造商的产品和地位，以较低风险来稳妥推进品牌化。

由上述策略分析可知，要素品牌战略的目的在于一方面从消费者市场唤起人们对要素产品的关注和品牌意识，建立品牌忠诚度；另一方面，要素供应商通过品牌联盟加强与现有制造商之间的关系，减少被竞争者替代的风险，并增加与制造商合作发展的机会。

第二节　制造商的关系选择

一、合同的类型

在组织间交易中，制造商与要素供应商的关系本质是以买卖双方为基础建立的采供关系。然而，无论拉式策略还是推式策略，都是要素供应商期望寻求、创造与制造商达成战略伙伴关系而实施的战略行动。实际上，制造商对要素品牌战略的参与或选择体现为制造商在采供关系和战略合作关系之间的选择。那么，本章就两种关系形成的不同类型的契约合同展开分析，以期帮助制造商认清采供关系和战略合作关系的区别。根据双方的合作形式和内容，Ghosh 和 John（2009）将合同类型分为白箱合同（white box contract）和品牌要素合同（branded component contract），其中品牌要素合同也称要素品牌合同。

所谓白箱合同，在组织间交易中较为普遍，是指合同双方按照组织间交易的惯例，围绕产品、质量、价格等交易内容订立的采供协议。选择白箱合同意味着，作为采购方的制造商更关注于供应商的产品是否达到标准以及能否如期交货等问题，而没有义务在营销活动中强调要素产品的品牌。例如，由于产品结构存在特殊性，要素产品被组装或包含在制造商产品的内部，即便是有些要素供应商的品牌附在其产品上，但是对于消费者来说是不可见的，而制造商也没有义务在营销活动中为要素供应商的品牌宣传负责。要素品牌合同则是合同双方就品牌联合确定各自产品的规格和技术对接，共同参与研发设计以及开展联合营销活动等方面的协议。依据要素品牌合同，制造商有义务承担与要素供应商联合品牌的营销推广活动，例如在制造商的成品上标注要素品牌名称，在产品资料里附加要素品牌的信息等。

相对于白箱合同而言，要素品牌合同主要反映了要素供应商和制造商之间更加密切的合作关系，具体表现在以下几个方面：

首先，要素品牌合同是制造商和要素供应商形成的关于品牌联盟的契约合同。合同内容不仅限于交易环节，还包括技术衔接以及营销协同等。因此，合作范围更加广泛并且持续时间相对较长，属于战略层面的合作关系。其次，要素品牌合同比白箱合同的开放性更强，双方可以在定价、产品设计等方面根据需要进行及时有效的调整，为彼此创造了相互协调和适应的空间。因此，要素品牌合同比白箱合同形成的关系机制更加完善。最后，要素品牌合同具有更好的灵活性，并有助于制造商和要素供应商传递共享隐性知识和重要信息，这为要素供应商设置了较高的退出障碍和转换成本，有效加强了双方的相互锁定。

二、白箱合同与要素品牌合同比较

综上所述，在要素品牌合同中，制造商和要素供应商以品牌为核心确立了联合资产关系，这是白箱合同和要素品牌合同最显著的区别。表面上看，要素品牌合同更加复杂，耗费的组织资源更多，因此，要素品牌合同拟定的成本较高。但是在实质上，通过品牌资产的联合能够促使双方在相互信任的过程中建立更加密切友好的合作关系。基于上述分析，本节根据白箱合同和要素品牌合同的特点进行了对比和归纳，如表 14 – 1 所示。

表 14 – 1　白箱合同和要素品牌合同的比较分析

合同类型	白箱合同	要素品牌合同
本质	具有普遍性的一般采供协议	具有特殊性的战略合作协议
内容	产品、质量、价格、交付周期等交易因素	产品研发、技术对接、联合营销等协同行为
特征	程序相对简化，易操作	开放性强，灵活度更高
期限	相对较短	相对较长
拟定成本	相对较低	相对较高

第三节 针对制造商的战略建议

要素品牌战略不仅是制造商提升产品独特性和差异化的重要手段，也是降低合作成本提高合作效率的有效途径。制造商要想抓住机会利用要素品牌战略实现自我价值的提升，一方面要善于识别和选择合适的要素供应商为制造商创造价值，另一方面要支持和协助要素供应商共同解决问题，形成利益共同体实现互利共赢。

一、注意制造商品牌与要素品牌之间的契合性

大量研究表明，选择与制造品牌契合度高的要素品牌在品牌联合后能够获得顾客的认可。要素供应商作为制造商的零部件供应商，在产品和功能方面是能够与制造商互补的。因此，应该主要考察双方品牌在价值层面的一致性或匹配度，从而避免由于品牌定位或文化的冲突造成双方的品牌稀释。制造商要善于利用彼此的互补优势形成协同效应，才能够更好地强化和表达品牌价值。

二、给予要素供应商必要的支持和帮助

由于零部件或成分等要素产品具有较大的专用性或复杂性，因此，制造商作为采购方不能仅关注供应商的价格、质量、交付周期等交易性因素。制造商应为要素供应商提供帮助和协助，共同完成产品开发以及联合促销等合作活动，这样才能相互锁定形成共赢发展的战略关系。

第十五章 B2B 品牌化对企业间关系及财务绩效的影响研究

近年来，随着 Intel Inside 以及莱卡、特氟龙、肖特面板、利乐等成分品牌策略的成功实施，品牌化在 B2B 行业中日益受到重视（科特勒、弗沃德，2010）。随之而来，许多 B2B 供应商已开始对自己的品牌系统进行投资。所谓 B2B 品牌化（B2B branding）是指作为终端产品组成部分的原材料、零部件、半成品等工业产品的品牌化行为。B2B 品牌化做法成立的前提是在日益激烈的市场竞争中，品牌战略可以帮助企业维持或增加利润。

第一节 问题的提出与文献回顾

一、问题的提出

与原料、厂房、设备、商务服务以及产业供应品等 B2B 产品相比，核心部件、关键材料、半成品等原始设备制造商（Original Equipment Manufacture, OEM）类产品的品牌化潜力更大（卢宏亮、田国双，2014）。对于核心部件等产品供应商而言，最重要的品牌选择就是实施 B2B 品牌化策略，而这种策略实际上是成分品牌化的延伸（Wiersema，2012）。B2B 品牌化战略可以应用到嵌入在 OEM 产品内的 B2B 成分中，进而可以销售给 B2B 客户，也就是 OEM 的客户（Ghosh & John，2009）。该战略旨在通过建立一个强大的 B2B 品牌形象以获取来自 B2B 下游企业客户对 B2B 产品的市场拉力。

消费者市场（Business to Consumer，B2C）营销领域最早提出并成功运用品牌策略，该策略建立在消费者认知及交易论基础之上。与此相反，B2B 营销一直信奉关系论，关系在价值创造过程中扮演核心角色，品牌居于次要地位。B2B 品牌化是否应该受到重视需要考虑其与"企业间关系"的关系，进而考察其对 B2B 企业绩效的直接和间接影响。一般来说，B2B 营销人员经常使用推式营销策略，致力于与 OEM 建立强有力的关系。关系营销旨在通过提供额外利益或降低成本以为 OEM 创造卓越价值（Tuli et al.，2010；Ulaga & Eggert，2006）。B2B 供应商通过创造关系价值来维持和拓展市场，增加企业绩效。

与 B2B 常用的关系方法不同，B2B 品牌化试图通过"跨位"方式向下游企业的客户传导能量，进而反哺 B2B 供应商。按照跨越幅度或传递目标的不同，可以将 B2B 品牌化划分为两类：一类是跨过所有下游企业直接将 B2B 品牌形象传递给个体消费者，即 B2B2C；另一类是将 B2B 品牌形象传递给下游企业的组织客户，即 B2B2B。Intel（个人计算机处理器）、Bose（车载音响系统）和 Du-Pont（莱卡、特氟龙等纺织面料）等典型 B2B2C 案例给我们的启示是，如果终端客户是个体消费者，B2B 品牌化会获取良好的利润回报。但是，当 B2B 品牌传递的终端客户是企业（即在 B2B2B 市场）时，通过创建 B2B 品牌获取的拉力是否以及在哪些情况下会影响 B2B 供应商的绩效目前尚不清楚。这会导致许多企业管理人员产生质疑，即品牌化战略是否可以成功地转移到自己的业务领域中。实际上，在一些差异化和创新水平有限的产业环境中（如零部件等），品牌创建失败经常发生（Worm & Srivastava，2014）。因此，本章聚焦于 B2B2B 市场，探讨 B2B 品牌形象传递给终端组织客户能否取得利益回报。

虽然 B2B 品牌文献大量涌现（Homburg et al.，2011；Zablah et al.，2010；Wuyts et al.，2009；Cretu & Brodie，2007），但从供应商视角关注 B2B 品牌财务绩效的实证研究还十分有限。B2B 品牌化能否获取财务绩效？不回答这个问题，对于那些已经付出了巨大努力建立并维持品牌形象的企业，以及那些在品牌创建方面缺乏经验的 B2B 企业，都可能造成资源浪费或资源使用的低效率。因此，本章将探讨以下问题：第一，在 B2B 市场中，品牌化是否可以影响 B2B 供应商的获利能力？第二，在哪些情况下 B2B 品牌化可以为供应商带来回报？第三，相比于传统的与 OEM 厂商开展关系营销的价值创造过程，B2B 品牌化怎样影响 B2B 供应商的获利能力？

本章从企业的财务绩效出发开展 B2B 营销策略研究，研究结果有助于加深对"强势品牌可以帮助 B2B 供应商应对日益增加的市场压力"命题的理解，进而充实了品牌形象绩效结果方面的研究。另外，本章的研究成果还拓展了 B2B 营销中"情境"（contingency）视野，即重点考察在何种情境下，营销工具或以市场为基础的资产可以转化为财务绩效。情境视角的研究有助于 B2B 营销者确定"是否值得"以及"在何种情况下"可将企业有限的资源投入 B2B 品牌建设中；相反，当下 B2B 管理者的直觉认为，B2B 品牌建设既不是一个应对 B2B 商品化趋势的合适工具，也不是一个处理与 OEM 关系的有效工具。因为 OEM 已经通过建立与终端客户关系和 OEM 品牌化等手段拥有了稳定的终端市场。在这种情况下，B2B 供应商明智的做法是"默默地躲在 OEM 身后"而不要有"从客户的市场中分羹"的幻想。因此，走在已经被证明是有效的且不存在情境限制的关系营销的"老路"上，要比探索品牌化这条"新路"能得到更好的绩效回报。此外，研究结果还可以被 B2B 营销人员用来与企业高层管理者进行沟通，从而帮助决策者更好地理解营销部门的品牌计划。

二、文献回顾

品牌绩效是市场营销战略重点关注的研究领域，也是衡量企业品牌战略成功与否的重要依据。Hague 和 Jackson（1994）研究了 B2B 品牌的作用，认为强势 B2B 品牌可带来十个方面的利益：产品溢价、需求增长、排斥竞争产品、易于沟通、速度更快、品牌延伸的可能性、顾客满意度提升、渠道网络力量的提升、特许加盟机会的增加、当公司要出售时可获得更高报价。Baumgarth（2008）将产品、关系、品牌等三个维度整合在一个模型中，证明了供应商品牌与价格、忠诚和支持等方面收益之间存在正相关关系。现有文献对 B2B 品牌绩效的评价主要有三个视角：财务视角、市场视角和管理视角。当然，B2B 企业创建品牌的目的是多元的，可能出于追求顾客满意、忠诚等市场价值，也可能为了在与企业客户谈判的过程中增强主动性以获取更多的管理利益，但 B2B 品牌创建的终点是为了增加企业财务绩效，即能为企业带来销售额及利润率的增长。财务绩效是衡量 B2B 品牌资产的最终指标。

在现有文献中，除了 Homburg 等（2011）、Aaker 和 Jacobson（2001）的研究外，B2B 营销领域针对财务绩效结果的研究还比较匮乏。B2B 品牌的财务绩效非常重要，反映了供应商在创建和维护品牌过程中付出的成本，可以更加准确地评价出实施 B2B 品牌战略的回报。

尽管学界意识到 B2B 品牌创建有诸多好处，但对品牌如何影响 B2B 企业绩效的认识还处于初级阶段。在国内外现有的 B2B 品牌文献中，有一些研究薄弱点值得关注。首先，大多数的研究尚未考虑品牌化可以为 B2B 供应商带来何种绩效。现有研究曾站在采购商视角考察 B2B 供应商品牌可以为采购商带来何种溢出价值，但没有考虑 B2B 品牌化对于自身绩效的影响（李桂华、卢宏亮，2010）；Ghosh 和 John（2009）以零部件供应商为研究对象，提出了品牌化可以为零部件供应商的专用性投资提供保障。然而，他们的研究结果主要集中在机会主义方面而非企业绩效。现有的成分（或要素）品牌研究考虑了品牌的绩效结果，但这方面研究是以个体消费者作为终端顾客来考察消费感知，而不是成分供应商的绩效结果（Desai & Keller，2002）。其次，很少有研究探讨在关系营销背景下 B2B 品牌化产生的影响。然而，既有研究表明，B2B 品牌化产生的绩效结果可能不会超越关系营销对供应商绩效产生的直接影响。Wuyts 等（2009）在控制了关系质量的情况下发现，品牌认知会影响买家的考虑集，但不是买家的最终选择。同样，Cretu 和 Brodie（2007）发现，品牌形象只能通过客户感知价值和感知质量间接影响客户忠诚度。遗憾的是，现有的 B2B 关系营销文献并没有过多探讨供应商品牌的绩效结果，而主要专注于关系方面、异质性资产以及客户感知价值等（Ulaga & Eggert，2006；Palmatier et al.，2007）。再次，许多 B2B 品牌研究都局限于特定行业或产品，因此其研究结果可能无法转移到其他情境中（Homburg et al.，2011；Zablah et al.，2010），B2B 品牌要想对财务绩效产生影响，取决于哪些特定的行业特征亟待澄清。最后，大多数现有研究使用了单一的调查数据，没有考虑买卖双方的对比和综合。因此，鉴于不同 B2B 管理者具有自己的品牌偏好，单一信息源所带来的感知偏差可能无法排除竞争性结论。

综合上述，本章将 B2B 品牌形象与企业间关系整合在一个框架中，综合考虑品牌化与关系这两条路径对于 B2B 供应商财务绩效的影响，给出 B2B 品牌化对企业财务绩效影响的边界条件，充实和完善 B2B 品牌资产的理论体系。

第二节　研究假设与理论模型

一、企业间关系价值感知与 B2B 供应商财务绩效关系

（一）B2B 供应商财务绩效及衡量标准

当下，采购已经成为企业重要的战略职能，OEM 在采购 B2B 产品时会采取鼓励竞争的策略，战略成本管理和目标成本管理已成为普遍做法。OEM 的做法加剧了 B2B 供应商之间的竞争，供应商要么付出巨大努力以获得战略供应商地位，要么被贬为候选供应商（Ulaga & Eggert，2006）。OEM 期待的结果是，B2B 企业在强大的竞争压力下被迫降价，这会导致企业利润持续受到侵蚀或产生大幅波动。企业盈利水平反映了投资者对未来现金流水平和波动性的预期，因此在竞争压力下，B2B 企业如何为自己减压进而维持或提升盈利能力便成为其主要关注点。从现有文献看，在企业层面考察营销财务影响的文献也多选择利润变化情况作为因变量（Wiersema，2012；Fang et al.，2011）。鉴于此，本章将利润增长作为 B2B 供应商财务绩效的重要指标，即关注 B2B 企业盈利水平的变化情况。金融市场的股价变化往往成为衡量企业经营绩效的晴雨表，但由于许多 B2B 供应商并非上市公司，因此选择销售增长率、投资回报率以及盈利能力等指标来操作相关测量更为现实。对于营销管理者而言，上述指标可以反映企业的财务绩效，现有研究也经常使用这些指标作为业绩衡量标准（Homburg et al.，2011）。

（二）OEM 关系价值感知对 B2B 供应商财务绩效的影响

B2B 营销的传统视角以关系论为基础，B2B 供应商可以通过与 OEM 建立强有力的关系来开展有效竞争（Palmatier et al.，2007）。按照 Anderson 和 Narus（2004）、Ulaga 和 Eggert（2006）的观点，企业间关系价值的生成机制是：企业间关系质量—客户价值感知—企业绩效。首先，OEM 与 B2B 供应商关系好坏可以用关系质量来表征，关系质量是指买卖双方对关系强度进行的全面评估，反映出 OEM 对 B2B 供应商的信任以及对关系的承诺（Palmatier et al.，2007）。较良好的关系质量积极影响关系行为（Morgan & Hunt，1994），从而促进 OEM 和 B2B 供应商之间的协作。反过来，强化的合作可以促进协作关系，创造出关系的

任何一方都无法独立创造的价值（Morgan & Hunt，1994）。例如，当关系质量高时，OEM 更愿意与 B2B 供应商分享内部信息，从而有助于 B2B 企业设计或开发出有效的个性化解决方案，最终帮助 OEM 创造更高价值（Tuli et al.，2007）。从另一角度看，为 OEM 创造感知价值的能力已成为 B2B 供应商在市场上获取财务业绩的主要驱动力（Ulaga & Eggert，2006；Zablah et al.，2010；Palmatier et al.，2007）。当 B2B 供应商通过增加收益或降低成本的方式为 OEM 创造价值时，就可以降低其竞争对手的吸引力。此外，双方共享的关系价值反过来又增加了 OEM 的溢价支付意愿，从而减轻了 B2B 供应商的盈利压力或增加其盈利水平。从长远来看，OEM 对 B2B 企业表现出更高的忠诚度也会为其提供更多价值或保持稳定的盈利能力。综上所述，有理由相信，较高的企业间关系价值感知可以提高 B2B 供应商的利润水平。因此，本章提出如下假设：

H15 –1：更高的 OEM 关系价值感知会为 B2B 供应商带来更高的盈利增长。

二、B2B 品牌形象与 B2B 供应商财务绩效关系

（一）B2B 品牌形象及其溢出效应

B2B 品牌形象是指企业顾客头脑中与某个供应商品牌相联系的属性集合和相关联想。Homburg 等（2011）将品牌知名度作为 B2B 品牌资产指标，而本章认为 B2B 品牌形象是 B2B 品牌资产更好的驱动因素，因为它更容易受到企业顾客的认可。与 B2C 领域不同，B2B 品牌形象更多地是指公司形象、能力（如创新能力、沟通能力等）和德行（诚信、公平性、友善等）是衡量 B2B 品牌形象的重要维度。B2B 品牌形象是基于顾客感知的 B2B 品牌资产的重要来源，而财务绩效是实现品牌资产的具体体现。

B2B 品牌价值（包括财务价值、市场价值以及管理价值）的创造过程与其对 OEM 产品的溢出价值（即 B2B 品牌带给客户的价值）大小紧密相关，因为 OEM 承担高品牌成本的前提是 B2B 品牌可以为其创造更高价值，而 B2B 品牌价值的实现又以 OEM 溢价购买 B2B 品牌为基础。因此，本章首先明确 B2B 品牌形象如何影响 OEM 产品的市场绩效。在此基础上，从买卖互动角度来考察 B2B 品牌形象如何影响自身的财务绩效。

如上文所述，讨论 B2B 品牌形象对 OEM 市场绩效的溢出效应有助于更好地理解 B2B 品牌对自身绩效的影响。从成分品牌理论对消费者的调查结果来看，作为重要的质量信号，强势成分品牌的存在可以增强终端消费者对产品绩效的感

知（Desai & Keller，2002；Swaminathan et al.，2012）。该结论是否可以扩展到 B2B2B 情境中来，从 Ghosh 和 John（2009）的研究结果来看，B2B 品牌可以增强 OEM 产品在终端客户心目中的差异化水平，而该研究中提及的终端客户就包括组织客户，例如在许多情况下，同一品牌的不同型号零部件可以被安装到不同的 OEM 终端产品中，Leece - Neville 牌发电机以其独特的设计、性能和功能差异，被纳入不同 B2B 企业生产的不同产品中（如重型卡车、发电设备、建筑、采矿和材料处理设备等）。既有研究结论显示，B2B 品牌的溢出效应还表现在通过降低客户企业决策者的信息成本及其感知风险的方式来简化 OEM 产品终端客户的购买流程（Homburg et al.，2011；Zablah et al.，2010）。按照 Desai 和 Keller（2002）的观点，品牌形象是顾客与品牌长期接触形成的，反映了顾客对品牌的认知、态度和情感，同时也预示着顾客或潜在顾客未来的行为倾向。因此，我们有理由期待，如果 OEM 产品中包含具有强大品牌形象的 B2B 产品，那么它将在 B2B 终端市场中获取更好的市场绩效，例如可以提高客户满意度，加速下游企业产品创新，更有效地获取新客户以及更容易保留客户等。在成本方面，OEM 可以降低自身的营销费用，因为 B2B 供应商可以部分承担面向最终客户的营销支出。

（二）B2B 品牌形象对自身财务绩效的影响

在与企业顾客的互动过程中，强势的 B2B 品牌还可以为本企业创造价值。首先，强势 B2B 品牌形象能增强 B2B 供应商与 OEM 的议价能力，从而防止自身利润遭受侵蚀或帮助 B2B 企业拓展成长空间。据 Beier 和 Stern（1969）的观点，B2B 企业的力量源于 OEM 对它的依赖。只有当其控制着 OEM 实现自身目标所需且其他替代者无法提供的重要和关键资源时，这种依赖关系才会出现。从资源基础观（Resource - based View）的角度看，B2B 品牌形象的价值创造过程也是 OEM 试图通过关系获取 B2B 企业资源的过程。

强势 B2B 品牌可能在多个方面带动 OEM 产品的市场表现。当 OEM 因为使用了强势 B2B 品牌而实现其市场目标时，品牌形象便成了 B2B 企业获取压倒性优势的一种重要资源（Shervani et al.，2007）。B2B 企业可以从这种相对力量提升中获益，因为这种提升有助于在 OEM - B2B 关系中平衡力量。B2B 企业获取的力量可以表现在 OEM 更愿意遵守 B2B 企业的要求，因为有求于人的 OEM 将会对 B2B 企业使用强制策略表现得更加宽容（Shervani et al.，2007；Gundlach & Cadotte，1994）。因此，B2B 企业在与 OEM 进行有关溢价采购或获取更高水平服务方面的谈判过程中，强势的B2B品牌将发挥更加积极的作用，进而有助于维持或增加其销售额和利润率（Ghosh & John, 2009）。相反，OEM将减少针对强势B2B品牌使用强制策略，从而降低双方的交易成本，并确保B2B企业获得更公平、持续、稳定的投资回报。此外，如果B2B品牌为OEM提供了重要资源，B2B企业将更难被更换。因此，强势B2B品牌有助于增强OEM的客户保留意愿，进而提高B2B企业在客户获取方面的投资回报。

另外，从长期来看，B2B品牌对财务价值（无论是自身价值还是溢出价值）的影响体现在销量（sales volume）和定价（pricing）策略两个方面。一般情况下，溢价销售主要集中在高端品牌领域而非次级品牌领域。OEM选择次级品牌还是知名品牌主要基于两种思路：一是OEM采购次级品牌，付出较低成本，终端产品定价也较低；二是OEM使用优势品牌产品，付出相对较高成本，终端产品定价也较高。企业顾客必须根据市场份额增长带来的可能盈利和溢价来权衡与品牌建设相关联的成本（李桂华、卢宏亮，2010）。当OEM采取后一种思路并取得了终端产品的溢价回报时，B2B企业就可以通过对OEM的溢价销售来改善其自身的财务状况。综上所述，B2B品牌形象有助于B2B企业更好地保持或提高其价格及盈利水平。因此，本章提出如下假设：

H15－2：B2B品牌形象越强势，B2B企业的盈利能力越强。

三、B2B品牌形象对OEM关系价值感知的影响

从现有研究看，关系视角是B2B营销的主流，而基于品牌视角的研究明显不足，提及关系与品牌之间关系的论述比较有限。现有文献多以B2B品牌（形象、声誉或情感特质）为前置变量，强调其对B2B关系的影响。如Kuhn等（2008）在构建B2B品牌资产金字塔模型（见图15－1）时提出，建立伙伴关系是B2B品牌建设追求的最高目标，销售人员发展与买家的关系是实现该目标的路径之一，而制造商品牌声誉是实现上述关系的基础。Leek和Christodoulides（2012）认为，B2B品牌价值既包括产品和服务传递的功能品质，也包括公司和人员传递的情感特质，品牌的功能和情感特质都可能促进关系的发展，而品牌情感特质在关系塑造方面更为重要（见图15－2），品牌的情感特征本身就包括可信度（credibility）、信任（trust）以及担保（reassurance）等关系因素。

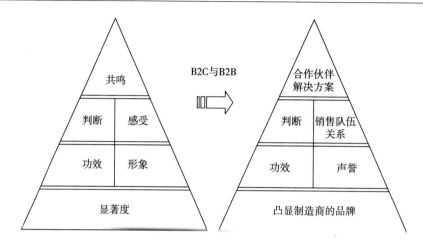

图 15 – 1 B2B 品牌资产金字塔模型

资料来源：Kuhn K S L, Albert F, Pope N K. An application of keller's Brand Equity Model in a B2B context ［J］. Qualitative Market Research：An International Journal, 2008, 11（1）：40 – 58.

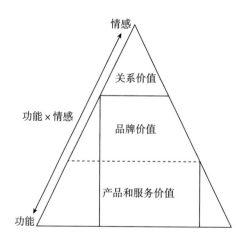

图 15 – 2 品牌价值层级模型

资料来源：Leek S, Christodoulides G. A framework of brand value in B2B markets：The contributing role of functional and emotional components ［J］. Industrial Marketing Management, 2012, 41（1）：106 – 114.

在没有任何过往经验的决策早期阶段，B2B 品牌对于各方建立彼此联系作用很大，可以说品牌是关系的引发剂或驱动程序（Leek & Christodoulides, 2011）。Carpenter（1993）、Hutt 和 Speh（1995）等认为，在 OEM 评价供应商能力时，既出于理性动机（如价格、质量和服务等）做出判断，也考虑情感动机。B2B

品牌对于供应商内部员工沟通也非常重要，它决定了品牌信息如何传递给 OEM 买家（Baumgarth & Schmidt，2010）。随着 OEM 买家和供应商之间交流的增加，人与人之间的关系会得到发展（Carpenter，1993）。另外，B2B 品牌对于有些购买中心成员会有更大作用力，如技术专家、使用者、采购者以及把关者，他们拥有丰富的产品知识或采购经验，有能力将优势品牌与次级品牌区分开来（Bendixen et al.，2004）。这些购买中心成员不完全使用功能标准，例如与供应商有定期联系的采购经理就多使用情感工具。因此，本章沿用现有文献的研究思路，认为 B2B 品牌形象可能更容易引起 OEM 的情感认同，增进双方的信任或依赖，进而提升 OEM 的承诺水平。

同样，从互动角度看，B2B 品牌化能否提升 OEM 的关系价值感知还需要考虑 B2B 品牌化带给 OEM 的利益。归纳现有文献发现，良好的 B2B 品牌形象不仅为供应商自身带来利益，也可以为组织客户带来相关利益，如表 15－1 所示。B2B 品牌化的溢出价值会增加 OEM 的关系价值感知，如 Cretu 和 Brodie（2007）认为，B2B 品牌形象可以正向影响客户企业的关系感知价值；Worm 和 Srivastava（2014）也验证了零部件供应商（Component Supplier，CS）的品牌形象会提升 OEM 对 CS 的价值感知。而且，卢宏亮和李桂华（2013）认为，与次级品牌形象相比，品牌形象良好、德才兼备的供应商可能更容易得到合作企业的信任，进而获取额外的心理价值。因此，本章提出如下假设：

H15－3：B2B 品牌形象有助于提升 OEM 对企业间关系价值的感知。

表 15－1　B2B 品牌形象为供应商和组织客户带来的利益

组织客户利益	供应商收益
①提升自信水平	①质量②差异化③需求拉升
②降低购买风险或不确定性	④溢价⑤品牌延伸⑥渠道权力
③增加满意度	⑦进入壁垒⑧善意
④感觉更舒服	⑨顾客满意与忠诚
⑤实现产品差异化	⑩推荐

资料来源：Leek S，Christodoulides G. A literature review and future agenda for B2B brand：Challenges of branding in a B2B context ［J］. Industrial Marketing Management，2011，40（6）：830－837.

四、源于 B2B 行业特征的调节因素

本章选取两个 B2B 行业特征因素作为情境变量加以研究，包括产品差异度

及技术密集度。选取上述调节变量基于如下考虑：首先，B2B 企业品牌化战略的实施建立在环境扫描的基础上，战略无法脱离环境而存在；其次，除了本章提及因素外，还存在其他因素影响 B2B 品牌形象实现其财务绩效，如 B2B 行业的规模、集中度、无形资产强度等，而本章在选取变量时沿用了 Gundlach 和 Cadotte（1994）的思路，即 OEM 选择强势 B2B 品牌的前提是 B2B 品牌作为资源的重要性和有用性。因此，上述变量均会对品牌资源效力（即重要性和有用性）产生实质影响。

（一）产品差异化的调节作用

在 B2B 行业中，如果 B2B 供应商产品存在明显差异，则产品差异化便存在。当产品差异化水平较高时，OEM 客户面临的决策任务会更加复杂，信息超载度以及感知风险度也会随之加大。B2B 品牌形象通过降低信息成本和感知风险对企业客户的购买决策产生更大影响（Morgan & Hunt，1994；Kirmani & Rao，2000），因此，该情境下塑造的强势 B2B 品牌更加重要。当不同的 B2B 产品存在高度差异且 OEM 客户需要通过 B2B 品牌线索来了解某些产品特性时，强势 B2B 品牌就更难以被替代（Van & Janiszewski，2001）。产品差异化使得强势 B2B 品牌难以被 OEM 替代的另一个原因是较高的转换成本。如果 OEM 要替换原有的 B2B 供应商，就需要重新获取新品牌信息，而先前的营销投入可能归于沉没成本。当转换成本较高时，OEM 可能对强势 B2B 品牌的要求表现得更加宽容（Gundlach & Cadotte，1994）。总之，B2B 行业较高的产品差异化水平增加了强势 B2B 品牌的重要性，进而导致 OEM 难以用其他供应商代替它。最终的结果是，OEM 更加依赖强势 B2B 品牌，这使 B2B 企业可以更好地利用品牌形象来维持或提高其产品价格及盈利水平。因此，本章提出如下假设：

H15 -4：B2B 品牌形象对于 B2B 企业盈利能力的积极作用会随着 B2B 行业产品差异化程度的提高而增强，也就是说，B2B 行业产品差异化水平越高，B2B 品牌形象对 B2B 企业盈利能力的正向影响越大。

（二）技术密集度的调节作用

技术密集度指 B2B 所在行业强调 R&D 的程度（Bahadir et al.，2008）。技术密集型 B2B 产业发展迅速，这对于 OEM 及终端客户而言会增加更多的固有风险，并且需要做出更复杂的评估（Homburg et al.，2011）。OEM 也希望 B2B 品牌可以保证技术密集型产品的维护、升级以及可用性。因此，强势 B2B 品牌通过降低信息成本和感知风险的方式为 OEM 客户带来更大价值，并对 OEM 的市场绩效发挥更大影响（Kirmani & Rao，2000）。此外，在动态市场中，当 OEM 的竞争者在其产品中集成了新型 B2B 产品时，B2B 品牌所提供的终端客户忠诚度可以为 OEM 提供短期保护。所以，B2B 品牌形象对于生产技术密集型产品的企业更重要。此外，B2B 企业可以 B2B 品牌差异为出发点来获取创新效益，创造出竞争对手难以模仿的、捆绑式的专业资产包（Van & Janiszewski，2001），从而降低了 OEM 厂商用其他 B2B 产品替代现有供应商的可能。最后，在技术密集的背景下，合同约定通常是不完备的，使用 B2B 品牌来平衡 OEM – B2B 企业依赖关系获取的好处更多（Ghosh & John，2009）。综上，有理由认为，B2B 行业的技术密集度可以提高 B2B 品牌形象对于 OEM 的重要性，减少强势 B2B 品牌的可替代性，增强 B2B 品牌的保障性需求。因此，B2B 企业可以更好地利用 B2B 品牌形象，维持和提升价格及盈利水平。因此，本章提出如下假设：

H15－5：在技术密集型 B2B 产业中，B2B 品牌形象对自身盈利能力增长的积极作用会增强。

至此，本章提出了所有研究假设，研究的理论模型如图 15－3 所示。

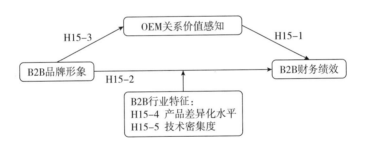

图 15－3　理论模型

第三节　研究设计

一、变量测量

本章共有 5 个潜变量需要测量，其中主效应的 B2B 品牌形象、OEM 关系价值感知、B2B 财务绩效三个变量使用多个问项加以测量，问题采用李克特 7 级量表，1 为"完全不同意"，7 为"完全同意"。B2B 品牌形象参考了 Keh 和 Xie（2009）以及 Han 和 Sung（2008）的研究成果，主要从 B2B 企业是"有能力的、可信的、不会让客户失望、感到安全和放心、诚实的"等方面加以测量；OEM 对关系价值的感知参考了 Ulaga 和 Eggert（2006）的研究成果，通过"与该企业合作会让我们获取更高价值""与该企业合作获取的收益远大于成本""与发生的成本相比，与该企业合作获取的利益更多""综合所有的成本和收益，与该企业合作是值得的"四个问项加以测量。

本章在探讨 B2B 企业财务绩效时采取主观评价的方式，主要基于如下考虑：首先，现有的关于财务绩效评价的文章多使用股票市场数据或企业客观的绩效指标，如销售额、投资回报率、利润率等；与这些客观指标相比，主观评价的方法更适合分析不同行业的企业绩效。不同行业由于财务标准不同、市场界定方法不同而很难使用客观的绩效数字进行对比（Fisher & McGowan，1983）。而由企业管理人员对绩效进行主观认知得到的绩效衡量指标可以修正客观测量（Lumpkin & Dess，2001）。其次，没有证据表明企业财务报表中的各项指标比主观评价更客观。最后，绩效的主观测量法可以在大量的营销学研究中见到，例如以国际营销为例，Hult 等（2008）对 1995～2005 年 96 篇发表在顶级期刊上的绩效研究论文进行统计发现，多数文献采用的是问卷调研。如上所述，本章拟采用"销售增长率、投资回报率以及盈利能力"这三项指标来测量财务绩效。受访者根据企业实施品牌化策略前后指标对比来加以判定，例如"实施了品牌化策略后，我们实现了更高的投资回报率"。

另外，本章使用不同来源的双向配对样本进行评价，即一份量表由 B2B 供应商和 OEM 采购商共同完成，或者说将一份量表拆分为两部分，一部分由买家作答，另一部分由为其提供 B2B 产品的供应商人员填答。为了避免单一数据来源导致的一般方法偏差，本章在每家 B2B 供应商中选择至少 2 名管理者商议完成问卷。

本章还涉及两个调节变量：B2B 产品差异化水平以及 B2B 行业技术密集度。其中，产品差异化水平采取 7 点语义歧义量表（Semantic Differential Scale）加以测量，即"很低 -1、较低 -2、有点低 -3、中等 -4、有点 -5、较高 -6、非常高 -7"。B2B 行业技术密集度则根据经合组织（OECD）有关高、中、低技术产业的划分口径，结合我国工业统计及实际发展情况，确定受访企业所在行业的技术密集度。

为获得准确的数据结论，我们还考虑了 OEM 企业规模（人数）、OEM 产业技术密集度等控制变量。

二、样本及数据采集

双向配对样本为本章的样本选取提出了挑战，因此本章使用了在实际科研中比较常见且比较适合 B2B 营销调研特点的非概率抽样方法——滚雪球抽样（Snowball Sampling）。在选择样本时，主要考虑了 OEM 企业的高层管理者、区域经理、采购经理、一线采购、项目经理、信息反馈人员和公司决策层相关人员等，并且在这些 OEM 企业相关人员的帮助下，还可以获取 B2B 供应商的财务绩效信息。在获取 B2B 供应商信息时，提示 OEM 企业受访人员注意：①寻找的 B2B 供应商应实施了品牌化战略；②B2B 供应商的受访者必须了解企业的财务状况；③B2B 供应商的受访者必须针对"品牌化"情境加以作答。为了保证填答的有效性，在问卷设计时，对"企业间关系价值感知"评价部分作对比填答处理，即买卖双方受访者均填答取平均数作为问项得分，有助于保证双向填答的无缝对接。这样做是由于关系的互动性，任何单方面的价值评价都无法客观表征双方的关系价值感知。

企业类型，涵盖国有企业、民营企业、股份制企业等不同性质的企业群体，以及隶属不同行业的企业单位，包括木材加工与家具制造业、石油生产与储运业、IT 业、装备制造业、建筑与房地产业、电力、燃气及水的生产和供应等行业，具有比较好的代表性。

在正式调查之前，针对东北及天津地区有一定采购经验的 MBA、EMBA 学员和企业管理专业博士生进行了预调查。印发了初始化问卷 52 份，回收的有效问卷为 47 份，根据回收问卷所得数据进行了探索性分析，因子载荷得分及分布情况显示，该问卷总体设计良好。正式调查问卷使用多种方式送达被调查对象：一是通过 Email 方式发送 Word 版本问卷给调查对象；二是通过微信、QQ 等即时通信工具发送问卷星超链接给有采购经验的调查对象，并督促其填答完成；三是印发一些纸质问卷邮寄或亲自送到被调查对象处，当场回收或邮寄返回。最终发放问卷 320 份，收回有效问卷 165 份，有效率为 51.6%。本章对使用三种途径收集上来的数据进行了方差分析，结果不存在显著差别，因此合并了相关数据。样本基本情况如表 15-2 和表 15-3 所示。

表 15 – 2 OEM 样本基本情况

个人特征样本数量		百分比 （%）	组织特征	样本数量	百分比 （%）
性别			年销售额（万元）		
男	113	68.5	1 ~ 50	10	6.0
女	52	315	50 ~ 99	9	5.6
采购经验			100 ~ 249	17	10.3
1 年以下	2	1.3	250 ~ 499	19	11.5
1 ~ 3 年	71	43.0	500 ~ 999	21	12.7
3 ~ 5 年	31	18.8	1000 ~ 2499	29	17.6
5 ~ 10 年	26	15.7	2500 ~ 10000	36	21.8
10 年及以上	35	21.2	10000 以上	24	14.5
行业分布			员工人数		
木材加工与家具制造业	51	30.9	50 人以下	9	5.5
石油生产与储运业	22	13.3	50 ~ 99A	22	13.3
IT 产业	23	13.9	100 ~ 499A	38	23.0
装备制造业	44	26.7	500 ~ 1000A	52	31.5
建筑与房地产业	12	7.3	1000 人以上	44	26.7
电力	6	3.6	企业性质		
燃气给水的 生产和供应	5	3.0	国企	61	37.0
			外资企业	49	29.7
其他	2	13	私营或民营	55	33.3

表 15 – 3 样本均值和标准差

主效应	B2B 品牌形象		B2B 关系价值感知		B2B 财务绩效	
	均值	标准差	均值	标准差	均值	标准差
OEM 样本	4.48	1.72	4.02	1.08	—	—
B2B 配对样本	—	—	—	1.20	4.17	1.24
全样本	4.48	1.72	4.23	1.14	4.17	1.24

续表

调节效应	B2B 产品差异度		OEM－终端客户关系质量		OEM 品牌敏感度	
	均值	标准差	均值	标准差	均值	标准差
OEM 样本	—	—	—	1.12	5.44	0.99
B2B 配对样本	5.62	0.96	—	—	—	—
全样本	5.62	0.96	—	1.12	5.44	0.99

注：B2B 技术密集度的均值为 2.11，标准差为 0.03。

三、数据分析方法

根据研究假设的需要，本节在对调查问卷验收合格基础上，用统计软件 SPSS 18.0 对被调查者的基本特征做信度、效度检验和探索性因子分析（EFA）。然后，使用 LISREL 8.7 对结构方程外部模型进行验证性因子分析（CFA），并对内部模型进行路径系数分析，从而得出供应商 B2B 品牌形象、OEM 关系价值感知及 B2B 财务绩效之间关系的相关结论。最后，使用 SPSS 18.0 做回归分析，检验本文提出的调节效应。

第四节　数据结果分析

一、信度检验

本文通过 Cronbach's α 系数及组合信度（CR）测量量表的信度，同时还考虑了各变量的因子载荷及平均变异抽取量（AVE）等。由表 15-4 可知，所测构念的 α 值在 0.849～0.915，组合信度处于 0.846～0.912，均大于 0.7 的理想水平，两种检验方式均表明本章涉及的潜变量具有较高信度。

二、效度检验

在效度方面，本章重点考虑了内容效度和判别效度。在内容效度方面，本章使用的量表是在参考现有成熟量表的基础上改编而成，在正式调查前，征询了国内的营销学专家以及业界管理者的相关建议，并对问卷的提问方式及内容进行了修改，因此具有一定的内容效度。在判别效度方面，表15-5给出了各潜变量的相关系数及AVE平方根，由表15-5可知，各潜变量的AVE值平方根均大于其对应行和列的相关系数，说明变量之间显著地互不相同，量表具有较好的判别效度。

表15-4　主效应各变量的信度及效度检验

变量	测量条目	因子载荷	α系数	组合信度 CR	AVE
B2B 财务绩效	FNPF1	0.956			
	FNPF2	0.969	0.915	0.912	0.564
	FNPF3	0.954			
B2B 品牌形象	BRIM1	0.845			
	BRIM2	0.774			
	BRIM3	0.709	0.849	0.846	0.683
	BRIM4	0.933			
	BRIM5	0.937			
OEM 关系价值感知	RSVP1	0.808			
	RSVP2	0.796		0.899	0.598
	RSVP3	0.813			
	RSVP4	0.776			

注：FNPF-财务绩效，BRIM-品牌形象，RSVP-关系价值感知。

表15-5　各潜变量的相关系数及判别效度

潜变量	FNPF	BRIM	RSVP	PD	TI
B2B 财务绩效（FNPF）	0.750				
B2B 品牌形象（BRIM）	0365 **	0.826			
OEM 关系价值感知（RSVP）	0.272 *	-0.135 *	0.773		
B2B 产品差异度（PD）	0.189 *	0.198 *	-0.128 *	—	
B2B 技术密集度（TI）	0.346 **	0.337 **	0.005	0.115	—

注：对角线为潜变量的AVE值平方根，* 表示 $p < 0.05$，** 表示 $p < 0.01$。

三、主效应检验

为了检验两条路径：品牌路径和关系路径对 B2B 财务绩效的影响以及品牌路径与关系路径之间的关系，本章借助了 LISREL 8.7 对理论模型进行检验。理论模型的绝对拟合度指标检验结果为，$\chi^2/df = 1.724$（小于 2）、GFI = 0.913（大于 0.9）、CFI = 0.925（大于 0.9）、TLI = 0.937（大于 0.9）、IFI = 0.933（大于 0.9）、RMSEA = 0.048（小于 0.5）。上述拟合指标结果表明，本章构建的理论模型构建合理，适合用于进一步的路径分析。

理论模型的标准路径系数如图 15 - 4 所示。由图 15 - 4 可知，OEM 关系价值感知对 B2B 财务绩效有显著的正向影响（$\beta = 0.537$，$t = 10.276$），B2B 品牌形象对 B2B 财务绩效有显著的正向影响（$\beta = 0.495$，$t = 8.735$），H15 - 1 和 H15 - 2 得到数据支持。遗憾的是，H15 - 3 不但没得到数据支持，而且数据结果指向了相反方向，即 B2B 品牌形象对 OEM 关系价值感知有负向影响（$\beta = -0.165$，$t = 2.933$），因此 H15 - 3 未通过检验。具体结果如表 15 - 6 所示。

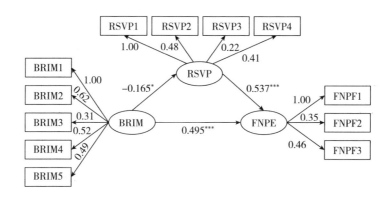

图 15 - 4　结构方程检验结果

四、调节效应检验

本章在检验 B2B 品牌形象、OEM 关系价值感知对 B2B 财务绩效影响主效应的同时，也考虑了以市场为导向的品牌资产转化为企业核心竞争优势的产业条件。B2B 品牌形象正向影响其财务绩效主效应的存在从根本上证明了在 B2B 产业引入品牌战略的可行性。但是，作为一项企业战略，B2B 品牌形象的塑造需要企业持续、大量地投入资源。因此，不仅要考虑投入的资源能否获取利益回报的问题，还需要探求在何种情境下，B2B 品牌战略的投资效果会更好。与 Homburg 等（2011）、Zablah 等（2010）研究类似，本章发现 B2B 品牌化战略的成功实施与产品差异度、产业技术密集度等边界条件有关，即上述情境因素会调节 B2B 品牌形象对其财务绩效的影响。

表 15 - 6　主效应假设检验表

假设	路径关系	标准化路径系数	T 值	结论
假设 1	RSVP - ≫FNPF	0.537	10.276	成立
假设 2	BRIM - * FNPF	0.493	9.735	成立
假设 3	BRIM—RSVP	- 0.165	2.933	拒绝

本章采用多元调节回归方法分析 B2B 行业特征变量的调节作用。为了避免多重共线性，自变量与调节变量均做了均值中心化处理，然后再进行回归分析。由表 15 - 7 可知，以财务绩效为因变量，构建解释变量与交互项组成的多元回归模型。模型 1 只加入控制变量，是控制变量对因变量的基准模型；模型 2 在模型 1 的基础上加入 B2B 品牌形象（BRIM）和 OEM 关系价值感知（RSVP），是控制变量和解释变量对因变量的主效应模型；模型 3 在模型 2 基础上加入 2 个调节变量（PD、TI）进行回归分析；模型 4 在模型 3 的基础上加上 B2B 品牌形象与 2 个调节变量的交互项（BRIM×PD、BRIM×TI），检验情境因素在 B2B 品牌形象与财务绩效关系中的调节效应。

表 15 - 7　回归分析结果

变量	因变量：B2B 财务绩效			
控制变量	模型 1	模型 2	模型 3	模型 4
OEM 产业技术密集度	0.464 **	0.124	0.118	0.093
OEM 企业规模	0.179	0.147 *	0.136 *	0.089
主效应				
B2B 品牌形象（BRIM）		0.549 ***	0.381 **	0.335 **
OEM 关系价值感知（RSVP）		0.455 ***	0.435 ***	0.398 **
B2B 产品差异度（PD）			0.154 *	0.182 *

续表

变量	因变量：B2B财务绩效			
控制变量	模型1	模型2	模型3	模型4
B2B产业技术密集度（TI）			0.219*	0.171*
交互作用				
BRIM×PD				0.476***
BRIM×TI				0.341**
F	10.48**	48.49**	74.15**	76.59**
R^2	0.025	0.249	0.394	0.476
ΔR^2		0.224**	0.145*	0.082*

注：*表示$p<0.05$，**表示$p<0.01$，***表示$p<0.001$（双尾检验）。

结果表明，BRIM×PD的回归系数为0.476，$p<0.001$；BRIM×TI的回归系数为0.341，$p<0.01$，表明B2B产品差异度和技术密集度正向调节B2B品牌形象与其财务绩效的关系，H15－4和H15－5均得到支持。为进一步检测情境变量的调节作用，本章绘制了不同边界条件下B2B品牌形象对其财务绩效影响的差异图（见图15－5）。如图15－5（a）所示，当B2B产品差异化水平较低时，强势B2B品牌形象会减弱B2B财务绩效（斜率为负，$p<0.05$）。因此，在低产品差异化情境下，B2B品牌化战略是无效的。相反，当产品差异化水平较高时，强势的B2B品牌形象会提高财务绩效（斜率为正，$p<0.01$）。如图15－5（b）所示，当B2B行业的技术密集度较低时，强势B2B品牌形象伴随着较低且下降的财务绩效（$p<0.05$）；相反，当产品差异化水平较高时，强势的B2B品牌形象会提高财务绩效（$p<0.01$）；高科技产品中B2B品牌形象更加重要。

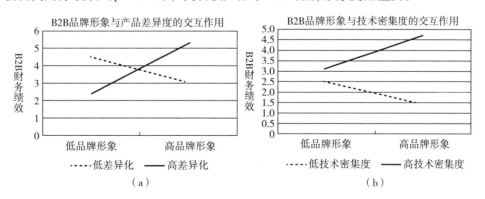

图15－5　B2B品牌形象与行业特征之间的交互作用

第五节　结论与展望

一、研究结论

（一）关系价值仍然是提升 B2B 供应商财务绩效的有效路径

从本章结果来看，H15-1 成立说明了 OEM 对企业间关系价值的感知仍然是 B2B 企业提升财务绩效的有效路径（$\beta = 0.537$，$p < 0.001$）。研究结果进一步证明了 Anderson 等学者提出的关系价值传递观点（Zablah et al.，2010）。

（二）品牌化是提升 B2B 供应商财务绩效的新型路径

B2B 品牌化战略能否影响 B2B 供应商的企业绩效已经成为 B2B 营销者和理论界经常讨论的话题。管理者也常常质疑成分品牌的原则是否可以从消费者市场转移到产业市场中来。关于上述问题，本章给出了确切回答，即在特定的产业背景下，B2B 品牌形象是影响其财务绩效的重要变量（$\beta = 0.495$，$p < 0.001$）。对于那些准备尝试品牌化战略的 B2B 供应商而言，该研究结论为其投资行为提供了重要依据。

（三）B2B 品牌化会降低 OEM 企业间关系价值感知

与现有的 B2B 品牌化有助于企业间良好关系建设的 B2B 文献不同，本章结论显示，关系和品牌化这两条路径之间存在互斥关系。B2B 品牌形象提升不但没有提升 OEM 对企业间关系价值的感知（$\beta = -0.165$，$p < 0.05$），反过来，B2B 品牌化似乎侵犯了 OEM 的企业利益，进而弱化了其对企业间关系价值的感知（$\beta = -0.165$，$p < 0.05$）。诚然，B2B 品牌化可以为 OEM 带来好处，但也可能增加其成本，如 B2B 品牌化会加大 OEM 财务成本（需要溢价购买）、降低其谈判能力以及稀释其品牌效应等，成本的增加从反面拉低了 OEM 的关系价值感知。B2B 品牌化与关系论之间的"矛盾"从一个侧面反映出 B2B 营销的博弈性。B2B 品牌化理念源于跨位营销思想，"推"改"拉"打破了产业链上下游企业间的势力均衡，曾经处于优势地位的 OEM 可能与 B2B 供应商平起平坐，甚至会依附于强势 B2B 品牌，因此 OEM 不会坐视乾坤逆转，必然会重新审视 B2B 品牌化带来的利害得失。

（四）B2B品牌形象影响财务绩效的边界条件

鉴于B2B品牌的研究成果差异程度较高，本章有助于B2B营销企业更好地理解"使B2B品牌投资产生积极回报"的边界条件。至少有两类行业的B2B品牌投资更有意义或者更有利，即当B2B行业的产品差异化或技术水平较高时。此外，这项研究结果还阐明了业界共同的误解，即"由于产品变得越来越相似，企业正在转向品牌，以此创造其产品偏好"（科特勒、弗沃德，2010）。如本章结论所示，产品差异度和技术密集度较弱行业的B2B企业可以更集中于投资OEM – B2B关系以创造价值。相反，差异化和技术密集型产业的B2B企业可能从B2B品牌化中获得最大收益。

二、管理启示

（一）维系企业间关系质量以获取关系价值仍然是B2B企业可以坚持的战略

按照Anderson和Narus（2004）的逻辑，供应商与客户企业间的关系可以遵循"交易型关系–合作型关系"的连续谱进行拓展。买卖之间合作关系的建立、维系及价值的生成取决于买卖双方的关系付出与回报、对关系"时域"（Time Horizon）的关注以及买卖认可的争端解决机制。付出包括买卖双方为关系所进行的专用性投资，如人力、物力、财力及信息资源等，而回报是从关系的维系中获得的绩效，如利润及财务绩效提升、企业能力或专长增长等。关系时域界定了买卖双方认可的共同合作的时间长度，如果关系坚持长期导向，则买卖双方就可以做长远打算和持续性投入。争端的解决机制是维持买卖关系健康发展的必要保障，双方认可的争端解决策略，如谈判、斡旋及仲裁等可以帮助合作双方避免不必要的争执，高效率地获取问题解决方案。综上，关系价值感知是对买卖双方付出与回报的对比，是对长期、持续合作关系的期待，对维系健康、愉快合作关系的承诺。

（二）B2B品牌化会"劳有所获"

通过研究B2B品牌战略是否会影响企业的财务绩效，本章给出了关键结论：品牌化会"劳有所获"。基于B2C领域的研究成果，B2B营销人员可以从Aaker及Keller模型网中获取有益信息。加大B2B品牌化投入以塑造良好的品牌形象可以从提升品牌认知度，丰富品牌联想，提高产品感知质量，强化品牌忠诚度等方面着手。在品牌沟通过程中，认清B2B与B2C情境的差异，以公司品牌作为宣传重点，通过展会、人员沟通、行业媒体等方式向直接客户（如OEM）、间接客户（终端客户）甚至 B2C 市场（个体消费者）传递品牌信息，进而实现提高知名度和美誉度并获取溢价销售的目的。

（三）协调好"关系"与"品牌"的关系，降低 B2B 品牌化阻力

B2B 品牌化需要经历"依附 OEM—与 OEM 合作—超越 OEM"发展阶段，它带给 OEM 的收益需要在合作阶段才会显现，而在依附和超越阶段，B2B 品牌化带给 OEM 更多的是成本和威胁，因此 OEM 自然会产生防御或抵触心理。当然，品牌化的阻力与 OEM 企业的品牌容忍度有关。有些 OEM 担心与品牌化供应商合作后会削弱或稀释自己的品牌价值，进而降低 OEM 的客户对自身品牌的敏感度。为此，B2B 供应商需要转变思维，当务之急是在合作初期就能让 OEM 感知到 B2B 品牌化带来的是机会而不是威胁。具体而言，B2B 供应商可以通过联合研发与宣传，给予 OEM 一定的价格优惠或分担前期营销沟通费用来展现合作诚意，或者与 OEM 签订合作协议以降低 OEM 的感知风险。只有这样，才能降低 OEM 的心理成本，减少 B2B 品牌化阻力。

（四）B2B 供应商可以通过提高产品差异化和技术水平实现品牌化价值

在影响 B2B 品牌化实现财务绩效的边界条件中，提升自有产品的差异化及技术水平是 B2B 供应商的可控因素。提升产品的差异化水平可以从产品质量、款式等方面寻求突破，也可以从服务、人员及形象等方面着手，塑造出 B2B 产品的独特性。提升产品的技术水平，需要企业加大研发投入，不断更新产品，增加产品科技含量，用高科技实现产品的技术升级，只有这样，B2B 品牌化效应才能充分实现。

三、研究不足及展望

本章在如下方面还存在一定不足，需要后续研究加以深化：首先，本章重点考虑了品牌资产的认知论和关系论视角，将 B2B 品牌形象和 OEM 关系价值感知作为影响 B2B 财务绩效的两条基本路径，这承接了 Aaker 和 Jacobson（2001）以及 Anderson 和 Narus（2004）的研究脉络。除了上述两个潜变量外，是否还存在能更准确地表征中国企业顾客认知和企业间关系的变量尚需深入研究。其次，165 份企业有效样本虽达到了下限要求，但考虑到潜变量数量及模型的稳定性，在样本扩充方面还需要加强。最后，品牌化和关系作为 B2B 品牌财务绩效的两条路径，其关系也需要进一步理顺，在何种情况下 B2B 品牌化被 OEM 视为收益，何时又被视为成本需要做出"情境"解释。

参考文献

［1］ Aaker D A. Measuring brand equity across products and markets ［J］. California Management Review, 1996, 38 (3): 102 – 120.

［2］ Aaker D A, Jacobson R. The value relevance of brand attitude in high technology markets ［J］. Journal of Marketing Research, 2001, 38 (4): 485 – 493.

［3］ Agostini L, Nosella A. Interorganizational relationships in marketing: A critical review and research agenda ［J］. International Journal of Management Reviews, 2017, 19 (2): 131 – 150.

［4］ Ahern K R. Bargaining power and industry dependence in mergers ［J］. Journal of Financial Economics, 2012, 103 (3): 530 – 550.

［5］ Ahmad N, Iqbal N. The impact of market orientation and brand orientation on strengthening brand performance: An insight from the beverage industry of Pakistan ［J］. International Review of Management & Business Research, 2013, 2 (1): 128 – 132.

［6］ Aiken L S, West S G. Multiple regression: Testing and interpreting interactions ［M］. CA: Sage, 1991.

［7］ Alba J, Hutchinson J W. Dimensions of consumer expertise ［J］. Journal of Consumer Research, 1987 (3): 14 – 25.

［8］ Alba J W, Hutchinson J W. Knowledge calibration: What consumers know and what they think they know ［J］. Journal of Consumer Research, 2000, 27 (2): 123 – 156.

［9］ Anderson J C, Narus J A. Business Market Management: Understanding, Creating and Delivering Value ［M］. Upper Saddle River, NJ: Prentice Hall, 2004.

［10］ Anees – Ur – Rehman M, Wong H Y, Hossain M. The progression of brand orientation literature in twenty years: A systematic literature review [J] . Journal of Brand Management, 2016 (23): 612 – 630.

[11] Backhaus K, Steiner M, Kai L. To invest, or not to invest, in brands? Drivers of brand relevance in B2B markets [J] . Industrial Marketing Management, 2011, 40 (7): 1082 – 1092.

[12] Bahadir S C, Bharadwaj S G, Srivastava R K. Financial value of brands in mergers and acquisitions: Is value in the eye of the beholder [J] . Journal of Marketing, 2008, 72 (6): 49 – 64.

[13] Barney J B. Firm resources and sustained competitive advantage [J] . Journal of Management, 1991, 17 (1): 99 – 120.

[14] Baron R M. , Kenny D A. The moderator – mediator variable distinction in social psychological research: Conceptual, strategic and statistical considerations [J]. Journal of Personality and Social Psychology, 1986, 51 (6): 1173 – 1182.

[15] Baumgarth C. Evaluations of co – brands and spill – over effects: Further empirical results [J] . Journal of Marketing Communications, 2004, 10 (2): 115 – 131.

[16] Baumgarth C. Integrated model of marketing quality (MARKET – Q) in the B – to – B sector [J] . Journal of Business Market Management, 2008, 2 (1): 41 – 57.

[17] Baumgarth C, Schmidt M. How strong is the business – to – business brand in the workforce? An empirically – tested model of "Internal Brand Equity" in a business – to – business setting [J] . Industrial Marketing Management, 2010, 39 (8): 1250 – 1260.

[18] Beier F, Stern L W. Power in the Channel of Distribution [A] //Stern L W (Ed.) . Distribution Channels: Behavioral Dimensions [C] . Boston: Houghton Mifflin, 1969.

[19] Beihal G J, Daniel A S. The influence of corporate messages on the product portfolio [J] . Journal of Marketing, 2007, 71 (4): 12 – 25.

[20] Bendixen M, Bukasa K A, Abratt R. Brand equity in the business – to – business market [J] . Industrial Marketing Management, 2004, 33 (5): 371 – 380.

[21] Bengtsson A, Servais P. Co – branding on industrial markets [J] . Indus-

trial Marketing Management, 2005, 34 (7): 706 – 713.

[22] Berry L L. Cultivating service brand equity [J]. Journal of the Academy of Marketing Science, 2000, 28 (1): 128 – 137.

[23] Beverland M, Napoli J, Lindgreen A. Industrial global brand leadship: A capabilities view [J]. Industrial Marketing Management, 2007, 36 (8): 1082 – 1093.

[24] Binder M, Edwards J S. Using grounded theory method for theory building in operations management research [J]. International Journal of Operations & Production Management, 2010, 30 (3): 232 – 259.

[25] Biswas D, Biswas A, Das N. The differential effects of celebrity and expert endorsements on consumer risk perceptions [J]. Journal of Advertising, 2006, 35 (2): 17 – 31.

[26] Blombäck A, Axelsson B. The role of corporate brand image in the selection of new subcontractors [J]. Journal of Business & Industrial Marketing, 2007, 22 (6): 418 – 430.

[27] Brennan D R, Turnbull P W, Wilson D T. Dyadic adaptation in business – to – business markets [J]. European Journal of Marketing, 2003, 37 (11/12): 1636 – 1665.

[28] Brown B P, Zablah A R, Bellenger D N, et al. When do B2B brands influence the decision making of organizational buyers? An examination of the relationship between purchase risk and brand sensitivity [J]. International Journal of Research in Marketing, 2011, 28 (3): 194 – 204.

[29] Brown B P, Zablah A R, Bellenger D N, et al. What factors influence buying center brand sensitivity? [J]. Industrial Marketing Management, 2012, 41 (3): 508 – 520.

[30] Bruhn M, Schnebelen S, Schäfer D. Antecedents and consequences of the quality of e – customer – to – customer interactions in B2B brand communities [J]. Industrial Marketing Management, 2014, 43 (1): 164 – 176.

[31] Brunner C B, Ullrich S, Jungen P, et al. Impact of symbolic product design on brand evaluations [J]. Journal of Product & Brand Management, 2016, 25 (3): 307 – 320.

[32] Burmann C, Jost – Benz M, Riley N. Towards an identity – based brand equity model [J] . Journal of Business Research, 2009, 62 (3): 390 – 397.

[33] Candi M, Kahn K B. Functional, emotional, and social benefits of new B2B services [J] . Industrial Marketing Management, 2016 (57): 177 – 184.

[34] Capron L, Hulland J. Redeployment of brands, sales forces, and general marketing management expertise following horizontal acquisitions: A resource – based view [J] . Journal of Marketing, 1999, 63 (2): 41 – 54.

[35] Carpenter B. N. Relational Competence [A] // Perlman D, Jones W H. Advances in Personal Relationships [C] . London: Jessica Kingsley Publishers, 1993.

[36] Chao P. The impact of country affiliation on the credibility of product attribute claims [J] . Journal of Advertising Research, 1989, 29 (2): 35 – 41.

[37] Chavez R, Yu W, Jacobs M, et al. Internal lean practices and performance: The role of technological turbulence [J] . International Journal of Production Economics, 2015 (160): 157 – 171.

[38] Chiambaretto P, Gurău C. David by goliath: What is co – branding and what is in it for SMEs [J] . International Journal of Entrepreneurship and Small Business, 2017, 31 (1): 103 – 122.

[39] Cohen J B, Reed A. A multiple pathway anchoring and adjustment (MPAA) model of attitude generation and recruitment [J] . Journal of Consumer Research, 2006, 33 (1): 1 – 15.

[40] Cordell V. Consumer knowledge measures as predictors in product evaluation [J] . Psychology & Marketing, 1997, 14 (3): 241 – 260.

[41] Cretu A E, Brodie R J. The influence of brand image and company reputation where manufacturers market to small firms: A customer value perspective [J] . Industrial Marketing Management, 2007, 36 (2): 230 – 240.

[42] Cater T, Cater B. Product and relationship quality influence on customer commitment and loyalty in B2B manufacturing relationships [J] . Industrial Marketing Management, 2010, 39 (8): 1321 – 1333.

[43] Dahlquist S H, Griffith D A. Multidyadic industrial channels: Understanding component supplier profits and original equipment manufacturer behavior [J] .

Journal of Marketing, 2014, 78 (4): 59 –79.

[44] Damanpour F. Innovation type, redcalness, and the adoption process [J].
Communication Research, 1998, 15 (5): 545 –567.

[45] Day G S. The capabilities of market – driven organizations [J]. The Journal of Marketing, 1994, 58 (4): 37 –52.

[46] Day G S. Managing the market learning process [J]. Journal of Business & Industrial Marketing, 2002, 17 (4): 240 –252.

[47] de Chernatony L. Would a brand smell any sweeter by a corporate name? [J]. Corporate Reputation Review, 2002, 5 (2/3): 114 –132.

[48] Delgado – Ballester E, Munuera – Aleman J L, Guilen Y M J. Development and validation of a brand trust scale [J]. International Journal of Market Research, 2003, 45 (1): 335 –353.

[49] Desai K, Keller K L. The effects of ingredient branding strategies on host brand extendibility [J]. Journal of Marketing, 2002, 66 (1): 73 –93.

[50] Dickinson S, Heath T. A comparison of qualitative and quantitative results concerning evaluations of co – branded offerings [J]. Journal of Brand Management, 2006, 13 (6): 393 –406.

[51] Dillon W R, Madden T J, Kirmani A, et al. Understanding what's in a brand rating: A model for assessing brand and attribute effects and their relationship to brand equity [J]. Journal of Consumer Research, 2001, 38 (4): 415 –429.

[52] Djatmiko T, Pradana R. Brand image and product price: Its impact for samsung smartphone purchasing decision [J]. Procedia – Social and Behavioral Sciences, 2016 (219): 221 –227.

[53] Eisenhardt K M. Building theories from case study research [J]. Academy of Management Review, 1989, 14 (4): 532 –550.

[54] Emerson R M. Power – dependence relations [J]. American Sociological Review, 1962, 27 (1): 31 –41.

[55] Erdem T, Swait J. Brand equity as a signaling phenomenon [J]. Journal of Consumer Psychology, 1998, 7 (2): 131 –157.

[56] Erevelles S, Stevenson T H, Srinivasan S, et al. An analysis of B2B ingredient co – branding relationships [J]. Industrial Marketing Management, 2008, 37

(8): 940 – 952.

[57] Esch F – R, Schmitt B H, Redler J, et al. The brand anchoring effect: A judgment bias resulting from brand awareness and temporary accessibility [J]. Psychology & Marketing, 2009, 26 (4): 383 – 396.

[58] Ewing M T, Napoli J. Developing and validating a multidimensional nonprofit brand orientation scale [J]. Journal of Business Research, 2005, 58 (6): 841 – 853.

[59] Fahy J, Smithee A. Strategic marketing and the resource based view of the firm [J]. Academy of Marketing Science Review, 1999, 10 (1): 1 – 20.

[60] Fang E, Palmatier R W, Grewal R. Effects of customer and innovation asset configuration strategies on firm performance [J]. Journal of Marketing Research, 2011, 48 (3): 587 – 602.

[61] Farquhar P H. Managing brand equity [J]. Marketing research, 1989, 1 (3): 24 – 33.

[62] Ferguson R J, Paulin M, Bergeron J. Contractual governance, relational governance, and the performance of interfirm service exchanges: The influence of boundary – spanner closeness [J]. Journal of the Academy of Marketing Science, 2005, 33 (2): 217 – 234.

[63] Fisher F M, McGowan J J. On the misuse of accounting rates of return to infer monopoly profits [J]. American Economic Review, 1983, 73 (1): 82 – 97.

[64] Flint D J, Woodruff R B, Gardial S F. Exploring the phenomenon of customers' desired value change in a business – to – business context [J]. Journal of Marketing, 2002 (66): 102 – 117.

[65] Fornell C. A national customer satisfaction barometer: The Swedish experience [J]. Journal of Marketing, 1992, 56 (1): 6 – 21.

[66] Frazier G L. Organizing and managing channels of distribution [J]. Journal of the Academy of Marketing Science, 1999, 27 (2): 226 – 240.

[67] Ganesan S, Brown S P, Mariadoss B J, Ho H. Buffering and amplifying effects of relationship commitment in business – to – business relationships [J]. Journal of Marketing Research, 2010, 47 (2): 361 – 373.

[68] Garbarino E, Johnson M S. The different roles of satisfaction, trust and

commitment in customer relationships [J]. Journal of Marketing, 1999, 63 (4): 70 – 78.

[69] Gerstner E, Hess J D. Pull promotions and channel coordination [J]. Marketing Science, 1995, 14 (1): 43 – 60.

[70] Geylani T, Inman J J, Hofstede F T. Image reinforcement or impairment: The effects of co – branding on attribute uncertainty [J]. Marketing Science, 2008, 27 (4): 730 – 744.

[71] Ghosh M, John G. Strategic fit in industrial alliances: An empirical test of governance value analysis [J]. Journal of Marketing Research, 2005, 42 (3): 346 – 357.

[72] Ghosh M, John G. When should original equipment manufacturers use branded component contracts with suppliers? [J]. Journal of Marketing Research, 2009, 46 (October): 597 – 611.

[73] Gil R B, Andres E F, Salinas E M. Family as a source of consumer – based brand equity [J]. Journal of Product & Brand Management, 2007, 16 (3): 188 – 199.

[74] Glynn M S, Motion J, Brodie R J. Source of brand benefits in manufacturer – reseller B2B relationships [J]. Journal of Business & Industrial Marketing, 2007, 22 (6): 400 – 409.

[75] Glynn M. Primer in B2B brand – building strategies with a reader practicum [J]. Journal of Business Research, 2012, 65 (5): 666 – 675.

[76] Gomes M, Fernandes T, Brandão A. Determinants of brand relevance in a B2B service purchasing context [J]. Journal of Business & Industrial Marketing, 2016, 31 (2): 193 – 204.

[77] Gromark J, Melin F. The underlying dimensions of brand orientation and its impact on financial performance [J]. Journal of Brand Management, 2011, 18 (6): 394 – 410.

[78] Gundlach G T, Cadotte E R. Exchange interdependence and inter firm interaction: Research in a simulated channel setting [J]. Journal of Marketing Research, 1994, 31 (4): 516 – 532.

[79] Hague P, Jackson P. The Power of Idustrial Brands: An Effective Route to

Competitive Advantage [M] . London: McGraw – Hill, 1994.

[80] Hallen L, Johanson J, Seyed – Mohamed N. Interfirm adaptation in business relationships [J] . Journal of Marketing, 1991, 55 (2): 29 –37.

[81] Han S L, Sung H S. Industrial brand value and relationship performance in business markets—A general structural equation model [J] . Industrial Marketing Management, 2008, 37 (7): 807 –818.

[82] Hankinson G. The measurement of brand orientation, its performance impact, and the role of leadership in the context of destination branding: An exploratory study [J] . Journal of Marketing Management, 2012, 28 (7 –8): 974 –999.

[83] Hankinson P. Brand orientation in the charity sector: A framework for discussion and research [J] . International Journal of Nonprofit & Voluntary Sector Marketing, 2001, 6 (3): 231 –242.

[84] Havenstein M. Ingredient Branding: Die Wirkung der Markierung von Produktbestandteilen bei Konsumtiven Gebrauchsgütern [M] . Heidelberg: Springer – Verlag, 2013.

[85] Hayes A F. Introduction to Mediation, Moderation, and Conditional Process Analysis: A Regression – based Approach [M] . New York, NY: The Guilford Press, 2013.

[86] Heide J B, John G. The role of dependence balancing in safeguarding transaction – specific assets in conventional channels [J] . Journal of Marketing, 1988, 52 (1): 20 –35.

[87] Helm S V, Özergin B. Service inside: The impact of ingredient service branding on quality perceptions and behavioral intentions [J] . Industrial Marketing Management, 2015 (50): 142 –149.

[88] Henneberg S C, Pardo C, Mouzas S, et al. Value dimensions and relationship postures in dyadic "Key Relationship Programmes" [J] . Journal of Marketing Management, 2009, 25 (5 –6): 535 –550.

[89] Herbst U, Merz M A. The industrial brand personality scale: Building strong business – to – business brands [J] . Industrial Marketing Management, 2011, 40 (7): 1072 –1081.

[90] Homburg C, Klarmann M, Schmitt J. Brand awareness in business markets:

When is it related to firm performance [J]. International Journal of Research in Marketing, 2011, 27 (3): 201 – 212.

[91] Hooley G, Broderick A, Möller K. Competitive positioning and the resource – based view of the firm [J]. Journal of Strategic Marketing, 1998, 6 (1): 97 – 115.

[92] Hsieh A – T, Li C – K. The moderating effects of brand image on public relations perception and customer loyalty [J]. Marketing Intelligence & Planning, 2008, 26 (1): 26 – 42.

[93] Huang Y T, Tsai Y T. Antecedents and consequences of brand – oriented companies [J]. European Journal of Marketing, 2013, 47 (11 – 12): 2020 – 2041.

[94] Hult G, Tomas M, Ketehen D I, Griffith D A. An assessment of the measurement of performance in international business research [J]. Journal of International Business Studies, 2008, 39 (6): 1064 – 1080.

[95] Hutt M D, Speh T W. Business Marketing Management: A Strategic Review of Industrial and Organizational Markets [M]. TX: Dryden Press, Fort Worth, 1995.

[96] Jensen M B, Klastrup K. Towards a B2B customer – based brand equity model [J]. Journal of Targeting, Measurement and Analysis for Marketing, 2008, 16 (2): 122 – 128.

[97] John G, Lynch Jr. Accessibility – dianosticity and the multiple anchoring and adjustment model [J]. Journal of Consumer Research, 2006, 33 (1): 25 – 27.

[98] Johnsen R E, Lacoste S. An exploration of the "dark side" associations of conflict, power and dependence in customer – supplier relationships [J]. Industrial Marketing Management, 2016 (59): 46 – 95.

[99] Kalafatis S P, Riley D, Singh J. Context effects in the evaluation of business – to – business brand alliances [J]. Industrial Marketing Management, 2014, 43 (2): 322 – 334.

[100] Keh H T, Xie Y. Corporate reputation and customer behavioral intentions: The roles of trust, identification and commitment [J]. Industrial Marketing Management, 2009, 38 (3): 732 – 743.

[101] Keller K L, Lehmann D R. How do brands create value? [J]. Marketing Management, 2003, 12 (3): 26 – 31.

[102] Keller K L. Strategic brand management: building, measuring, and man-

aging brand equity [J]. Journal of Consumer Marketing, 2008, 17 (3): 263 – 272.

[103] Kim S, Haley E, Koo G – Y. Comparison of the paths from consumer involvement types to AD responses between corporate advertising and product advertising [J]. Journal of Advertising, 2009, 38 (3): 67 – 80.

[104] Kim J H, Hyun Y. A model to investigate the influence of marketing – mix efforts and corporate image on brand equity in the IT software sector [J]. Industrial Marketing Management, 2011, 40 (3): 424 – 438.

[105] Kirmani A, Rao A R. No pain, no gain: A critical review of the literature on signaling unobservable product quality [J]. Journal of Marketing, 2000, 64 (2): 66 – 79.

[106] Kotler P, Pfoertsch W. Ingredient Branding: Making the Invisible Visible [M]. Heidelberg: Springer – Verlag, 2010.

[107] Kozlenkova I V, Samaha S A, Palmatier R W. Resource – based theory in marketing [J]. Journal of the Academy of Marketing Science, 2014, 42 (1): 1 – 21.

[108] Kuhn K S L, Albert F, Pope N K. An application of keller's Brand Equity Model in a B2B context [J]. Qualitative Market Research: An International Journal, 2008, 11 (1): 40 – 58.

[109] Lafferty B A, Goldsmith R E. Cause – brand alliances: Does the cause help the brand or does the brand help the cause [J]. Journal of Business Research, 2007, 58 (4): 423 – 429.

[110] Lau G T, Hanlee S H. Consumers' trust in a brand and the link to brand loyalty [J]. Journal of Market Focused Management, 1999, 4 (4): 341 – 370.

[111] Leek S, Christodoulides G. A literature review and future agenda for B2B brand: Challenges of branding in a B2B context [J]. Industrial Marketing Management, 2011, 40 (6): 830 – 837.

[112] Leek S, Christodoulides G. A framework of brand value in B2B markets: The contributing role of functional and emotional components [J]. Industrial Marketing Management, 2012, 41 (1): 106 – 114.

[113] Leischnig A, Enke M. Brand stability as a signaling phenomenon—An empirical investigation in industrial markets [J]. Industrial Marketing Management, 2011, 40 (7): 1116 – 1122.

[114] Leuthesser L, Kohli C, Suri R. 2 + 2 = 5? A framework for using co - branding to leverage a brand [J]. The Journal of Brand Management, 2003, 11 (1): 35 - 47.

[115] Lienland B, Baumgartner A, Knubben E. The undervaluation of corporate reputation as a supplier selection factor: An analysis of ingredient branding of complex products in the manufacturing industry [J]. Journal of Purchasing & Supply Management, 2013, 19 (2): 84 - 97.

[116] Lindell M K, Whitney D J. Accounting for common method variance in cross - sectional research designs [J]. Journal of Applied Psychology, 2001, 86 (1): 114 - 121.

[117] Linder C, Seidenstricker S. The strategic meaning of ingredient brands: A resource - based analysis [J]. Asian Journal of Marketing, 2010, 4 (1): 1 - 16.

[118] Linder C. Ingredient branding in sports markets: The case Makrolon and UVEX [J]. International Journal of Business and Globalization, 2011, 7 (4): 485 - 496.

[119] Lou Y - C, et al. Ingredient branding alliances: An investigation of brand awareness and feedback [J]. European Advances in Consumer Research, 2008 (8): 232 - 233.

[120] Luczak C A, Pfoertsch W, Beuk F, Chandler J D. In - branding: Development of a conceptual model [J]. Academy of Marketing Studies Journal, 2007, 11 (2): 123 - 137.

[121] Lumpkin G T, Dess G G. Linking two dimensions of entrepreneurial orientation to firm performance: The moderating role of environment and industry life cycle [J]. Journal of Business Venturing, 2001 (16): 429 - 451.

[122] Lynch J, de Chernatony L. The power of emotion: Brand communication in business - to - business markets [J]. Brand Management, 2004, 11 (5): 403 - 419.

[123] Lynch J, de Chernatony L. Winning hearts and minds: Business - to - business branding and the role of the salesperson [J]. Journal of Marketing Management, 2007, 23 (1/2): 123 - 135.

[124] Mahajan J. The overconfidence effect in marketing management predictions

[J] . Journal of Marketing Research, 1992, 29 (3): 329 – 342.

[125] Martín – Herrán G, Sigué S P. Retailer and manufacturer advertising scheduling in a marketing channel [J] . Journal of Business Research, 2017, 78 (9): 93 – 100.

[126] McCarthy M, Norris D G. Improving competitive position using branded ingredients [J] . Journal of Product & Brand Management, 1999, 8 (4): 267 – 285.

[127] Mcquiston D H. Successful branding of a commodity product: The case of RAEX LASER steel [J] . Industrial Marketing Management, 2004, 33 (4): 345 – 354.

[128] Menon A, Homburg C, Beutin N. Understanding customer value in business – to – business relationships [J] . Journal of Business – to – Business Marketing, 2005, 12 (2): 1 – 38.

[129] Merrilees B. Brand orientation: Past, present, and future [J] . Journal of Marketing Management, 2013, 29 (9): 973 – 980.

[130] Michell P, King J, Reast J. Brand values related to industrial products [J] . Industrial Marketing Management, 2001, 30 (5): 415 – 425.

[131] Miles M B, Huberman A M, Saldana J M. Qualitative data analysis: A Methods Sourcebook [M] . California: Sage Publications, 2003.

[132] Miller D, Shamsie J. The resource – based view of the firm in two environments: The Hollywood film studios from 1936 – 1965 [J] . Academy of Management Journal, 1996, 39 (3): 519 – 543.

[133] Mitchell A A, Olson J C. Are product attribute beliefs the only mediator of advertising effects on brand attitude? [J] . Journal of Marketing Research, 1981, 1 (1): 318 – 332.

[134] Mitchell A A, Dacin P F. The asessment of alternative measures of consumer expertise [J] . Journal of Consumer Research, 1996, 23 (12): 219 – 240.

[135] Mittal V, Kamakura W A. Satisfaction, repurchase intent, and repurchase behavior: Investigating the moderating effect of customer characteristics [J] . Journal of Marketing Research, 2001, 38 (1): 131 – 142.

[136] Monrone K B. Pricing: Making Profitable Decisions [M] . New York: McGraw, 1991.

[137] Moon J, Tikoo S. Suppliers' capability factors affecting manufacturer commitment, opportunism, and supplier performance [J] . Journal of Global Scholars of Marketing Science: Bridging Asia and the World, 2013, 23 (3): 231 –244.

[138] Morgan R M, Hunt S D. The commitment – trust theory of relationship marketing [J] . Journal of Marketing, 1994, 58 (7): 20 – 38.

[139] Morgan N A, Slotegraaf R J, Vorhies D W. Linking marketing capabilities with profit growth [J] . International Journal of Research in Marketing, 2009, 26 (4): 284 – 293.

[140] Morgan R M, Shelby D H. The commitment – trust theory of relationship marketing [J] . Journal of Marketing, 1994, 58 (7): 20 – 38.

[141] Mudambi S M, Doyle P, Wong V. An exploration of branding in industrial markets [J] . Industrial Marketing Management, 1997, 26 (5): 433 – 446.

[142] Mudami S M. Branding importance in business – to – business markets: Three buyer clusters [J] . Industrial Marketing Management, 2002, 31 (6): 525 – 533.

[143] Muhonen T, Hirvonen S, Laukkanen T. SME brand identity: Its components, and performance effects [J] . Journal of Product & Brand Management, 2017, 26 (1): 52 –67.

[144] Mulyanegara R C. Market orientation and brand orientation from customer perspective: An empirical examination in the non – profit sector [J] . International Journal of Business & Management, 2010, 5 (7): 14 – 23.

[145] Mulyanegara R C. The relationship between market orientation, brand orientation and perceived benefits in the non – profit sector: A customer – perceived paradigm [J] . Journal of Strategic Marketing, 2011, 19 (5): 429 –441.

[146] Narasimhan R, Talluri S. Perspectives on risk management in supply chains [J] . Journal of Operations Management, 2009, 27 (2): 114 – 118.

[147] Norris D G. Ingredient branding: A strategy option with multiple beneficiaries [J] . Journal of Consumer Marketing, 1992, 9 (3): 19 –31.

[148] Norris D G. "Intel inside" branding a component in a business market [J] . Journal of Business & Industrial Marketing, 1993, 8 (1): 14 –24.

[149] Nyadzayo M W, Matanda M J, Ewing M T. Franchisee – based brand eq-

uity: The role of brand relationship quality and brand citizenship behavior [J] . Industrial Marketing Management, 2016, 52 (1): 163 – 174.

[150] O'Cass A, Ngo L V. Creating superior customer value for B2B firms through supplier firm capabilities [J] . Industrial Marketing Management, 2012, 41 (1): 125 – 135.

[151] Ohnemus L. B2B branding: A financial burden for shareholders? [J] . Business Horizons, 2009, 52 (2): 159 – 166.

[152] Ottosson M, Kindström D. Exploring proactive niche market strategies in the steel industry: Activities and implications [J] . Industrial Marketing Management, 2016, 55 (5): 119 – 130.

[153] O'Toole T, Donaldson B. Relationship performance dimensions of buyer – supplier exchanges [J] . European Journal of Purchasing & Supply Management, 2002, 8 (4): 197 – 207.

[154] Palmatier R W, Dant R P, Grewal D. A comparative longitudinal analysis of theoretical perspectives of interorganizational relationship performance [J] . Journal of Marketing, 2007, 71 (4): 172 – 194.

[155] Palmatier R W, Scheer L K, Steenkamp J B E M. Customer loyalty to whom? Managing the benefits and risks of salesperson – owned loyalty [J] . Journal of Marketing Research, 2007, 44 (2): 185 – 199.

[156] Parasuraman A. Reflections on gaining competitive advantage through customer value [J] . Journal of the Academy of Marketing Science, 1997, 25 (2): 154.

[157] Park W, Jun S Y, Shocker A D. Composite branding alliances: An investigation of extension and feedback effects [J] . Journal of Marketing Research, 1996, 33 (4): 453 – 466.

[158] Penrose E T. The Theory of the Growth of the Firm [M] . London: Basil Blackwell, 1959.

[159] Persson N. An exploratory investigation of the elements of B2B brand image and its relationship to price premium [J] . Industrial Marketing Management, 2010, 39 (8): 1269 – 1277.

[160] Pfoertsch W, Linder C, Chandler J D. Measuring the value of ingredient

brand equity at multiple stages in the supply chain: A component supplier's perspective [J]. Interdisciplinary Management Research, 2008, 4 (5): 571 – 595.

[161] Powell T C. Competitive advantage: Logical and philosophical considerations [J]. Strategic Management Journal, 2001, 22 (9): 875 – 888.

[162] Pratono A H, Mahmood R. Mediating effect of marketing capability and reward philosophy in the relationship between entrepreneurial orientation and firm performance [J]. Journal of Global Entrepreneurship Research, 2015, 5 (1): 1 – 12.

[163] Preacher K J, Hayes A F. SPSS and SAS procedures for estimating indirect effects in simple mediation models [J]. Behavior Research Methods Instruments & Computers, 2004, 36 (4): 717 – 731.

[164] Rahman M, Hasan M R, Floyd D. Brand orientation as a strategy that influences the adoption of innovation in the bottom of the pyramid market [J]. Strategic Change, 2013, 22 (3 – 4): 225 – 239.

[165] Rao A R, Qu L, Ruekert R W. Signaling unobservable product quality through a brand ally [J]. Journal of Marketing Research, 1999, 36 (2): 258 – 268.

[166] Rapp A, Trainor K J, Agnihotri R. Performance implications of customer – linking capabilities: Examining the complementary role of customer orientation and CRM technology [J]. Journal of Business Research, 2010, 63 (11): 1229 – 1236.

[167] Ravald A, Grönroos C. The value concept and relationship marketing [J]. European Journal of Marketing, 2013, 30 (2): 19 – 30.

[168] Rehme J, Nordigården D, Ellström D, et al. Power in distribution channels—Supplier assortment strategy for balancing power [J]. Industrial Marketing Management, 2016, 54 (4): 176 – 187.

[169] Rid J, Pfoertsch W. Ingredient branding of industrial goods: A case study of two distinct automotive suppliers [J]. IUP Journal of Brand Management, 2013, 10 (4): 49 – 65.

[170] Roberts J, Merrilees B. Multiple roles of brands in business – to – business eervices [J]. Journal of Business & Industrial Marketing, 2007, 22 (6): 410 – 417.

[171] Roehm M L, Sternthal B. The moderating effect of knowledge and re-

sources on the persuasive impact of analogies [J] . Journal of Consumer Research, 2001, 28 (2): 257 - 272.

[172] Roper S, Davies G. Business to business branding: External and internal satisfiers and the role of training quality [J] . European Journal of Marketing, 2010, 44 (5): 567 - 590.

[173] Sanders P. Phenomenology: A new way of viewing organizational research [J] . The Academy of Management Review, 1982, 7 (3): 353 - 360.

[174] Saqib N, Manchanda R V. Consumers' evaluations of co - branded products: The licensing effect [J] . Journal of Product & Brand Management, 2008, 17 (2): 73 - 81.

[175] Scheer L K, Miao C F, Garrett J. The effects of supplier capabilities on industrial customers' loyalty: The role of dependence [J] . Journal of the Academy Marketing Science, 2010, 38 (1): 90 - 104.

[176] Seyedghorban Z, Matanda M J, LaPlaca P. Advancing theory and knowledge in the business - to - business branding literature [J] . Journal of Business Research, 2016, 69 (8): 2664 - 2677.

[177] Shergill G S, Nargundkar R. Market orientation, marketing innovation as performance drivers: Extending the paradigm [J] . Journal of Global Marketing, 2005, 19 (1): 27 - 47.

[178] Shervani T A, Frazier G, Challagalla G. The moderating influence of firm market power on the transaction cost economics model: An empirical test in a forward channel integration context [J] . Strategic Management Journal, 2007 (28): 635 - 652.

[179] Sheth J N. , Newman B I, Gross B L. Why we buy what we buy: A theory of consumption values [J] . Journal of Business Research, 1991, 22 (2): 159 - 170.

[180] Shin S, Aiken K D. The mediating role of marketing capability: Evidence from Korean companies [J] . Asia Pacific Journal of Marketing and Logistics, 2012, 24 (4): 658 - 677.

[181] Siano A, Palazzo M. Tetra Pak Italy's ingredient branding: An exploratory case of strategic communication [J] . Journal of Communication Management, 2015,

19 (1): 102 – 116.

[182] Simonin B L, Ruth J A. Is a company know by the company it keeps? Assessing the spillover effects of brand alliances on consumer brand attitudes [J]. Journal of Marketing Research, 1998, 35 (1): 30 – 41.

[183] Sinclair S A, Seward K E. Effectiveness of branding a commodity product [J]. Industrial Marketing Management, 1988, 17 (1): 23 – 33.

[184] Srivastava R K, Shervani T A, Fahey L. Market – based assets and shareholder value: A framework for analysis [J]. Journal of Marketing, 1998, 62 (1): 2 – 18.

[185] Sujan M. Consumer knowledge: Effects on evaluation strategies mediating consumer judgments [J]. Journal of Consumer Research, 1985, 12 (1): 31 – 46.

[186] Swaminathan V, Reddy S, Dommer S. Spillover effects of ingredient branded strategies on brand choice: A field study [J]. Marketing Letters, 2012, 23 (1): 237 – 251.

[187] Sweeney J G, Soutar G N. Consumer – perceived value: The development of a multiple – item scale [J]. Journal of Retailing, 2001, 77 (2): 203 – 220.

[188] Thaler R. Transaction utility theory [J]. Advances in Consumer Research, 1983, 10 (4): 229 – 232.

[189] Tiwari K, Singh R. Perceived impact of ingredient branding on host brand equity [J]. Journal of Marketing & Management, 2012, 3 (1): 60 – 77.

[190] Tuli K R, Bharadwaj S G, Kohli A K. Ties that bind: The impact of multiple types of ties with a customer on sales growth and sales volatility [J]. Journal of Marketing Research, 2010, 47 (1): 36 – 50.

[191] Tuli K R, Kohli A K, Bharadwaj S G. Rethinking customer solutions: From product bundles to relational processes [J]. Journal of Marketing, 2007, 71 (3): 1 – 17.

[192] Tversky A, Kahneman D. Judgment under uncertainty: Heuristics and aiases [J]. Science, 2008, 185 (9): 1124 – 1131.

[193] Uggla H, Filipsson D. Ingredient branding: Strategic guidelines [J]. The ICFAI Journal of Brand Management, 2008, 5 (2): 16 – 30.

［194］Ulaga W, Eggert A. Value – based differentiation in business relationships: Gaining and sustaining key supplier status ［J］. Journal of Marketing, 2006, 70 (1): 119 – 136.

［195］Urde M. Brand orientation—A strategy for survival ［J］. Journal of Consumer Marketing, 1994, 11 (3): 18 – 32.

［196］Urde M. Brand orientation: A mindset for building brands into strategic resources ［J］. Journal of Marketing Management, 1999, 15 (1 – 3): 117 – 133.

［197］Urde M, Baumgarth C, Merrilees B. Brand orientation and market orientation—From alternatives to synergy ［J］. Journal of Business Research, 2013, 66 (1): 13 – 20.

［198］Vaidyanathan R, Aggarwal P. Strategic brand alliances: Implications of ingredient branding for National and private label brands ［J］. European Journal of Operational Research, 2000, 9 (4): 214 – 228.

［199］Van O S M J, Janiszewski C. Two ways of learning brand associations ［J］. Journal of Consumer Research, 2001, 28 (2): 202 – 223.

［200］Vandermerwe S, Rada J. Servitization of business: Adding value by adding service ［J］. European Management Journal, 1988, 6 (4): 314 – 320.

［201］Vargo S L, Lusch R F. Evolving to a new dominant logic for marketing ［J］. Journal of Marketing, 2004, 68 (1): 1 – 17.

［202］Vorhies D W. An investigation of the factors leading to the development of marketing capabilities and organizational effectiveness ［J］. Journal of Strategic Marketing, 1998, 6 (1): 3 – 23.

［203］Vorhies D W, Morgan R E, Autry C W. Product – market strategy and the marketing capabilities of the firm: Impact on market effectiveness and cash flow performance ［J］. Strategic Management Journal, 2009, 30 (12): 1310 – 1334.

［204］Wang Y G, Hing P L, Chi R Y, Yang Y S. An integrated framework for customer value and customer – relationship – management performance: A customer – based perspective from China ［J］. Managing Service Quality, 2004, 14 (2 /3): 169 – 182.

［205］Washburn J H, Till B D, Priluck R. Co – branding: Brand equity and trial effects ［J］. Journal of Consumer Marketing, 2000, 17 (7): 591 – 604.

［206］Washburn J H, Till B D, Priluck R. Brand alliance and customer – based brand – equity effects ［J］. Psychology & Marketing, 2004, 21 （7）: 487 – 508.

［207］Wathne K H, Jan B H. Opportunism in interfirm relationships: Forms, outcomes, and solutions ［J］. Journal of Marketing, 2000, 64 （4）: 36 – 51.

［208］Webster F E, Keller K L. A roadmap for branding in industrial markets ［J］. Brand Management, 2004, 36 （2）: 12 – 19.

［209］Wiersema F. The B2B agenda: The current state of B2B marketing and a look ahead ［C］. University Park, PA: ISBM, 2012.

［210］Williamson O E. Comparative economic organization: The analysis of discrete structural alternatives ［J］. Administrative Science Quarterly, 1991, 36 （2）: 269 – 296.

［211］Wilson D T, Jantrania S. Understanding the Value of a Relationship ［J］. Asia – Australia Marketing Journal, 1994, 2 （1）: 55 – 66.

［212］Wise R, Zednickova J. The rise and rise of the B2B brand ［J］. The Journal of Business Strategy, 2009, 30 （1）: 4 – 13.

［213］Wong H Y, Merrilees B. Closing the marketing strategy to performance gap: The role of brand orientation ［J］. Journal of Strategic Marketing, 2007, 15 （5）: 387 – 402.

［214］Woodruff R B. Marketing in the 21st century customer value: The next source for competitive advantage ［J］. Journal of the Academy of Marketing Science, 1997, 25 （3）: 256.

［215］Worm S, Srivastava R K. Impact of component supplier branding on profitability ［J］. International Journal of Research in Marketing, 2014, 31 （4）: 409 – 424.

［216］Wuyts S, Verhoef P C, Prins R. Partner selection in B2B information service markets ［J］. International Journal of Research in Marketing, 2009, 26 （1）: 41 – 51.

［217］Wuyts S, Stremersch S, Van den Bulte C, et al. Vertical marketing systems for complex products: A Triadic Perspective ［J］. Journal of Marketing Research, 2004, 41 （4）: 479 – 487.

［218］Xie E, Liang J, Zhou K Z. How to enhance supplier performance in China：An integrative view of partner selection and partner control［J］. Industrial Marketing Management, 2016（56）：156 – 166.

［219］Yeh Y P. Critical influence of relational governance on relationship value in strategic supply management［J］. European Business Review, 2016, 28（2）：137 – 154.

［220］Yoo B, Donthu N, Lee S. An examination of selected marketing Mix elements and brand equity［J］. Journal of Academy of Marketing, 2000, 28（2）：195 – 211.

［221］Zablah A R, Brown B P, Donthu N. The relative importance of brands in modified rebuy purchase situations［J］. International Journal of Research in Marketing, 2010, 27（3）：248 – 260.

［222］Zaichkowsky J L, Parlee M, Hill J. Managing industrial brand equity：Developing tangible benefits for intangible assets［J］. Industrial Marketing Management, 2010, 39（5）：776 – 783.

［223］Zeithaml V A. Consumer perceptions of price, quality, and value：A means – end model and synthesis of evidence［J］. Journal of Marketing, 1988, 52（3）：2 – 22.

［224］Zhang J, Jiang Y, Shabbir R, et al. Building industrial brand equity by leveraging firm capabilities and co – creating value with customers［J］. Industrial Marketing Management, 2015, 51（11）：47 – 58.

［225］Zhao X, Huo B, Flynn B B, et al. The impact of power and relationship commitment on the integration between manufacturers and customers in a supply chain［J］. Journal of Operations Management, 2008, 26（3）：368 – 388.

［226］Zhou K Z, Yim C K, Tse D K. The effects of strategic orientations on technology – and market – based breakthrough innovations［J］. Journal of Marketing, 2005, 69（April）：42 – 60.

［227］白长虹, 廖伟. 基于感知价值的顾客满意研究［J］. 南开学报, 2001（6）：14 – 20.

［228］陈劲, 吴波. 开放式技术创新范式下企业全面创新投入研究［J］. 管理工程学报, 2011, 25（4）：227 – 234.

［229］陈力田, 赵晓庆, 魏致善. 企业创新能力的内涵及其演变：一个系统

化的文献综述［J］．科技进步与对策，2012，29（14）：1－8.

［230］陈收，易敏芳，李博雅．产品扩散策略对企业绩效的影响［J］．管理学报，2015，12（6）：814－822.

［231］党兴华，李玲，张巍等．技术创新网络中企业间依赖与合作动机对企业合作行为的影响研究［J］．预测，2010，29（5）：37－41.

［232］董维维，庄贵军．关系治理的本质解析及在相关研究中的应用［J］．软科学，2012，26（9）：133－137.

［233］公衍勋．2012－2013年中国国产平板电脑市场研究报告［R/OL］．中关村在线，https：//zdc.zol.com.cn/352/3520509_all.html，2013－01－30.

［234］郭锐，严良，苏晨汀等．不对称品牌联盟对弱势品牌稀释研究："攀龙附凤"还是"引火烧身"？［J］．中国软科学，2010（2）：132－141.

［235］何佳讯．中国文化背景下品牌情感的结构及对中外品牌资产的影响效用［J］．管理世界，2008（6）：95－108.

［236］胡靖崮．品牌信任及其与品牌个性、消费者自我概念的关系研究［D］．长沙：湖南师范大学硕士学位论文，2011.

［237］黄光，叶慧玲，周延风等．我国慈善组织品牌导向的维度构建研究［J］．管理学报，2016，13（9）：1296－1304.

［238］黄磊，吴朝彦．制造型供应商不同产品特征与品牌导向的关系机理——基于我国产业市场的实证研究［J］．财经论丛，2016（8）：76－85.

［239］黄磊，吴朝彦．B2B品牌导向对品牌绩效的影响机制研究：供应商资源投入的关键作用［J］．管理评论，2017，29（9）：181－192.

［240］简兆权，伍卓深．制造业服务化的内涵与动力机制探讨［J］．科技管理研究，2011（22）：104－107.

［241］［美］科特勒，［德］弗沃德．要素品牌战略：B2B2C的差异化竞争之道［M］．李戎译．上海：复旦大学出版社，2010.

［242］李桂华，黄磊．要素品牌价值对关系绩效的影响——采购商视角的研究［J］．管理科学，2014，27（2）：82－94.

［243］李桂华，黄磊，卢宏亮．要素品牌化研究进展述评［J］．外国经济与管理，2014，36（6）：42－50.

［244］李桂华，黄磊，卢宏亮．不同联合模式下的要素品牌属性评价效果研究——MPAA模型理论视角［J］．华东经济管理，2015，29（3）：164－170.

［245］李桂华，卢宏亮．供应商品牌溢出价值、品牌关系质量与采购商重复购买意向：基于采购商的视角［J］．南开管理评论，2010，13（4）：71－82.

［246］李桂华，卢宏亮．供应商品牌绩效对采购商重复购买意向的影响——以品牌关系质量为中介［J］．经济管理，2010（3）：139－147.

［247］李启庚，余明阳．品牌体验价值对品牌资产影响的过程机理［J］．系统管理学报，2011，20（6）：744－751.

［248］林磊．独特性需要对顾客满意和忠诚的影响研究［D］．西安：西安交通大学硕士学位论文，2007.

［249］刘益，李纲．态度性承诺、渠道冲突与市场知识转移：渠道关系情境下的一个整合的模型［J］．管理评论，2008，20（7）：28－34.

［250］卢宏亮，李桂华．B2B 品牌资产的来源路径：真情 vs 人情［J］．山西财经大学学报，2013，32（2）：83－94.

［251］卢宏亮，李桂华．基于 B2B2C 视角的 B2B 品牌资产影响因素研究［J］．当代财经，2014（6）：75－86.

［252］卢宏亮，李桂华，黄磊．消费者知识与成分品牌溢出效应——基于品牌功能视角［J］．山西财经大学学报，2015，37（8）：42－51.

［253］卢宏亮，田国双．基于品牌关联视角的 B2B 品牌投资决策研究．山西财经大学学报，2014，36（2）：84－92.

［254］卢宏亮，王艳芝．基于顾客视角的 B2B 品牌资产影响因素研究［J］．天津商业大学学报，2013，33（3）：52－59.

［255］陆娟，边雅静．不同元素品牌联合模式下的主品牌联合效应研究［J］．管理世界，2010（11）：114－122.

［256］吕璞，林莉．基于开放式创新的供应链企业协调创新模型研究［J］．科技管理研究，2014（1）：197－200.

［257］马占杰．对组织间关系的系统分析：基于治理机制的角度［J］．中央财经大学学报，2010（9）：86－90.

［258］彭璀，钟嘉馨．工业品的营销创新：品牌营销［J］．广东工业大学学报（社会科学版），2005，6（1）：40－42.

［259］沈超红，程飞，尉春霞．锚定效应与消费者购买意愿关系研究［J］．消费经济，2016，32（2）：57－63.

［260］孙娟，李艳军．心甘情愿还是情非所愿？——农户农资产品锁定购买行

为的驱动因素研究［J］．经济管理，2014（11）：81 –93.

［261］孙娟，李艳军．农户农资产品锁定购买行为形成机制的实证研究——基于山东省、湖北省和四川省的差异分析［J］．管理评论，2018，30（2）：146 –158.

［262］汤长保，吴应宇．复杂适应系统视角下的商业银行与中小企业关系演进研究［J］．软科学，2010，24（11）：113 –118.

［263］汪涛，崔楠，芦琴．顾客依赖及其对顾客参与与新产品开发的影响［J］．管理科学，2009，22（3）：65 –74.

［264］汪涛，何昊，诸凡．新产品开发中的消费者创意——产品创新任务和消费者知识对消费者产品创意的影响［J］．管理世界，2010（2）：80 –92.

［265］王海忠，陈增祥，尹露．公司信息的纵向与横向溢出效应：公司品牌与产品品牌组合视角［J］．南开管理评论，2009，12（1）：84 –89.

［266］王海忠，王骏旸，罗捷彬．要素品牌策略与产品独特性评价：自我建构和产品性质的调节作用［J］．南开管理评论，2012，15（4）：111 –117.

［267］王骏旸，王海忠，田阳．联合要素品牌情景下信息加工测量对产品评价的影响：延伸距离的调节作用［J］．南开管理评论，2012，12（1）：84 –89.

［268］王新新．应用两种品牌理论来指导品牌管理［J］．经济纵横，2006（4）：36 –39.

［269］王勇，程源，雷家萧．IT企业技术创新能力与企业成长的相关性实证研究［J］．科学学研究，2010，28（2）：316 –320.

［270］望海军．品牌信任和品牌情感：究竟谁导致了品牌忠诚？——一个动态研究［J］．心理学报，2012，44（6）：830 –840.

［271］卫海英，祁湘涵．基于信息经济学视角的品牌资产生产研究［J］．中国工业经济，2005（10）：113 –120.

［272］文东华，潘飞，陈世敏．环境不确定性、二元管理控制系统与企业业绩实证研究——基于权变理论的视角［J］．管理世界，2009（10）：102 –114.

［273］吴水龙，卢泰宏．公司品牌与产品品牌对购买意向影响的实证研究［J］．管理学报，2009，6（1）：112 –117.

［274］吴晓云，张峰．关系资源对营销能力的影响机制：顾客导向和创新导向的中介效应［J］．管理评论，2014，26（2）：58 –68.

［275］武文珍，陈启杰．基于共创价值视角的顾客参与行为对其满意和行为

意向的影响［J］. 管理评论, 2017, 29 (9): 167 –180.

［276］谢永平, 孙永磊, 张浩森. 资源依赖、关系治理与技术创新网络企业核心影响力形成［J］. 管理评论, 2014, 26 (8): 117 –126.

［277］许庆瑞, 朱凌, 王方瑞. 从研发–营销的整合到技术创新–市场创新的协同［J］. 科研管理, 2006, 27 (2): 22 –30.

［278］杨桂菊, 刘善海. 从 OEM 到 OBM: 战略创业视角的代工企业转型升级——基于比亚迪的探索性案例研究［J］. 科学学研究, 2013, 31 (2): 240 –249.

［279］杨桂菊. 战略创业视角的老字号企业持续成长路径——基于恒源祥的探索性案例分析［J］. 经济管理, 2013 (5): 52 –62.

［280］杨桂云. 品牌信任及与品牌忠诚联系的再探讨［D］. 上海: 东华大学硕士学位论文, 2002.

［281］杨海龙, 郭国庆, 陈凤超. 根脉传播诉求对集群品牌购买意愿的影响: 品牌真实性的中介作用［J］. 管理评论, 2018, 30 (3): 102 –113.

［282］杨晓燕, 周懿瑾. 绿色价值: 顾客感知价值的新维度［J］. 中国工业经济, 2007, 220 (7): 110 –116.

［283］姚山季, 王永贵. 顾客参与新产品开发及其绩效影响: 关系嵌入的中介机制［J］. 管理工程学报, 2012, 26 (4): 39 –48.

［284］叶飞, 薛运普. 关系承诺对信息共享与运营绩效的影响研究［J］. 管理科学, 2012, 25 (5): 41 –51.

［285］张东明. 用"要素相对重要性理论"解释经营者剩余权［J］. 经济管理, 2012, 34 (10): 58 –66.

［286］张峰, 邱玮. 探索式和开发式市场创新的作用机理及其平衡［J］. 管理科学, 2013, 26 (1): 1 –13.

［287］张婧, 邓卉. 品牌价值共创的关键维度及其对顾客认知与品牌绩效的影响: 产业服务情境的实证研究［J］. 南开管理评论, 2013, 16 (2): 104 –115.

［288］张婧, 蒋艳新. 产业服务企业品牌导向对品牌资产的影响机制研究［J］. 管理评论, 2016, 28 (3): 184 –195.

［289］张婧, 赵紫锟. 反应型和先动型市场导向对产品创新和经营绩效的影响研究［J］. 管理学报, 2011, 8 (9): 1378 –1386.